学习科学与教学设计应用译丛　　盛群力　屠…

面向学习的教学设计：
理论基础

Instructional Design for Learning:
Theoretical Foundations

［德］诺伯特·M.西尔　托马斯·莱曼　帕特里克·布卢姆沙因
［俄］奥列格·A.波多利斯基　　　　　　　　　　　　　　著
Norbert M. Seel　Thomas Lehmann
Patrick Blumschein　Oleg A. Podolskiy

陆　琦　陈伦菊　舒　越　等 译
盛群力　**审订**

中国科学技术出版社
·北　京·

图书在版编目（CIP）数据

面向学习的教学设计：理论基础 /（德）诺伯特·M.西尔等著；
陆琦等译 . —北京：中国科学技术出版社，2024.7
（学习科学与教学设计应用译丛 / 盛群力，屠莉娅主编）
书名原文：Instructional Design for Learning：Theoretical Foundations
ISBN 978-7-5236-0740-4

Ⅰ.①面… Ⅱ.①诺… ②陆… Ⅲ.①教学设计 Ⅳ.① G42

中国国家版本馆 CIP 数据核字（2024）第 093205 号

著作权合同登记号：01-2023-3937

Translated and published by China Science and Technology Press with permission from BRILL/Sense. This translated work is based on "Instructional Design for Learning：Theoretical Foundations" by Norbert M.Seel,Thomas Lehmann with Patrick Blumschein and Oleg A. Podolskiy (BRILL/Sense, 2017). All Rights Reserved. BRILL/Sense is not affiliated with China Science and Technology Press or responsible for the quality of this translated work.

本书中文版由 BRILL/Sense 授权中国科学技术出版社有限公司独家出版，与原著一致，未经出版者许可不得以任何方式抄袭、复制或节录任何部分。

陆 琦 陈伦菊 舒 越 管 颐 尹艳梅 译

策划编辑	王晓义
责任编辑	王晓义
封面设计	郑子玥
正文设计	中文天地
责任校对	张晓莉
责任印制	徐 飞

出 版	中国科学技术出版社
发 行	中国科学技术出版社有限公司
地 址	北京市海淀区中关村南大街 16 号
邮 编	100081
发行电话	010-62173865
传 真	010-62173081
网 址	http://www.cspbooks.com.cn

开 本	787mm×1092mm 1/16
字 数	327 千字
印 张	14.75
版 次	2024 年 7 月第 1 版
印 次	2024 年 7 月第 1 次印刷
印 刷	北京荣泰印刷有限公司
书 号	ISBN 978-7-5236-0740-4 / G·1046
定 价	79.00 元

（凡购买本社图书，如有缺页、倒页、脱页者，本社销售中心负责调换）

本书简介与目标

在过去的几十年间，有关教学设计的教科书大量出版，北美地区尤甚。学者们验证了这样一个事实，即教学设计得到了科学界的高度赞赏。此外，教学设计在职业培训和高等教育领域具有较高的声誉，被认为是战略规划和管理的核心部分。目前，欧洲、亚洲也有这样的趋势，许多大学已经在教学设计和技术领域引入了学习项目。

虽然教学设计的社会和经济重要性得到广泛认同，但这一教育学科的视域和范围还没有得到充分的阐明。实际上，教学设计的课题十分复杂且包含了很多方面，所以很难在紧跟多样的主流思想的同时将它们融入更为全面的理论框架中。回首看，教学设计已经取得了60余年的成功。在它的发展进程中，尽管始终不乏各种误导性的所谓主流学说，但教学设计仍在持续加强其理论基础研究和扩展其适用范围。

本书介绍了理论认识的基本知识和教学设计的目的。最后，读者应该能够做到：

- 明确教学设计的基本意图，将其理解为规划和开发学习环境的科学规范；
- 描绘这一学科的历史发展进程，并能描述主流（或几代）的教学设计；
- 识别教学设计的过程模型步骤，并确定其范围；
- 整合教学设计的过程模型及其步骤到ADDIE框架之中；
- 揭示基于ADDIE背景框架的各种教学设计模型的相同与不同之处；
- 描述教学设计的最新发展，例如基于客观主义传统背景发展的认知负荷理论和4C/ID模型；
- 识别建构主义教学设计模型的不同观念，并能就理论基础和成就目标水平方面将其与传统教学设计区分开；
- 明确R2D2模型的步骤，通过与教学设计的过程模型建立比较，评估其实施的可行性；
- 描述创意教学设计的方法和快速原型技术的特殊作用；

- 通过参考基于模型的学习与教学的教学模式，揭示教学设计的建构主义方法"哲学"和策略；
- 解释基于技术的教学设计方法；
- 阐述设计实验的核心和范围及其对教学设计的好处；
- 解释设计实验如何用于研究和开发；
- 阐述高等教育和在线课程领域内综合学习环境的结构和功能；
- 将教学设计模型与一般教学法模型进行比较，揭示两个教育领域之间的相似之处；
- 厘清为什么"批判—建构教学法"与教学设计的建构主义方法相对应；
- 展现折衷教学法与 ADDIE 框架之间的一致性；
- 解释教学设计对学校教育，尤其是高等教育的重要性；
- 描述创新方法，如高等教育领域的参与式设计和探究社区；
- 描述混合学习环境的设计和开发原理；
- 描述通用学习设计的使命和愿景。

目录
CONTENTS

本书简介与目标

第一章　什么是教学设计 　　　1
　　引言 　　　1
　　学习和教学：教学设计的核心概念 　　　1
　　教学设计：一门教育规划的科学 　　　6
　　教学设计简史 　　　12

第二章　教学设计的实践 　　　17
　　引言 　　　17
　　"早起的鸟儿有虫吃" 　　　17
　　设计专业知识的发展 　　　19
　　灵活规划原则 　　　20
　　教学规划的组成部分 　　　21
　　作为复杂问题解决的教学设计 　　　24
　　决策与问题解决 　　　25
　　教学设计的理性决策与直觉决策 　　　27
　　设计和创造力：是教学的艺术吗 　　　30
　　设计和创造力 　　　31
　　图式和心智模型 　　　32

基于图式的设计与基于模型的设计　　　　　　　　33

第三章　教学设计模型　　　　　　　　　　　　　　41

　　引言　　　　　　　　　　　　　　　　　　　　　41
　　理论还是模型　　　　　　　　　　　　　　　　　41
　　教学设计的概念化模式　　　　　　　　　　　　　44
　　教学设计模式的"经典"　　　　　　　　　　　　45
　　教学设计模式的变式　　　　　　　　　　　　　　52
　　动机设计中的 ARCS 模式　　　　　　　　　　　　60
　　4C/ID 模式　　　　　　　　　　　　　　　　　　69
　　认知负荷理论　　　　　　　　　　　　　　　　　70
　　基于技术的教学设计方法　　　　　　　　　　　　74
　　专家系统、智能辅导系统和咨询系统　　　　　　　75

第四章　基于研究的教学设计　　　　　　　　　　　99

　　引言　　　　　　　　　　　　　　　　　　　　　99
　　基于研究的教学设计的启发式方法　　　　　　　100
　　设计实验的体系结构　　　　　　　　　　　　　100
　　行动研究　　　　　　　　　　　　　　　　　　101
　　构成主义/建构主义教学设计方法　　　　　　　110
　　认知学习的教学设计　　　　　　　　　　　　　110
　　问题解决的教学设计　　　　　　　　　　　　　113
　　基于探究的教学和用户为本的设计　　　　　　　123
　　面向发现的学习和以模式为中心的教学　　　　　124
　　归纳教学的原则　　　　　　　　　　　　　　　126
　　指导性发现学习　　　　　　　　　　　　　　　131
　　发现学习在课堂中的应用　　　　　　　　　　　132
　　类比和发现学习　　　　　　　　　　　　　　　134
　　用户为本的教学设计与开发　　　　　　　　　　144
　　用户为本的设计和开发的特点　　　　　　　　　145

第五章　应用领域：高等教育及学校教育　　160

引言　　160
高等教育的教学设计　　160
混合学习环境的教学设计　　165
混合学习环境的挑战　　166
促进卓越的学术教学　　170
学校教育的教学设计　　175
当教学设计遇上一般教学法　　177

参考文献　　189

译后记　　225

第一章
什么是教学设计

引 言

教学设计（instructional design，ID）通常被定义为一种系统化程序，其中，教育和培训项目的开发与建构旨在大幅改进学习（例如，Reiser & Dempsey，2007）。

通常，此类定义假定，某些教学设计模型可以作为课程与课时开发的参考框架和既定规则，其作用有：①改进学习；②影响学习者的动机和态度，使他们能够更深刻地理解要学习的主题。显然，教学设计的起点在于明确学生应该学习什么。加涅（Gagné，1965，1985）提出了五种学习类型：**言语信息、智慧技能、认知策略、动作技能和态度**。每种类型的学习对应着不同的内部和外部条件。例如，对于认知策略，学习者必须有机会对一类特定问题提出新的解决方案；又如，针对学习态度，学习者必须能接触到有说服力的论据。

学习和教学：教学设计的核心概念

在加涅之前，罗斯（Roth）提出了八大种类的学习，可以作为本书的参考：

1. 把**培养能力**作为主要目标，同时也要求实现有关动作技能和心理技能的能力自动化。
2. 学习的中心在于**解决问题**（思考、理解、"洞察力"）
3. 旨在**建构**知识、**保留**知识和**记忆**知识。
4. 学习的主要目标是**学习一个程序**（学会学习、学会工作、学会研究、学会查阅资料等）。

1

5. 学习的重点是**迁移到其他领域**，即提高能力与加强努力（学习拉丁语可以帮助学习其他罗马语言）。
6. 学习的主要目标是**提高自己的社会地位、形成价值观和发展态度**。
7. 学习的主要目标是对某一**话题产生越来越浓厚的兴趣**（区分动机和兴趣）。
8. 学习的目标是**改变行为**。

教育领域的学者普遍认为，学习与教学之间存在紧密的联系。很久之前，威尔曼（Willmann，1889）提出了"教学是学习的一部分"的概念。大约60年后，斯金纳（Skinner，1958）区分了"学习科学与教学艺术"。相应地，传统的教学设计都是从明确学习目标开始，然后安排适合实现学习目标的教学活动。加涅的"九大教学事件"为学习与教学的结合提供了一个著名的例子（Gagné，Briggs & Wager，1992）。

加涅的九大教学事件

1. 引起注意
吸引学生注意力的方法包括利用好奇、不确定性、惊喜，以及发人深省的问题来建立刺激。

2. 交代目标
帮助学生了解课程中要学习的内容：描述所需的表现和评价标准。

3. 回忆旧知
通过提出与已有经验及其理解有关的问题，帮助学生理解新的信息。

4. 呈现内容
以有意义的方式组织内容，提供解释并呈现同一内容的多个版本。

5. 提供学习指导
在需要时提供教学支持（包括脚手架、提示），模拟各种学习策略（例如概念映射、可视化、角色扮演等），使用正例和反例，提供案例研究、类比、可视化和隐喻。

6. 借助练习引发学业表现行为
帮助学生内化新知识和技能，巩固对概念的正确理解，使用回忆策略，促进学生对新知识进行精细加工。

> 7. 提供反馈
> 对学习者的表现提供即时反馈,促进学习。
> 8. 评估学业表现
> 为了评价教学的有效性,测试预期的学习成果。
> 9. 促进保持和迁移
> 以帮助学习者发展专业知识为目标。

加涅等人(Gagné et al., 2005)认为,这九个教学事件为准备和传递教学内容提供了一个总体框架。作者建议在实施这九项活动之前,要先确定课程目标和学习目标。从传统教学设计的角度来看,将教学事件分配给学习目标,可以确保学习者能够知道或去做一些他们在教学之前不知道或没做过的事情。简单来说,教学是"刺激",学习是"反应"。

> 每个人都知道学习是严肃的、困难的,你必须一直保持端坐的状态,不可寻乐。

在20世纪90年代,这种行为主义(或客观主义)观点遭到了攻击,并与建构主义的观点形成对比(例如,Jonassen, 1991)。结合社会建构主义和情境认知的思想,教学设计领域中所谓的**客观主义—建构主义**之辩引起了盖奇(Gage, 1989)所说的"范式之争"。没过多久,学者们就意识到了这场争论对于澄清教学设计的"哲学基础"来说不仅无甚帮助，反而新添疑惑（Cronjé，2000）。时过境迁，虽然客观主义—建构主义之争早已落幕，但这只是真相的一半，因为这场争论引起了寻找教学设计替代方法的思潮。其中，**学习设计**的理念或者一些人支持的"为学习而设计"的观点，扮演着重要的角色（Koper，2006；Laurillard，2013；Mor & Craft，2012）。这一思路认为，教学的作用"不是将知识被动地传递给接受者，而是让学习者参与到知识建构中，发展高水平的认知技能，将所学化为己有"（Laurillard，2008，p.527）。

学习设计的定义是对在学习单元中发生的教学过程的描述（如一门科目、一堂课或任何设计好的学习活动）。学习设计的关键原理是能够代表不同的人（学习者或教师）在学习单元背景下进行的学习活动和支持活动（Koper，2006，p.13）。

当我们用"教学设计"来代替"学习设计"一词时，科佩尔（Koper）的定义也是正确的。基本上，这两个术语指的是同一个话语领域，瞄准着同一个目标：**学习环境**，即作为教学和学习的一个具体安排或场景。唯一的区别在于，教学设计聚焦改善学习的教学活动，而学习设计侧重通过教学发起和促进学习活动。换句话说，教学设计和学习设计是同一枚硬币的两面，但是在设计的必要过程和步骤上，两者实际上没有任何区别。

教学和学习设计的目的都是创造学习环境，为学习者提供学习机会。这与加涅（Gagné，1965）或罗斯（Roth，1963）所提出的学习类型的思想是吻合的。可以认为，学习环境的特质在很大程度上取决于学习类型和相关的学习目标。例如，针对问题解决的学习环境与旨在实现技能程序化的学习环境是不同的。与此类似，目标为建立和保留陈述性知识的学习环境也不同于旨在发展社会态度或道德的环境。

学习环境

学习被认为是一个组织有效的认知资源的建设性过程，使新知识或新技能运用于掌握新的学习任务。其基本假设是，学习者并不具有先验的解决问题所必需的知识和技能（Kozma，1991）。因此，给定的**环境**为学习者提供了一种必要的认知资源，以获得可以被吸收到知识库中的信息。

基于这一论证，**学习环境**的概念被提升为教育心理学和教学设计的中心概念（Collins et al.，1994）。其重点是通过精心设计的教材和社会条件来组织学习者的环境，使学习的目标过程得到启发和促进。因此，佛罗里达教育改革和问责委员会（Florida Commission on Education Reform and Accountability，1992）很快就表示："学校管理者对学习环境的关心，有利于教学和学习的发展"。说得太好了！不过，关于什么样的学习环境才是利于教学与学习的，仍未有定论。

日常学校的从教经验表明，教师指导程度不同，学习环境也不尽相同。在教育实践中，学习环境既可能主张高水平限制与监督的学习（辅导），也可能支持高水平自由与自主的学习，同时，还有倡导处于这两种状态之间的学习。

针对这种学习环境差异，教育和教学的"哲学取向"做出了解释。行为主义传统（例如，程序化教学和学习）支持进行严格的辅导；建构主义者则认为，学习不能受外部强制，而只能由环境提供支持。针对学习支持，环境的设计必须能够为学习者提供自主发展的最佳条件，教学干预必须降至最低（Farnham-Devory, 1972）。

这与斯托卢洛（Stolurow, 1973）的**互动教学**概念相呼应，即旨在创造提供反思机会的学习环境。学习环境必须在最大限度上组织认知和动机演变所需的外部条件；应该以最少的干预措施进行运作，为学习和思考提供广阔的空间。

相应地，汉纳芬（Hannafi, 1992, p.51）提出了学习环境的定义："学习环境是全面的、综合的系统，通过开展以学生为中心的活动，如相互关联的学习主题之间的指导性讲解、操作和探究等，来促进学生参与。"

根据上述论点，我们可以为有效的学习环境设定一些一般要求：

1. 学习环境必须通过激发对学习对象的反思来激励学习者。
2. 在适当的教材准备以及具体的教学活动（讲解、展示、解读、思路引导、搭建脚手架）开展的基础上，学习环境的设定最终是以自主学习为目标，其先决条件是对学习成果的持续反馈。
3. 学习环境旨在促进同伴群体中的合作交流，以及社会关系的探索与鉴别能力的发展。

简要来说，设计学习环境必须满足以下两方面：一方面，学习环境必须为学习活动提供适当的情境或组织完善的议题；另一方面，必须提供帮助、脚手架以及其他资源，从而支持学习者选择最好的方式以达成对所学内容的更全面而深刻的理解。

学习环境的发展和组织是一个复杂的任务，需要同时考虑许多组成部分及其关系。这可以参考"拉纳卡学习设计宣言"来说明（图1.1）。

到目前为止，我们都把教学/学习设计称为学习环境发展的**工具**。但是，教学设计不仅仅是学习环境的具体规划和安排，同时它也是一门关于教育规划的**科学学科**（scientific discipline）。

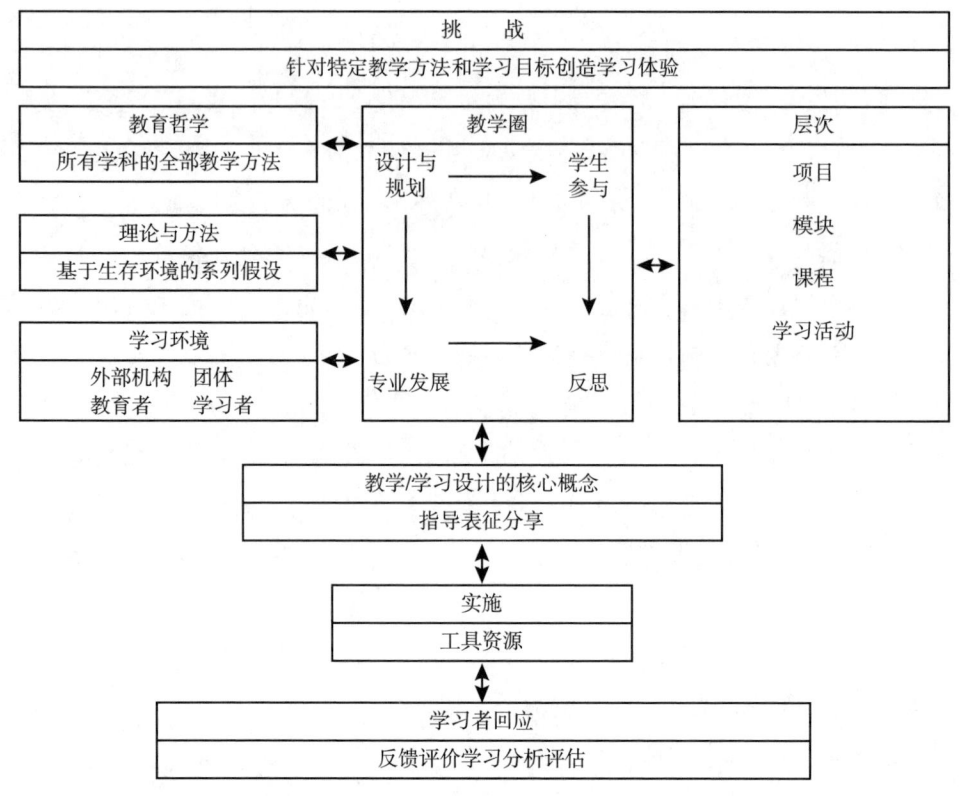

图 1.1 "拉纳卡学习设计宣言"（改编自 Dalziel et al., 2013）

教学设计：一门教育规划的科学

教学设计领域，包括对学习和表现问题的分析，以及设计、开发、实施、评价和管理教学和非教学过程和资源，目标是在各种环境下，特别是在教育机构和工作场所中提高学习和表现效果（Reiser, 2001, p.57）。

教学设计是一门科学学科，主要关注制定、实施、评估和维护旨在启动和促进学科领域学习过程的详细而精确的处方。教学设计包含有关学习环境设计的科学和技术理论。

科学理论为特定问题的描述、解释和预测提供基础，而**技术理论**为行动优化的规则或处方的开发提供了根本依据。换句话说，技术理论为从理论到实践的转变提供了具体的指导（Bortz & Döring, 2002）。

在教学设计中，科学理论与技术理论同样重要：科学理论代表了技术的必要基础，而技术本身就是将科学理论转化为实践的过程。

从2000年开始，古斯塔夫森、蒂尔曼和蔡尔兹（Gustafson，Tillman & Childs，1992）就提出，如果能够在不久的将来扩大知识基础，"我们最终会发现自己正走在通向教学设计理论的道路上"（p.456）。8年后，戈登和詹姆克（Gordon & Zemke，2000）认为，教学设计的现状令人担忧，因其基础已不适应新的社会和技术需求。但是，15年后，教学设计仍然活跃着——正应了那句谚语所说"老骥伏枥，志在千里"。

实际上，在过去的几十年中，教育学和心理学的范式转变，以及新的社会和技术需求，都对作为一门学科与一项技术的教学设计提出了挑战。因此，我们可以不时地观察到，在教学设计的认识论、心理学和技术基础方面，该领域依旧存在着巨大的不确定性。另外，几十年来，教学设计从心理学、系统理论和通信技术方面不断发展、吸收和推进理论的发展。最近增加的部分又受到建构主义、情境认知、远程教育的数字化学习方法和信息理论的影响。因此，里奇和欧内斯特（Ritchie & Earnest，1999）总结道，"在每一次迭代中，我们都会增强对如何影响个人和组织表现的理解"（p.35）。在随后的讨论中，我们会简述教学设计的历史，以验证这一结论。在此之前，我们要澄清教学设计作为一门教育学科的主要组成部分。首先，我们必须定义教学设计的主要理论术语。

基本理论术语

让我们从"设计"这个术语开始吧。**设计**（拉丁语：designare 意为"预告某事"）具有绘画和起草的含义。因此，设计可以被定义为"适当的形式"，以及任何商品或实用对象的功能表示。相应地，我们必须对两种设计进行区分：

- 设计作为一种草案、计划或蓝图；
- 设计作为一个实用对象的雏形、构成和模型。

这意味着，设计既是一个过程，也是一个产品。

总的来说，**设计**可以是一个形成、组建和建模的综合**过程**，它以多个工作步骤、多人完成为前提。设计过程需要特定的**产品**来满足特定目标群体的具体利益。一般来说，设计师是设计实用物品或日用品的人。这个活动通常被认为是艺术品的表达——与根据实际便利而开发技术产品的工程师正好相反。当然，技术和设计，或工程师和设计师，都是相互对应的。在人们的刻板印象中，常常将"理性"赋予工程师，而"美学"和"情感"则被视为设计师的主要特征。有时候，设计被认为是为了展示技术的真实色彩（Reese，2006）。在很长一段时间里，这个陈词滥调决定了工程师和设计师的自我概念，即设计属于这个问题范畴："产品在技术上可以表现什么。"与此同时，它也在发生改变，因为产品设计已经发展成为全球竞争中市场营销的决定性因素。然而，这样的发展带来了一项副作用，即"设计"这个术语被滥用于形容各种事物。鉴于教学设计的历史，我们可以假定这个术语的使用并不那么流行。不过，一个中心问题仍然存在：**教学设计者面向的效用对象究竟是什么？**这个问题的答案就在教学之中。

除了通常将**教学**理解为对某事物的使用、展示和实现进行说明和解释的指导，**教学亦指向对另一个人传授知识或技能的行为或过程**。教学的同义词是学校教育、教学、训练、辅导和监护。这与教学法［希腊语：διδάσκειν（didáskein）］指向教学、训练和受教的原始含义一致。然而，与教学设计类似，教学法（didactics）通常不用其原来的内涵，而是用来表示一门教育学科，作为一门可涵盖所有层次和所有形式的教与学的科学进行讨论（Dolch，1965）。从狭义上讲，教学法被理解为一种中小学教育理论，这与主要关注中小学教育以外的学习与教学（如职业培训和高等教育）的教学设计有所不同。

教学设计这一术语是指北美传统的教育规划，在某种程度上与德国传统的教学法有所不同（Seel & Hanke，2011；Zierer & Seel，2012）。而在教学设计对技术增强型学习环境的重视方面，这两者之间也存在着巨大差异。最后，教学设计这个术语的应用表示这是一个教育项目，它不仅关注教学的"构建"，而且还关注学习环境的审美安排。因此，或许可以将教学设计师与建筑师进行比较：**教学设计师是学习环境的建筑师，负责对教学和学习做出建设性安排**。类似于基于可验证计算的建筑或桥梁设计，教学的设计基于可验证的需求和人类学习的规律。

教学设计通常与教学系统的规划和组成有关，但传统上一直强调要将信息和通信技术结合起来。这种倾向已经导致一些人将**教学（系统）技术**作为"教学设计"同义词使用。一些作者（如 Schwartz & Beichner，1998）指出，这个理论术语是指将系统的理论和实践知识应用于教学系统的有意识发展。泽尔和里奇（Seels & Richey，1994）将教学技术定义为"设计、开发、利用、管理和评估学习过程与资源的理论与实践"（p.1）。这个定义强调了在教学设计的理论基础和实践运用之间找到一个平衡点的重要性。

从广义上讲，**技术**一词是指将科学知识系统地应用于实际问题。相应地，**教学技术**可以定义为学与教的理论在开发教学系统的实际问题上的系统应用。因此，**教学系统开发**（ISD）是指为改进学习而对资源和方法进行具体安排的设计。

根据上述论证，**教学设计**主要指形成和构建有效学习环境的操作过程，以便服务于受众和客户的教育需求。

教学设计的一般策略

教学设计的主要目的是在合适的学习和教学理论的基础上发展学习环境，以确保教学和教育干预的质量。根据这一基本理解，教学设计包含了规划的完整过程——从分析教学材料发展过程中的需求和目标到教学实施和有效性的评估。对此，我们可以应用不同的策略（Reigeluth，1983）：

- **组织策略**涉及教学环境的整体与详细规划，从而确定如何安排课程并进行排序。
- **传递策略**涉及确定如何将信息传递给目标学习者群体的决策。
- **执行策略**涉及帮助学习者有效处理教学材料的方法决策。

教学设计是一个动态过程，旨在在不同覆盖范围内开发有效的教学系统。从狭义来说，教学设计是指在短时间内规划一个小型教学单元。从广义来说，教学设计是关于长期课程的规划，而从最全面的解释来说，教学设计是教育项目和评估的长期实施。

几乎所有的规划都是在预定的条件下进行的，比如信息的不完整。根据经验法则，规划的时间越长，可用信息的可靠性就越低。因此，针对长期项目，运行一个粗略的总体规划较为可行，而从短时间的角度考虑，详细的规划则更为适用。长期规划包括两年及以上的时间，中期规划需要几个月至两年，而短期规划是指几天、几周或几个月（Klein & Scholl，2012）。对于决策的实际内容及其教育结果，应从**战略规划**、**战术规划**和**实施规划**上予以区分。一般而言，战略规划是长期的，战术规划是中期的，而实施规划则是短期的（图 1.2）。

相应地，在教学设计中可区分不同层次的规划：在微观层面上，单个教学单元的规划和设计处于重要位置，而中观层次上的规划是指设计和开发更为全面的教学系统，以及可能持续数周和数月的培训规划（如一门关于管理变革的课程）。在宏观层面，教学设计可以在几个月甚至几年的时间内参与综合教育系统的规划和实施。这与大规模的教学设计相对应，可以通过课程开发的例子加以说明。事实上，在发展中国家的教育规划的宏观层面，有许多成功应用教学设计的案例（Fretwell et al.，2001；Morgan，1988，1989）。因此，从单一教学事件的规划到国家教育系统的规划都属于教学设计的范畴。

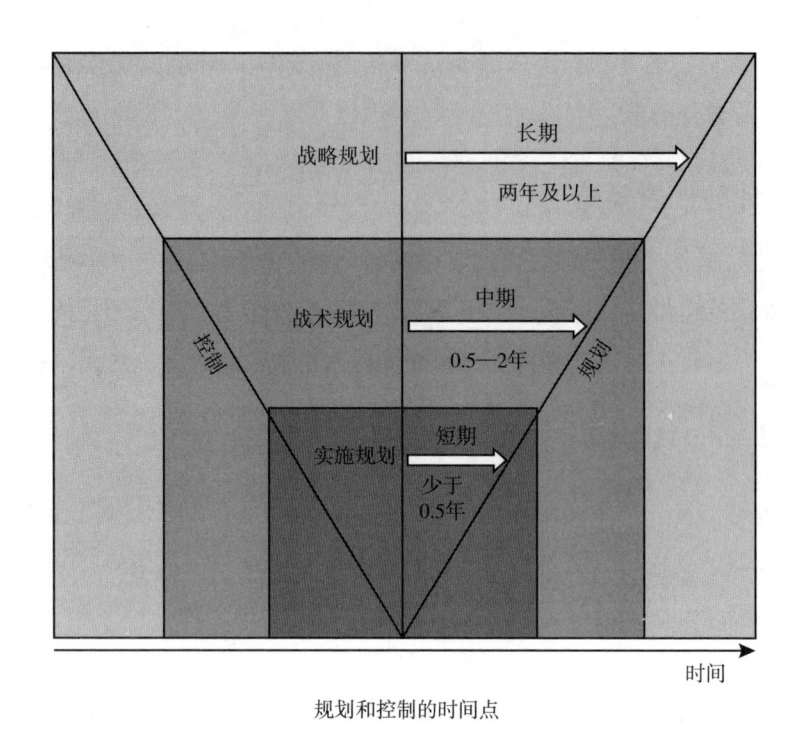

图 1.2　规划范围（改编自 Klein & Scholl，2012，p.19）

　　显然，长期规划不可能是一个非常详细的、能精确地决定什么行动将在两年或更长时间内有效的规划。但是，这对短期规划来说也是如此。因此，一味地笃信教育规划可能不是教育实践的最佳解决方案。因为教育规划的许多实际问题都源于这一事实，即任何规划都是面向"未来知识"的，而"未来知识"会受到相当大的不确定性的影响。规划的周期越长，不确定性的影响就越大，而事实越详细，对规划有效性的预测就越差。

教育规划的主题

　　一方面，**规划对象**必须结合规划层次和领域之间的区别来确定。**规划层次**包含目标的总体要求，以及对规划战略、战术和实施的一致意见。另一方面，**规划范围**包括规划的不同组成部分和阶段，如学习环境的构成和评估。

　　教育规划的另一个重要主题是按照在计划的某个阶段做出的任何决定都会对其他阶段的决策产生重大影响的这一规则来**组织必要的决策**。每一个决定都有不同的前提：**规范和评估前提**包括教育目标，以及教育的社会和组织约束。**事实前提**是指给定的教育背景、特定环境的身体和心理限制，以及预期的行动结果。**方法前提**包括解决决策问题的合适方法，且所选方法的质量取决于其结果的质量。

与方法前提密切相关的是**确定规划工具**，以系统化程序的方式讨论开发和处理旨在支持规划过程的信息。在教育规划领域，我们可以找到诸如项目管理的分析工具，以及旨在通过创造性技术和预测程序（例如德尔菲法）来确定备选方案的启发式程序。

就**规划过程**而言，我们可以记录到，教育规划通常是沿着一系列阶段和多个步骤进行的。因此，规划过程基本上包含了分析、评估、比较和决策4个阶段，与草案或蓝图的开发及其递归评估息息相关。因此，教育规划的过程可以被理解为是一个综合的、循环的、包含许多元素的话语过程。实施必然属于教育规划的中心议题，因为只有实现规划才能宣告（规划）成功。

一般来说，教育规划可以用"SMART"来概括。也就是说，它必须是具体的、可衡量的、被参与者所接受的、实际的和及时的（Doran，1981）。换句话说，教育规划必须是战略性的（Kaufman et al.，1996）。所以相应地，教育规划和教学设计经常被讨论到它们为提高人类绩效所做的贡献（Morrison et al.，2011）。

绩效改进模型不断扩充并包含了ID模型，以提供解决人类绩效问题的方法和技术。**根据国际绩效改进协会**（International Society for Performance Improvement）的报告，人力资源绩效改进被理解为"一种提高生产力和能力的系统方法，它会使用一套方法和程序以及解决问题的策略。更具体地说，它是一个选择、分析、设计、开发、实施和评估项目的过程，以便最经济有效地影响人类的行为和成就"（www.ispi.org）。

大多数关于人类绩效改进的定义都具有以下主要特征（如Conn，2003；Pershing，2006；Stolovitch & Keeps，1992）：

1. 使用系统的方法来识别绩效问题和解决方案；
2. 以科学理论和经验证据为基础；
3. 从系统的角度看人们的绩效差距；
4. 对所有的手段、方法和媒体持开放的态度，以实施教学和非教学解决方案；
5. 重视对个体工作者和组织都很有价值的成就。

很显然，教学设计与人类绩效改进之间的概念关系非常明显，以至于阿齐兹（Aziz，2013）提出了这样的疑问：教学（系统）设计、组织发展和人类绩效技术/改进之间真正的异同是什么。答案是，人类绩效改进提供了一个选择和衡量教学系统设计或组织发展干预的总体框架。

> **总　结**
>
> 与"将作为草案或计划的设计"以及"作为形成和构建实用对象的设计"之间的区别相对应的是，教学设计指的是对学习环境进行系统计划和塑造的过程。另外，教学设计也是一门教育学科，它关注有效教学理论的发展，并将其转化为教育实践。因此，教学设计既是一门科学，也是一门规划的技术。后者也被命名为**教学系统开发**（instructional system development，ISD），旨在设计学习环境，开发和组织特定的学习过程。在重点强调技术的情况下，常使用**教学技术**这个词。

附加问题

问题 1.1：教学设计和学习设计有什么区别？

问题 1.2：与教学法相比，教学设计最突出的应用领域是什么？

问题 1.3：教学设计、教学系统开发和教学技术之间有什么区别？

问题 1.4：教学设计可以划分出哪些阶段？

教学设计简史

一些学者（如 Dick，1987；Reiser，2001）将教学设计的出现重新定位到了第二次世界大战时期，但其根源实际上可以追溯到 20 世纪初，在当时，系统的教学规划是一个独立的科学主题（Seel & Hanke，2011）。这一运动的里程碑是泰勒（Tyler，1949）提出的关于课程学习目标的概念及旨在对其实现系统控制的形成性评价。后来，这也成为教学设计的核心问题。20 世纪 40 年代的特点是军队对培训有着巨大需求，其中一个选择便是使用教学电影。随后，教育技术的进步成为这个时期的标志。根据塞特勒（Saettler，1968）的资料，1941—1945 年，**战争训练视觉教具部**为军事训练制作了 457 个演讲，432 个无声电影和 457 本军事训练手册。

在 20 世纪 50 年代，斯金纳（Skinner，1958）区分了"学习科学"和"教学艺术"，并通过强调按照操作性条件反射原则的程序化教学，传播了教学计划的技术转向。随后，程序化教学在世界范围内得到推行，直至 20 世纪 60 年代中期。尽管这种教学模式一再受到批评，但不能忽视的是，这一运动为教学规划带来了一些重要创新，如学习目标的操作化和任务分析。与程序化教学并行，**控制论**和**系统论**产生了范式转换，这也影响了教育规划领域。控制论原理在教育和教学中的应用可以用史密斯和史密斯（Smith & Smith，1966）的教科书来说明，他们明确地使用了**教育设计**的术语。在20世纪60年代，德国的一些教师（如Frank，1962；von Cube，1965）强调了控制论在整体教育中的应用。20世纪70年代，柯尼西与里德尔（König & Riedel，1970，1973）提出了一个基于系统理论的教学法，与美国同期发展的教学设计模型存在不少共通之处。

行为主义和控制论为教学设计的"诞生"做好了准备，"期待"将其作为教学规划的一门学科，但这其实是一场政治危机：1957年，苏联把人造卫星送入太空，打破了原有的平衡。直到今天，我们仍然难以想象人造卫星在当时的美国引起了多大的震惊。美国国家的自信心遭到了严重打击，随之而来的便是美国的教育制度受到了批评。在此过程中，数学和科学领域的新课程应势得到发展。同时，教学实证研究的必要性也得到了重视。1966年，格拉泽（Glaser）总结了这项研究的现有成果。他首次将学习条件的分析与教学设计的发展和设计联系起来。同时，加涅（Gagné，1965）发表了关于**学习条件**的教科书，他区分了言语学习、智力技能、认知策略和态度等不同的人类能力。此外，他还将有效教学的基本原则分配到学习条件中。因此，加涅不仅为教学设计的兴起奠定了基础，而且为教学设计提供了心理学基础（Dick & Carey，2009；Gagné et al.，2005）。

教学设计的第三位创始人帕特里克·苏普斯（Patrick Suppes）于20世纪60年代开始了计算机辅助教学（computer-assisted instruction，CAI）的研究（如Suppes, Jerman & Brian，1968；Suppes & Morningstar，1969）。在对课程进行系统分析的基础上，CAI为学习者提供反馈、交互和问题的答案，这些均构成了当下学习软件的重要特征。

早在20世纪60年代末，众多的教学设计模型都或多或少地会有加涅、格拉泽和苏普斯的"影子"。后来在20世纪70年代和80年代，越来越多的模型兴起（Reigeluth，1983；Tennyson et al.，1997）。总而言之，这些模型被称为**第一代教学设计**。除了最有影响力的加涅和布里格斯（Gagne & Briggs，1974）提出的模型，梅里尔（Merrill）的**成分显示理论**（component display theory，CDT）和赖格卢特（Reigeluth）的**精细加工理论**也位列其中。斯托卢洛（Stolurow，1973，p.361）指出，

> 学习环境的设计是一种发展中的技术。……这个过程包含多个步骤，任务分析是典型的第一步。基于这一分析，明确了一系列的行为目标。接着，准备测试项目，以生成一个标准参考测试。通过这一测试，可以评估教学的有效性，并确定学习者在学习进展上的差距，从而形成一个等级结构来说明

学习目标的结构化基线，并确定这些目标的优先顺序。同时，必须将这些目标作为教学规划或教材开发的指导方针予以遵守。……教学材料的开发必须考虑到学生可以在不同的技能水平上学习。

第二代教学设计志在通过人工智能领域中产生的工具使教学设计过程自动化，或至少部分自动化（Merrill et al.，1991）。即使是**自动化教学设计**（automated instructional design，AID）方法的发展，其推动力也是来自加涅，他主张生成基于计算机的专家系统，并强调该系统应该能够使 ID 和 ISD 的部分自动化，以帮助非专家在开发教学系统的过程中做出适当的决策。首次尝试 AID 的例子是辅导咨询系统（指导性教学设计咨询，guided approach to instructional design advising，GAIDA）和（实验性高级教学设计顾问，experimental advanced instructional design advisor，XAIDA）。在德国，弗莱克西希（Flechsig，1990）开发了基于知识的计算机系统 CEDID 的原型，但未能通过第一次测试。尽管如此，关于**智能辅导系统**（intelligent tutorial system，ITS）和**专家系统**（expert systems，ES）的文献还是报道了各种研究和开发 AID 工具的活动（例如，Spector & Ohrazda，2003）。

以今天的观点来看，AID 的理念并没有取得其倡导者一开始所想象的那种成功。当然，其中一个原因是，智能辅导系统和专家系统的可能性仍旧有限；另一个原因则是缺少商业市场。然而，最大的障碍可能是第二代教学设计的大多数方法都是基于第一代的传统模式。AID 最新的方法，比如**设计者边缘**（Designer's Edge，2003）为基于面向对象编程的教学设计提供了有趣的选择。我们将在第三章对这个工具进行描述。

AID 的部分失败，以及第一代教学设计的传统模式所含有的顽固传统主义，导致了 20 世纪 90 年代教学设计的重大危机，通常被称为**客观主义—建构主义之争**（Dick，1993；Merrill，1992）。鉴于心理学的范式转变——所谓的"认知革命"（Bruner，1990）——教学设计的元理论基础受到了挑战。一方面，这对教学设计的认识论基础产生了深远的不确定性；另一方面，**学习的认知理论**（cognitive theories of learning，CTL）成了教学设计的主要理论基础，所以其重点逐渐放在复杂的问题解决和相应学习环境的设计上（Jonassen，1997，1999）。

简而言之，这些新方法构成了**第三代教学设计**，其特点是不仅以认知建构主义范式为导向，而且有意识地摆脱第一代传统 ID 模型的影响。但是，并不是每一种第三代教学设计的新方法都属于建构主义的范畴。例如，**认知负荷理论**（Sweller et al.，1998）或 4CID-Modell（Merriënboer，1997）尽管融合了认知学习理论，但仍然坚持客观主义的观点。尼格曼等人的 DO-ID 模型也是如此（Niegemann et al., 2008）。

建构主义教学设计的成功例子有不少，如"**建构主义学习环境**"的概念（constructivist learning environments, Jonassen, 1999）、"**生成学习和教学**"的综合概念（generative leaning and teaching, Kourilsky & Wittrock, 1992）、**抛锚式教学**（anchored instruction, Pellegrino, 2004）、**基于目标的学习计划**（goal-based scenarios, Schank et al., 1993/94）、**基于设计的学习**（learning by design, Kolodner et al., 2004; Kafai & Ching, 2004）和**以模型为中心的学习和教学**（model-centered learning and instruction, Gibbons, 2001; Seel, 2003a）。这些概念除了其基本取向是建构主义范式，还彰显了研究与开发的强有力结合的成果。与第一代 ID 模型相比，第三代的概念并没有规定学习环境的规划过程，而是强调要在基于研究的原则基础上进行操作，旨在促进和优化认知学习和复杂问题的解决。因此，教学设计在历史上首次实现了对教学概念和教学系统有效性的理论研究。

对教学设计的历史回顾为梅里恩伯尔、西尔和基尔希纳（Merriënboer, Seel & Kirschner, 2002）的结论提供了支持：教学设计的理论和模型存在多种类型和变体，它们代表了本质上不同的"世界"（知识世界、学习世界、工作世界）。在这些世界里，帮助个人更好地学习的预期导致了对**教什么**和**如何教**的问题的不同答案。在回答这些基本的教学问题时，不同代的教学设计的模型是相辅相成的，但它们实际上处于教学设计过程的不同阶段。依我们看，第一代模型可以为教学系统和学习环境的系统规划和设计提供宝贵的帮助，而第三代模型可以与旨在解决复杂问题的学习环境的有效性有关的研究和开发的必要结合提供基础。目前，我们可以观察到教学设计发展的其中一个趋势是强调**创造力**在编制教学系统方面的作用。此外，重点是设计的实用程序，如快速原型（rapid prototyping, Desrosier, 2011）旨在传达规划的灵活性，并"反对线性、顺序和机械的设计方法"（Moore & Knowlton, 2006, p.59）。

总　　结

教学设计的开始可以追溯到 20 世纪初行为主义的兴起。然后，在第二次世界大战时期蓬勃发展。到了 20 世纪 60 年代后期，当时的"人造卫星震荡"导致（美国）开始强调教学的实证研究，使教学设计开始作为教育规划的一门学科得到发展。其中，有 4 位学者对这一发展产生了重大影响：

①斯金纳（Skinner, 1958）将学习科学与教学艺术进行了对比，并将行为主义学习原则转化为程序化教学。②格拉泽提出了"**教学设计**"一词。③加涅为不同的

人类学习条件配置了9种教学事件/活动。④苏普斯引入"信息技术"概念，将其作为教学设计的一个组成部分。

随后，大量教学设计模型应时而生，并可概括为第一代教学设计。它们的主要特征是都建立在系统理论和控制论的基础之上。这一代的典型代表是加涅和布里格斯、迪克和凯瑞的模型，直到今天，这些模型也依旧主导着教学设计领域的发展。

第二代教学设计是通过智能辅导系统和专家系统来实现教学设计过程的（至少某种程度）自动化。

第三代教学设计不同于之前两代，不仅是因其以认知建构主义范式为导向，还在于它有意识地摆脱传统的教学设计模式的影响。这一代的一个主要特点是在教学规划的过程中将研究与开发、语用学与创造性相结合。

附加问题

问题1.5：第一代和第三代ID模型最重要的区别是什么？

问题1.6：为什么把失败归咎于第二代教学设计是合理的？

问题1.7：里奇和恩斯特（Ritchie & Ernst, 1999）得出结论："每一次迭代，我们都增强了对如何影响个人和组织绩效的理解"（p.35）。请参考客观主义—建构主义之争来解释这个结论。

第二章

教学设计的实践

引　言

到目前为止，教学设计已经被描述为一门关于规划的**科学**（Leshin, Pollock & Reigeluth, 1992; Schott, 1991），它包含了规划的理论和技术。

> **规划理论**关注规划教育过程中的规律性调查，而**规划技术**则为规划过程的具体安排提供处方。

问题的关键在于产生有效的理论实践模式。从这个角度来看，教学设计被认为是**教育规划的实践**，尽管他们指向的是不同的事实。

"早起的鸟儿有虫吃"

谚语"早起的鸟儿有虫吃"意味着要尽早完成任务以提高成功的机会。在我们看来，这句谚语是一个适合的隐喻，即在实践中，教学设计应该尽早开始以避免出现偏差。科维（Covey, 2004）在他的关于有效习惯的畅销书中指出："在思想上以终为始意味着首先要清楚地理解你的最终目的。也就是说，你要知道自己去哪里，这样才能更好地理解现在所处的位置，从而使你所采取的步骤总是朝着正确的方向前进"（p.98）。在有关教学设计的相关文献中，这种策略被称为"逆向设计"（Wiggins & McTighe, 2005），它与本书后面所述的传统教学设计模式相呼应。简而言之，逆向设计包含 3 个主要步骤（图 2.1）。

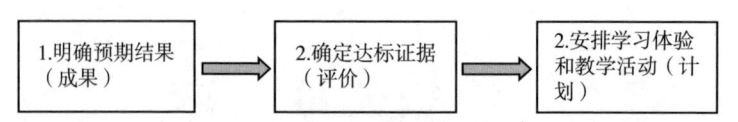

```
┌─────────────┐      ┌─────────────┐      ┌─────────────┐
│1.明确预期结果│ ═══> │2.确定达标证据│ ═══> │2.安排学习体验│
│  （成果）   │      │  （评价）   │      │和教学活动（计│
│             │      │             │      │   划）      │
└─────────────┘      └─────────────┘      └─────────────┘
```

图 2.1　威金斯和麦克泰"逆向教学设计"的主要步骤
（Wiggins & McTighe，2005）

通常，教育规划与综合预期的结果相结合，并需要前瞻性地协调好关于教学目标、内容和方法的教育决策的竞争性选择。因此，哈里斯和霍费尔（Harris & Hofer，2009）指出，规划一个特定的学习活动可以被描述为 5 个基本教学决策的结果：

1. 选择教学目标；
2. 对学习经验的性质做出实际判断；
3. 选择合适的活动类型并对其进行排序，形成学习体验；
4. 选择形成性和总结性的评价策略，揭示学生的学习程度；
5. 选择最能使学生受益的工具和资源。

在实践中，教学设计以专业的、高应用性的知识为前提。根据舒尔曼（Shulman，1986，1987）对**教师专业知识**（又称**教学专业知识**）的分类及其进一步发展（如 Baumert & Kunter，2006；Bromme，1997），设计有效学习环境所需的知识不仅包含所要教授的特定主题的知识（**内容知识**）。为了设计有效的教学和/或学习环境，（教师）还需要掌握关于教学、诊断、测试和评价的各种通用策略和方法的知识（**一般教学知识**）。最后，（教师）亦需掌握关于内容具体任务的教学和诊断潜力的知识，关于展示和表征的有效形式的特殊体验，形成关于什么会使特定内容变得易学或难学的理解，并对不同年龄和社会背景的学习者进入学习环境时所携带的原有基本知识做到心中有数（**教学内容知识**）。

显然，专家层面的多维**专业知识**并不是无故出现的，而是基于多年有意识的实践（例如，Berliner，2001，2004；Livingston & Borko，1990），以专业知识的不断发展为前提。另外，值得注意的是，教学设计的实践经常包括与上述知识领域的专家所组成的团队的工作。团队合作可以进行整合，例如，

- 银行业沟通和咨询技巧方面的专家（即教授内容的专家）；
- 一般的教学和学习概念、方法和策略的规划，以及指导和诊断/评价的专家（即

一般教学法或更确切地说是教学设计专家);
- 一位银行职员培训专家,能够意识到要教授的内容与目标学习小组内的问题和潜力。

设计专业知识的发展

关于教育规划的过程,几十年来人们一直认为,教学设计领域的**新手**应该依靠已开发的过程模型之一,以专业的方式完成教学系统的开发。而对更高阶的教学设计者,皮耶特(Pieters,1995)假定他们通常会随着时间的推移,依靠发展专业知识来转变自己的设计工作。

经验法则认为,专业知识的发展需要大约十年的时间,并通过持续性**刻意练习**来加以补充完善(Ericsson,1996)。这意味不仅教师需要花费大量时间才能成为教学专家(参见 Leinhardt & Greeno,1986),教学设计者也同样需要付出这些努力。这就使通向教学设计领域的专业知识的道路变得漫长而不确定,因为刻意练习的方法及其精心设计的、有目的的例行程序预设了对小而具体的行为单元的大量重复,在此过程中,也涉及元认知意识的参与(Ericsson et al., 1993;Seel,2003)。就像培养演奏音乐的专业技能一样,与其说是练习的数量,倒不如说是练习的质量更能促进刻意练习的成功。刻意练习的一个重要特征是向练习者提供关于表现的反馈。在这种情况下,贝勒(Baylor,2002)在一项针对125名职前教师的实验研究中发现,使用教学代理是有效的方法。

从认知心理学的角度来看,教学设计领域的专业知识的本质是通过**程序化**来表征的,即将陈述性知识(**知道是什么**)转化为程序性知识(**知道如何做**)。换句话说,新手必须知道什么是教学设计,以及产生特定学习活动需要采取哪些步骤。最后,通过刻意练习,根据**图式**,即计划或脚本,将能或多或少地逐步实现这些程序化的步骤。为此,策略学习是获得解决设计问题的适当手段的先决条件。值得注意的是,图式的开发和维护需要有完成类似任务的大量经验(Seel,2003)。

教学设计领域的专家与新手的不同之处在于,专家是通过以计划或脚本形式组织起来的程序性知识来形成教学规划(例如,Ertmer & Stepich,2005;Le Maistre,1998;Perez & Emery,1995)。此外,教学设计专家还会考虑学习者的个人动机和学习策略,以及一般的背景经验和特定意图(Hardre, Ge & Thomas,2006)。

进一步来说,教学设计专家似乎很少直接使用现有的规划模型(Wedman &

Tessmer，1993），而是应用一种"**必要性层次**"的教学设计理念，即仅关注教学计划和开发的具体活动来指导教学设计工作（Tessmer & Wedman，1990）。这意味着，教学设计专家把重点放在可能存在问题的设计阶段（Liu et al.，2002；Winer & Vásquez-Abad，1995）。总而言之，这些研究描绘了这样一幅图景，即提出模型规划的教学设计专家在实践中并不会严格参照模型，而是会根据一时的需要进行调整。另外，他们在很大程度上也关心那些不在传统规划模型范围内的任务（参见 Kenny et al.，2005）。

灵活规划原则

实践中的教学设计，从规划技术的角度进行讨论的话，一方面是指综合教学系统（例如职业培训领域或学校领域）的规划和发展，即所谓的**全局规划**。另一方面，教学设计的目的在于教学活动的强制性决定，因此与学习和教学的具体方面的规划有关，即所谓的**详细计划**。在这两种情况下，我们可以从实际状态和目标知识或技能状态之间的差异推导出实际的教学需求，这一差异也引出了规划责任的概念。

由于任何规划都不可避免地建立在不完全和不确定的知识基础上，所以总会遇到同样的困境：规划越具体、越长远，产生错误的可能性越大。然而，不做计划（"随心所欲"）会增加对未来决策失去容忍度的风险。因此，这种困境昭示着我们需要一个复杂的战略规划过程，通过预测长期的发展，从而避免错过即时决策，以及排除有影响的选择。同时，必须将对未来行动的强制性约束限制在最低限度，以便自适应地安排备选决策。这与**灵活规划**的方法是一致的，且以下列条件为前提。

1. 对相关决策的规划步骤进行持续测试；
2. 决策者要有能够实现必要的行动修改的意愿与能力。

独立于教育规划的范围，我们假定**灵活规划**通常按照 7 个步骤进行（图 2.2）。

教育规划可以服务于不同的目标和功能。但是，其主要功能一定在于促进教育系统及其各个部门的持续改进或改变。在这方面，教育规划可能会根据教学处方的具体化程度及其约束性差异而有所不同。

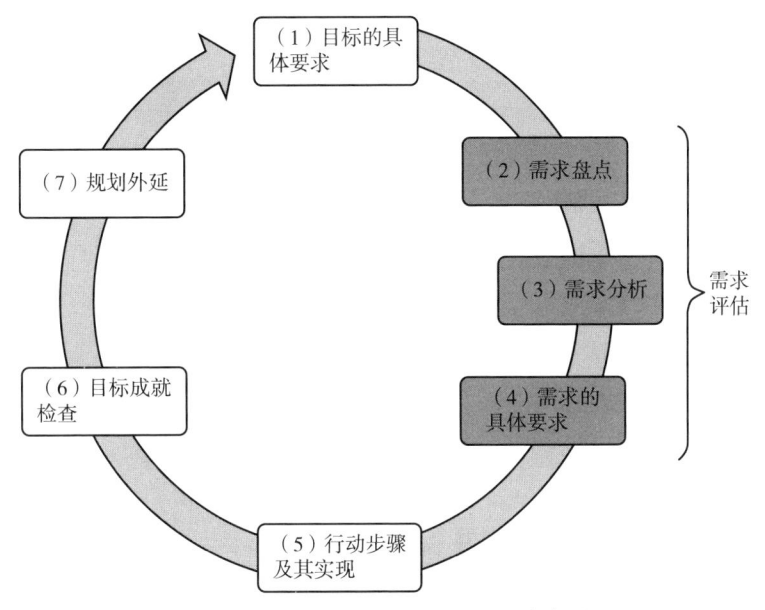

图 2.2 教学设计领域灵活规划的步骤

图中文字：
- （1）目标的具体要求
- （2）需求盘点
- （3）需求分析
- （4）需求的具体要求
- （5）行动步骤及其实现
- （6）目标成就检查
- （7）规划外延
- 需求评估（对应2、3、4）

教学规划的组成部分

教学设计的实践目的在于：

- 描述未来的教与学问题；
- 对行动选择方案和环境约束进行前瞻性反思（即根据具体决策决定应该如何采取措施）；
- 为预期决策制定设计和行动的条件处方。

简而言之，教学设计在实践中结合了学习目标、内容和组织约束，以及方法和工具，形成了关于规划的目标、组织、工具和实施方面的完善处方。关于**规划对象**，我们必须要区分规划的层次和范围（如第一章所述）。其中，**规划层次**包括目标的制订、规划战略与战术的达成一致，以及最后要实施的具体操作。**规划范围**是指按照更为全面的规划模式进行规划的各子组成部分和阶段。

在**规划组织**中，其主导概念通常基于决策制定的理论（例如，Seel et al., 1995；Niegemann et al., 2008）。这一理论的基本假设是每个关于子组件的决策都与其他组件的决策有关。因此，所有的决策必须是兼容的。在过去的几十年里，使用能够阐明教学设计的各个组成部分和决策的模型被发现是有效的，尤其对于那些经验不足的教学设计

21

者来说（Ertmer et al., 2008）。"模型塑造了使用者的意识"（Ryder, 2003, p.1）。换言之，它们简化了复杂的现实，只考虑对决策至关重要的事实和关系。在图2.3中，呈现了教学设计的主要组成部分。

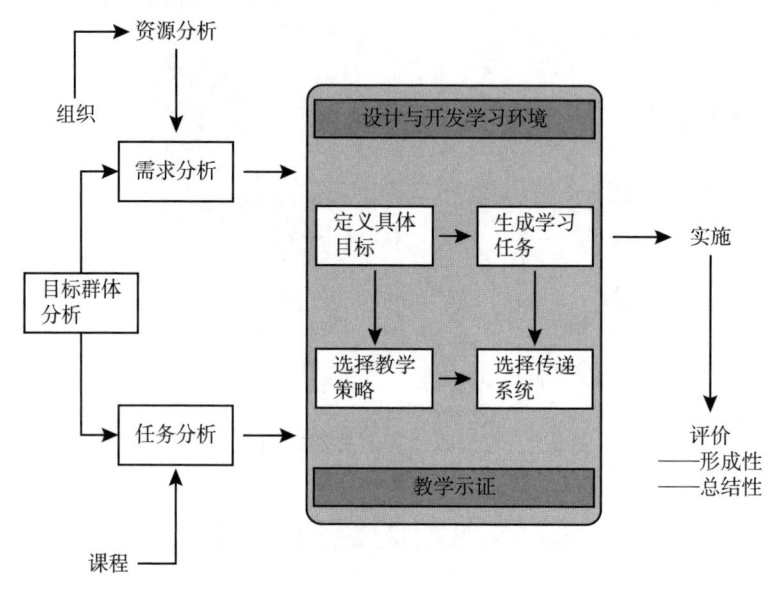

图2.3　教学设计主要组成部分总览（Seel, 1999, p.6）

与规划组织密切相关的是为教学规划提供具体支持的特定工具和工具的应用。通常，教学设计者使用涉及任务分析和学习任务排序的分析工具（例如，Jonassen, Hannum, & Tessmer, 1999；Schott, 1992）。此外，文献中亦强调了项目管理和相应的工具（例如，Niegemann等, 2008；Zawacki-Richter, 2007），以及互联网提供的大量实践，包括成功的教学设计清单和最佳实践例子（Mager & Pipe, 1984；Snyder, 2009）。

只要没有实现，每个规划都是虚拟和虚构的。因此，关于教学设计的文献都强调了**实施**的中心地位，因为只有执行了规划才可以提供有关其成功和有效性的信息。因此，设计学习环境的实施和形成性评价在教学设计的每个模式中都扮演着重要的角色（参见 Ross & Morrison, 1997）。即使是同一份规划的教学，多次实施都可能产生很大的差异，这种多样性会导致对成本、成就、活力、教学活动的持续时间和范围、课程或讲座进行不同的必要调整。实施问题是指规划实现的准确性和类型。

一个教学事件的成功可以归结为三个相关的因素：①关于预期过程实施的准确性；②受经验数据支持的特定干预的程度；③执行干预措施的准确性。然而，**实施的准确性**可能会受到下列因素的影响（Gresham et al., 2000）。

- **复杂性**。因为教学干预越复杂，实施的不确定性或不足的可能性就越大。
- **必要的材料和资源**。这些必须是一次性的或可生产的。
- **感知到的真实的有效性和可信度**。因为当教学设计者认为所选择的方法无效或不符合给定的约束条件时，实施就会失败。
- **参与人员**。因为参与的人数、人员的专业知识和动机影响着教学系统的质量及其实施的准确性。

总而言之，上述制约因素的存在使教学设计的实践成了一个极其复杂的问题，需要做出深远的决策。通常情况下，如果人们退一步从另一个角度透视整体，教学决策似乎是相对直接的。实际上，影响教学设计领域决策的因素有很多，如不确定性、失败风险、人际关系、复杂性等。

总　结

一般来说，教学设计的实践要求在长期规划和完成当前任务之间取得平衡。因此，灵活规划被认为是教学设计的重要组成部分，以便在全局规划和详细规划之间找到平衡点。教学设计在一种面向理性决策的技术基调中有其要点，通过这种技术基调，用行之有效的处方形式使目标、条件、方法和手段相互关联。教学设计的重要问题是确定规划对象和组织，以及选择合适的工具来规划和掌控成功的实施过程。由于教学设计是一个复杂的问题，新手设计者应该多参考教学设计的已有模型。

专业知识的发展需要大量的刻意练习，直到设计师能够应用或仅关注那些被认为是必要的规划活动的**必要性层次模型**来指导教学设计工作。

附加问题

问题 2.1：教学设计领域的专业知识的特征是什么？

问题 2.2：在教学设计中，全局规划和详细规划的区别是什么？

问题 2.3：如何解决长期教育规划的困境？

问题 2.4：灵活规划的优点是什么？必须考虑什么？

问题 2.5：什么是教学设计和开发的"必要性层次模型"？

作为复杂问题解决的教学设计

许多理论家认为,教学设计与决策密切相关,对他们中的一些人来说,教学设计**就是**一个决策过程:"目的是在给定教学期望达到的具体结果,以及教学发生的特定条件下,选择最好的教学方法。"(Winn,1987,p.60f)该作者通过将教学设计中的决策与教师在课堂上做出的决策进行比较,从而突出了教学设计决策的特点。显然,尽管教师在规划教学阶段的决策与教学设计者的决策相一致,但在实施阶段,教师可以自发地、互动地调整活动以适应当前的情况(参见 Parker & Gehrke,1986)。相反,在校外工作的教学设计者往往不能根据情境需求进行决策。例如,在远程教育的情况下,所有必要的决策必须先于教学的实施,而在规划阶段做出的错误决定可能会在教学和经济意义上产生致命的影响(Bourdeau & Bates,1997)。

其实,教学设计在实践中需要制定大量决策。例如,在规划过程中,设计者必须根据特定的个人、组织和社会要求确定教学方法,以满足目标受众心理和社会倾向的预期变化(Van Patten,Chao,Reigeluth,1986)。而在反馈、学习者自主的程度、评价和评估的方法方面,更进一步的决策也是必要的。另外,也不要忘记教学内容的基本决策、学习任务的性质,以及它们的实施顺序(图 2.4)。总而言之,教学设计中的决策

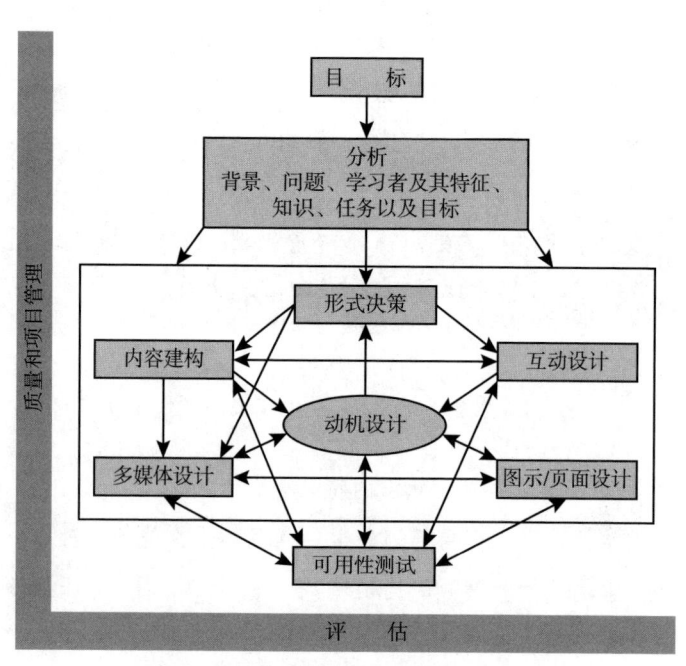

图 2.4 设计多媒体环境的 DO-ID 模式
(改编自 Niegemann et al.,2008,p.85)

不仅过程繁杂，内容也较为复杂，因为决策是以多种方式相互联系的。尼格曼等人提出的**面向决策的ID模型**（DO-ID）（Niegemann et al.，2008）说明了教学规划的复杂性（图2.4）。在这个模型中，图中的箭头代表了设计基于多媒体的学习环境所必需的决策的相互依赖性。它说明了基于多媒体的学习环境的设计包含了大量的活动，这些活动均与各个组成部分之间的多方面交互有关（Tennyson & Elmore，1997）。因此，为了实现可持续的决策，必须处理来自不同来源的许多单项信息。作为结果，教学设计完全成了一个复杂的决策问题。

决策与问题解决

根据乔纳森（Jonassen，2012）的观点，问题可以用范围、结构和复杂程度来表征，这些都与掌握任务所需的认知操作水平有关。基本上，问题可以被描述为3个组成部分：①给定的初始状态 S_α；②期望的最终状态 S_ω；③ S_α 和 S_ω 之间的障碍。如果一个人不知道如何从 S_α 抵达 S_ω，那就会出现问题。换句话说，如果一个人知道达到预期最终状态的必要步骤，那就不会产生问题，只需要完成任务即可。

一般来说，问题可以根据人们为解决问题所要越过的障碍的具体类型来区分。首先，我们可以区分明确的和不明确的问题。**定义明确的问题（良构问题）**，因其初始状态和最终状态都是明确的，所以按特定顺序进行认知操作就可能产生一个解决方案。换句话说，我们可以直接使用解决给定问题的必要信息。相反，对于**定义不明确的问题（劣构问题）**，既不能指定所需的最终状态，也不能保证所应用的操作达到解决方案的要求。中东局势就是一个能够说明不明确问题的好例子。它既不能清楚地描述最终状态，也不能具体说明所需的步骤。而对定义明确的问题，问题解决者所面临的挑战可以通过可用的陈述性和程序性知识来解决。成功只依赖于一个人的先验知识和有效应用操作的能力。

关于明确问题和不明确问题的区别，传统的ID模型假定，教学设计在实践中是一个复杂而明确的问题，可以分解成子问题来解决，同时可以参考任何一个ID模型的阶段和步骤来完成任务。然而，建构主义教学设计方法的支持者并不认同这一观点，因为对他们而言，教学设计是一个不明确问题，它的解决要求具备创作性思维和创造力。这种分歧与心理学多年来讨论的以结果为导向和以过程为导向的问题解决方法之间的区别（Hussy，1984）相对应。结果导向的方法关注的是问题解决的产物，而过程导向的方法则侧重于问题解决过程的步骤。对于后者，其核心问题是如何着手解决问题。

无论在何种情况下，由于缺乏清晰度以及需要考虑众多的目标和变量，教学设计始终都是一个复杂的问题（Funke，1992）。除了定义清晰与否，复杂问题还可以是"开放的"或"封闭的"（Reitman，1965）。一名工程师要在河流上设计一座特定的桥梁，这个问题就是一个**封闭问题**，而一个教学设计者面临的则是一个**开放问题**，因为一个适当的教学概念可能直到设计过程结束（或学习环境的实施）才可能产生。换句话说，当开始设计过程时，教学设计者通常不知道结果如何。只要结果不能预料，要解决的问题就可以理解为是开放的。依我们的观点来看，可以将教学设计与文本生成进行比较。

经过对文本生成进行研究（例如，Eigler，1998；Eigler et al.，1987），可以发现文本的生成，很显然是一个具有辩证障碍（dialectic barrier）的复杂问题。当辅助技能（如能流畅地写出书面语言并能从记忆中提取知识）得到整合并实现自动化（Bereiter，1980）时，问题就可以得到解决。一旦将关于书写习惯的知识整合在一起以后，创作文本的下一步就是考虑潜在读者。最后，创作和反思性思维是相互联系的。到目前为止，研究人员一致认为，产生一个文本相当于一个复杂问题的解决，在这个问题解决过程中，相互关联的不同过程必须进行整合（参见 Eigler，1998；Hayes & Flower，1980）：**规划过程**旨在产生特定领域的知识，同时必须要针对所生成的文本组织特定的知识。**转化过程**旨在将知识转化为语言，而**元认知过程**旨在修订和改善文本。

根据教学设计的性质，问题解决可以分为两个基本方法：

1. 问题解决的分析过程的前提是问题解决者具有必要的陈述性和程序性知识，并能够将其应用于给定的问题。
2. 解决问题的另一种方式是基于创作和创造性的思考，因为问题解决方法和预期的解决方案都是未知的。因此，这种类型的问题解决与启发式问题解决相对应。

教学设计的"传统"模型既希望降低问题的复杂性，又希望促进对问题和必要决策的深入理解。通常情况下，传统的 ID 模型将教学设计的整个过程作为分析问题与解决的过程，并规定了必要的操作。

对教学设计专家如何工作的相关研究表明，他们通过建立核心问题的一致表示来整合给定的问题（例如 Ertmer & Stepich，2005；Ertmer et al.，2008；Kirschner et al.，2002；Perez & Emery，1995；Pieters，1995；Silber，2007）。通常，他们会画一个草图作为这些问题的原型，然后评估其外部和内部的一致性，以满足情境和启发式知识的要求。通常，这个原型必须经过重新修改和评估。因此，专家设计的一个核心特点是通过反复尝试和改进来实现迭代式教学设计（Winer & Vasquez-Abad，1995）。

这一立场符合心智模型的理论（Seel，1991），因此，教学设计者大量参与创造和"充实"问题空间的心智模型。心智模型"使个人能够做出推断和预测，理解现象，决定采取什么行动并控制其执行，最重要的是，通过代理来体验事件"（Johnson-Laird，1983，p.397）。心智模型理论的核心是一个迭代的问题解决循环的表征，其中包括想象力和创造力（Seel，2013）。因此，当教学设计者面临设计问题时，对可能的结果进行必要反复的心理模拟便为创造性思维提供了机会（Clinton & Hokanson，2011；Hanke & Seel，2012）。

从一开始，关于问题解决的心理学研究就指出了这样一种现象，即问题解决的过程并不统一，因为不同的人会采用不同的问题解决方案（Ronning, McCurdy & Ballinger，1984年）。然而，值得注意的是，我们发现在一段时间内，同一个人可能会针对同一个问题采用不同的解决方案（Siegler，2006）。所以，同一位教学设计者也很有可能会在两个不同时间点创建出两个不同的学习环境。

关于教学设计中问题解决的本质，尽管分析和启发式程序提供了可持续的方法，但这依赖于专业知识的发展。在教学设计领域，新手会通过一个现有的 ID 模型来使用分析方法，而高级或专家型的教学设计者则更喜欢启发式的问题解决方法。有趣的是，马格里阿伦和香博（Magliaro & Shambaugh，2006）的研究表明，教学设计领域的新手，如大学生，则会运用 ADDIE［Analysis（分析），Design（设计），Development（开发），Implementation（实施），Evaluation（评价）］提供的概念模型的主要组成部分的心智模型来指导操作（参见下文对 ADDIE 的描述）。

问题解决的分析方法和启发式方法，在很大程度上与人们做出决策的两个基本方式一致：理性或直觉。

教学设计的理性决策与直觉决策

通常，理性决策被认为是最佳的选择，但在面对复杂问题时，人们倾向于根据与不完全知识相关的直觉来做出决策。考虑到问题的复杂性，在不清楚其结构的情况下做出良好决策的能力，与所谓的问题**内部逻辑**和先前的经验有关。尽管传统的文献既强调理性决策的必要性又强调其优越性，但我们认为直觉决策往往会产生正确的、有时甚至是最好的结果。直觉可以分为两种**类型**。一种是情感决策，意味着"听从内心"，被称为**无意识智力**（Gigerenzer，2007）；另一种是以**孵化**（即长期的思考）和**突然的灵感**或

面向学习的教学设计：理论基础

思想火花（即所谓的"阿哈效应"；Highsmith，1978；Topolinski & Reber，2010）为基础的决策。

直觉决策的质量在很大程度上取决于决策者的已有经验。因此，就教学设计而言，可以认这种类型的决策取决于个人，他们拥有包含内容知识、一般教学知识和教学内容知识这三个核心维度的必要的**专业知识**（Shulman，1986；Baumert & Kunter，2006）。如果一个教学设计者能在这三个维度拥有详尽的、有良好相关的专家型教学知识，那么他们就可以利用这种可能性——快速而简单——直观地做出对教学系统的规划和实施有效的决策。但是，如果设计者不具备专家知识，那么直观的决策就会产生风险。根据克雷姆斯（Krems，1995）的观点，我们假设教学设计专家能应用程序灵活地解决问题，因为他们擅长考虑多种选择并及时改变他们的策略以适应任务要求或资源的变化。

我们认为，教学设计中的非专家和新手在决策时依赖辅助。因此，新手必须在信息收集、心理模拟教学情况，以及平衡机会和风险方面得到支持，并且要积极借鉴他人经验。根据这样的步骤，他们可以一步一步得出结果。总结而言，**理性决策**有3个特点：

1. 所提供的是关于学习事件可能状态的一组主观假设，决策者将其整合到成功教学的心智模型中。
2. 每个假设代表一个特定的主观可能性，与假设的正确程度对应。
3. 为了确认或修改假设，必须咨询和利用内外部信息资源（即已有知识，以及在环境中发现的信息）。

理性决策的过程有两个明显的缺点：一是需要很长时间，二是存在只注重瞬时想法的风险。因此，认识到影响教学目标可达性的风险是很重要的。

已有文献描述了若干风险评估过程，以便在规划阶段通过适当的补救措施来规避风险。**最坏情况假设**是阐述规划风险的一种方法。另一种方法是考夫曼（Kaufman，1988）在需求分析的背景下提出的SWOT方法。SWOT是一个首字母缩写词，指的是分析的焦点，即在教学战略规划的领域内确定**优势**（strengths）、**劣势**（weakness）、**机遇**（opportunities）和**威胁**（threats）。

正如我们所指出的那样，每个决策都依赖几个前提，这些前提构成了教育决策的信息领域：

- **规范前提**是指设计者的主观偏好所反映的目标和一般原则。这些偏好的结果是受众倾向的加权期望，可通过教学手段改变。此外，规范前提也建立在社会和组织约束的基础上，这些约束限制了设计者在规划和安排学习环境方面的自由度。最后，必须考虑到课程的具体情况。在决策理论中，加权期望被称为效用，而说到主观偏好，就是将设计者的兴趣和目标整合到决策过程中，以及通过参照备选方案比较的效用分数来替换目标函数。

- **事实前提**指的是教学的背景，即身体和心理上的限制，以及活动的预期结果。很显然，学习者的个体特征构成了最重要的心理限制。然而，事实前提也指可能的学习环境的情境和组织约束，因为它们可以通过环境分析来进行评估（Tessmer, 1990）。
- **方法前提**包含解决决策问题的适当程序。目的是得到决策的最优程序，具体地说，只要结果符合规范和事实的前提，程序就是最优的。如果是这样，就需要一种方法来选择适当的战略和程序，以便作出有效的决策。

在经济学中，为了支持规范决策而研制了形式化的程序，如**多属性效用检验**（multiple attribute utility test, MAUT; Dinkelbach, 1982），但是这种形式化程序在教育或教学领域是不存在的。虽然MAUT已被应用于教学设计领域，例如为了支持传递系统的选择（Seel, 1992; Seel et al., 1995）或学习任务的选择（Richter, 2009），但传统的ID模型依旧作为决策制定的基本依据。

基于各种ID模型，决策制定的最佳方法是开始记下想法。头脑风暴只是让想法活跃起来的一种方式，并通过制定决策而开启反思性思考。

总　结

教学设计的特点是多个决策相互关联，这就使教学计划的制订成为一个复杂的问题。虽然教师可以根据情况的需要调整教学方法，以互动的方式补充他们的计划决策的不足，但教学设计者不可能总以一种互动的、补充的方式做出决策。因此，实施之前的错误决策可能会导致教学失败。

教学计划的复杂问题可以通过理性或直观的方式解决。虽然理性决策一般被认为是非常有效的方法，但是人们在遇到复杂问题时，往往会依赖直觉决策。由于直觉决策取决于决策者以往的经验，如果设计者掌握了可用的教学专家知识，这种决策就能在ID领域内有效。如果情况并非如此，那么直觉决策可能会为教学计划的实施带来"灾难"。因此，新手和非专家应该依靠ID模型支持的理性决策。

附加问题

问题 2.6：构成教学专家知识的核心维度是什么？它们如何决定和规划教学系统的活动？

问题 2.7：你能解释为什么教学设计是一个复杂而开放的问题吗？

问题 2.8：作为问题解决的不同形式，文本生成和教学设计之间有什么相似之处？

问题 2.9：为什么教学设计新手在规划教学时不应依赖直觉决策？

问题 2.10：理性决策的主要特征是什么？

问题 2.11：关于如何推进决策制定，你对新手设计者有什么建议？

设计和创造力：是教学的艺术吗

自从斯金纳（Skinner）发表（1958）关于"学习科学与教学艺术"的开创性论文以来，许多教育研究者一致认为教学规划是一个**设计**过程，如同需要想象力和创造力的艺术品（例如 Gibson，2013；McKeown，2013；Rowland，1993）。通过比较教学设计者与根据同一个设计目标创造各种蓝图的建筑师，史密斯和雷根（Smith & Ragan，2004）总结道，就像建筑师的设计受益于创造力和想象力一样，教学设计也是如此（另参见 Morrison et al.，2010；Naidu，2008）。

有关创造力的文献（如 Fisher，2004；Funke，2000；Steiner，2011）指出了教学设计中必须包含的三个创造性维度：产品、过程和/或执行人。这意味着，创造性教学设计要有：①创造性产品，例如作为完成设计过程结果的蓝图（Landau，1974；Steiner，2011）；②基于想象力和相关认知的创造性过程；③表达设计者多样的思维方式（Hanke et al.，2011）。通过整合这些维度，基尔希纳等人（Kirschner et al.，2002）指出，设计者的"创造力和艺术技能"应该在最终产品中清晰可见。这与列恩威（Linneweh，1978）的观点一致，即创造性思维的过程产生的创造性产品必须与现有的产品不同，换言之，必须是前所未有的创新。此外，所得到的产品在适用性方面也应该是有帮助且实用的（Funke，2000；Linneweh，1978；Mayer，1999；Sternberg & Lubart，2002）。于是，我们认为**创新性**和**实用性**是创意教学设计的核心。

根据这个观点，在所有的教学设计活动中都需要想象力和创造力。这也适用于教师，他们在为即将到来的课程进行规划和准备活动时，可能被视为教学设计者（例如，Earle，1985，1992；Moallem，1998；Norton et al.，2009）。学习环境的设计也可以被看作产生创造性产品的创意发挥过程。

过去，关于教学设计的"艺术"方法的讨论在文献（如 Clark & Estes，1998；Heinich，1984；Rowland，1995）中寥寥无几，"这也许反映了人们已认识到需要更多不同的设计方法"（Clinton & Hokanson，2011，p.117）。然而，讨论常常存在争议。一方面，传统教学设计的模式已经被一些作者诟病，因为它们倾向于产生缺乏想象力的产品，导致学习者产生厌倦："依葫芦画瓢，肯定结果很糟糕"（Gordon & Zemke，2000，p.42）。另一方面，传统的教学设计方法和相关模式又受到一些作者的维护，他们认为系统的教学设计方法在适当使用时必然产生"创造性教学"（Dick，1995；Korth，2000）。最近的 ID 模型认为设计过程是灵活的规划，但它们通常并没有明确地解决创造性问题（例如，Shambaugh & Magliaro，2001；Willis & Wright，2000）。尽管如此，创造性地进行教学设计的要求日益频繁地出现在教学设计的议程上（例如，Clinton & Hokanson，2011；Conole et al.，2008；Gibson，2013）。

设计和创造力

通过对文献的分析表明，创造力与设计之间存在紧密的联系，因为两者都涉及"新事物的概念和实现"（Cross，1982，p.221）。然而，创造力是一个令人眼花缭乱的概念，它是一种智力资源，是人类通过想象和生产性思维产生或创造新事物的能力。创造力的产物可能是问题的新解决方案，也可能是新的方法或装置，或是新的艺术品。一般来说，创造力这个术语指的是丰富的想法和创意。"提出一个想法，并赋予它形式、结构和功能，是人类活动设计的核心"（Nelson & Stolterman，2003，p.1）。正如学习或动机一样，创造力是一种理论建构，涉及美术、广告、设计、创新和发明等不同领域。通常情况下，创造力不仅是简单地将新的东西引入到设计中，还会产生出乎意料和有价值的东西。

创造力包含方方面面。长期以来，它主要被认为是艺术家的一种气质。与此同时，创造力有一个模糊的内涵，包括对"时代精神"的大力宣扬、对创意领域的全力强调，以及对其他领域（如商业创意）的"不屑一顾"。在这些领域中，创造力往往与结合好奇心和问题解决的自发行为联系在一起。有创造力的人有寻求新奇的需求，并有能力提出独特且具有开拓性的问题。事实上，基佩尔、格林和普罗拉克（Kipper，Green & Prorak，2010）对自发性、冲动性和创造性之间的关系进行了研究，结果表明自发性与创造力之间存在正相关关系。作者认为这种正相关与莫雷诺（Moreno，1953）的"自发性—创造性准则"是一致的。此外，他们还发现自发性与冲动性之间存在负相关关系。然而，由于我们使用的是通常的定义，即自发性是指在没有事先考虑的情况下行事；冲动性是指很少或根本没有对结果进行预先思考或反思，所以我们应该将自发性—创造性准则看作一个神话而不是事实。其原因在于，创造力通常是对一个复杂问题的扩展认知争论的结果。我们可以考虑以下几点：第一，发明是艰苦的工作；第二，需求是发明的出发点；第三，心智模型通过将原型发明限定在一个适用的产品上为发明提供了"框架"，而这一产品通常是相当新颖和实用的（Seel，2013）。此外，在 20 世纪 60 年代的文献中，当心理学家（如 Guilford，1967）开始调查人类的创造力时，创造力的概念还与新思维图式的形成有关。

图式和心智模型

在认知心理学中，图式表示一个人在与对象、人、情境和行为有关的大量个体经历过程中获得的**一般**知识。**图式**被概念化为心理表征的一种形式，其中针对某一特定现象的概念结构、关系和过程会被组织成为具有默认值的槽—填充结构。

当输入信息符合默认值时（Seel，2003a），图式会自动运行。换言之，一旦图式被激活，就会自动"播放"，并在"自上而下"的过程中调节新信息的吸收。这使信息可以被非常快地处理，这一点对人类来说至关重要，因为它可以帮助我们更快地适应环境。"如果没有可以吸收/同化事件的图式，学习就会变得缓慢而不确定"（Anderson，1984，p.5）。关于图式的讨论还与脚本、计划和框架有关，这些都为个人提供了能将外部世界的信息与已有记忆内容进行匹配的认知框架。

如果一个图式不能立即满足新任务的要求，那就可以通过**增加、调整或重组**的方式对其进行调节以满足新的要求（Rumelhart & Normen，1978；Seel，1991）。但是，在没有图式可用的情况下，心智模型的存在就变得十分必要。这意味着，必须建立一个内部的工作模型，将**相关的知识点**收集并整合到一个连贯的结构中，以满足被解释的事物的要求。当问题解决者在解释某事物上遇到某种阻力时，心智模型就像一般的启发式，其作用往往会变得明显起来。例如，专家由于触发特定图式而解决了某一特定类别的问题时，他可能很难立刻为新的问题找到解决方案，因而会被迫创建一个新的心智模型。从这个角度来说，创造性发明成了建立一个心智模型的主要驱动力（Seel，2013）。

从认知心理学的角度来看，创造力是一个关于问题解决的事件，可以使用图式和心智模型来进行。从图式理论的角度来看，可以通过激活和应用一个已经存在的"与问题相关的知识集群"（Gick，1986，p.102）来刺激从初始状态到最终状态的转换，因此在这种情况下，创造性思维并不是必要的。这种**基于图式的问题解决过程**是"自上而下"的，解决方案的障碍仅在于检索合适的图式所规定的操作。作为一个事件或过程，开放性问题（如教学设计）需要"新兴图式"（Gero，1996），通过增加、调整或重组的方式来对已有图式进行修改。但是，如果新兴图式不适合，那么就必须构建一个心智模型。

心智模型理论（Johnson-Laird，1983，2005；Seel，1991）表明，心智模型的产生是**创造性思维的一种工作方式**。根据这个理论，只要一个人在从 S_α 到 S_ω 的过程中遇到障碍，基于图式的处理过程就会受到抑制（Seel，1991）。在这种情况下，必须专门建立内部的工作模型以满足解决问题的具体要求（Hanke，Ifenthaler & Seel，2011）。通常，创造性思维包括开发替代模型，为可能的结果提供心理模拟，从而预测特定行为的结果。然后，模型建立者必须根据**反证法**（Seel，1991）来决定哪种模型可作为初步的"最佳"问题解决方案。

在教学设计中，心智模型被理解为一个复杂而开放的问题，它整合了已知的特定教学环境，并作为一种思维实验，模拟了旨在实现学习目标的教学活动可能产生的结果。作为创造性思维的根本基础，心智模型是解决复杂问题，特别是创造性（教学）设计的先决条件。从心智模型的理论角度来看，创造性设计并不是自发性思维的结果，而是一个针对复杂问题进行长期认知争论的终结点。

根据教学设计的概念，教学设计是"一种结构，指的是教学材料、课程和整个系统能够以一致和可靠的方式发展的原则和程序"（Molenda et al.，2003，p.574），大多数 ID 模型将设计描述为系统化的**图式驱动过程**，因而会通过使用，如流程图，来降低设计问题的复杂性。相比之下，学习环境的创造性设计则以基于心智模型的创造性思维为前提。

基于图式的设计与基于模型的设计

教学规划的三个一般策略之间是有区别的（参见 Hanke et al.，2011）：①基于图式的逐步过程；②由关于如何规划学习环境的正式（传统）模型指导的脚手架过程；③以作为创造性思维的工作方式的心智模型为基础的机会主义模式。

渐进式教学设计。教学设计的逐步过程的特点是由设计师做出的一系列决策，每一个决策都会有一个相应的预先规划好步骤的教学**计划**或**脚本**。不过，决策不是基于各种可能所做出的选择，而是第一个被判断为适用的、故而被选择和遵循的想法（Bromme，1981）。这种规划的基础在于触发一个可检索的教学模式，用以指导设计者的活动自上而下地进行。

布兰奇、达尔瓦兹与艾尔-辛迪（Branch，Darwazeh，& El-Hindi，1992）的分析支持这样一个假设，即教师的规划活动与教学设计专业人员的实践相关联。教师和教学设计者都倾向于遵循基于实践证明的**规划惯例**（Parker & Gehrke，1986）。只要没有发生严重的分歧，教师就可以按照既定脚本取得成功。根据彼得森和克拉克（Peterson & Clark，1978）的观点，教师在面临彻底失败的风险之前，往往不会轻易地改变教学策略。普特曼（Putman，1987）对教师教学计划的分析，以及罗兰（Rowland，1992，1993）对教学设计专家的设计过程的分析，都表明了**课程脚本**作为一套有针对性的教学目标和行动集合对教学的重要性。对于不同的学科领域（Raudenbush，Rowan & Cheong，1993）和不同的主题，课程脚本的性质可能会有所不同，但它至少有规律地包含了一组松散有序的目标让学生用于学习，指明学生要学习的内容、为实现这些目标而在教学中使用的活动和例子，以及在学习特定领域时可能出现的误解或困难。脚本是教学规划的蓝图。由脚本和图式驱动的渐进式教学规划过程如图2.5所示，它与基于模型的方法进行了对比，后者在图式激活失败时仍有效。

一般来说，人们认为基于图式的渐进式过程的教学设计是教学设计专家的选择（如Ertmer & Stepich，2005；Ertmer et al.，2008）。新手没有可用的教学规划脚本。季等人（Chi et al.，1981）指出，新手通常在问题的陈述中使用术语来定义问题，因此不能检测到问题的内在本质，而专家则倾向于识别问题**二阶特征**，即少量提供的信息触发了专家的程序性知识中的相关图式。但是，激发图式集合是不够的，个人还必须知道如何应用它们。显然，专家们不仅掌握了解决相关问题的程序，还了解运用这些程序的条件。相反，新手必须从头开始发展这样的图式，这是一个长期的过程。

布兰斯福德（Bransford，1984）指出，尽管在一个给定的主题内激活现有的图式是可能的，但这并不一定意味着个人可以运用这些激活的知识来开发新的知识和技能。因此，布兰斯福德强调帮助人们"激活各种已有的知识包"，并"将这些知识重新组合以构建成一个综合的新图式"（Bransford，1984，p.264）的重要性。这与下文中描述的基于模型指导的脚手架程度相对应。

脚手架式教学设计。脚手架旨在为解决问题提供结构性支持。这种方法的一个可行的理论基础可以在认知负荷理论中找到，认知负荷理论强调基于图式的激活和应用来完成认知任务。斯威勒（Sweller，1988）是这种方法的创始人之一，他将图式理解为构建个体知识的认知结构，并可通过激活以解决认知任务。

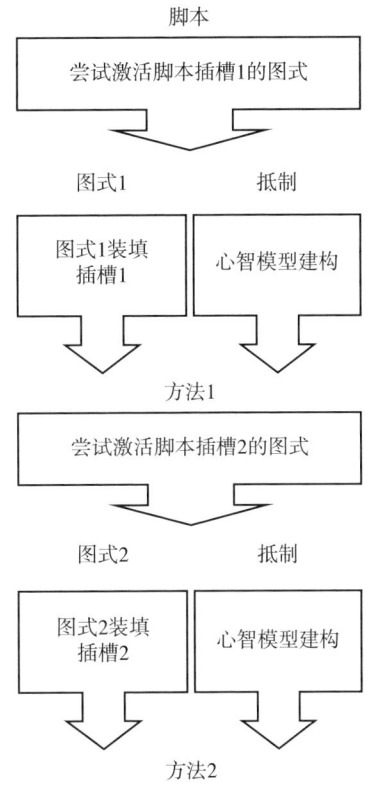

图 2.5　基于图式的设计与基于模型的设计
（Hanke et al., 2011, p.114）

认知负荷方法基于米勒（Miller, 1956）提出的工作记忆处理能力有限的假设。因此，认知负荷理论的核心论点是，如果任务过于复杂，就会导致认知超载。认知负荷受到处理新信息所需的心智努力、要处理的材料的呈现方式或激活图式所需的努力的影响。图式的激活使自动化处理成为可能，并可使工作记忆的负荷最小化。这就是任务表现可以从缓慢和困难（类似新手）发展到流畅、快速和轻松（类似专家）的原因。如果没有可用的图式，就需要脚手架技术，例如**工作样例**。这些脚手架技术考虑了最佳的认知负荷水平（Sweller, 1988）。在教学设计领域，过程模型可以作为工作样例，旨在阐明解决规划教学系统的复杂任务所需的过程。这与奥苏贝尔（Ausubel, 1960）提出的**先行组织者**方法一致，即提前为用户提供并激活已有的认知结构，以帮助用户整合新信息。

在 ID 模型的帮助下，搭建脚手架的过程要求在实际规划之前对情况、要求和工作分配进行详细描述。值得注意的是，搭建脚手架过程的有效性取决于对情况的了解（Hanke et al.，2011）。

乍一看，为设计者提供一个合适的规划脚本，或许可以被看作一个前景广阔的策略。但这也涉及设计者可能会渐趋"非技能化"或被视为对输送他人想法的渠道的威胁。关于教师的教学规划，舒尔曼（Shulman，1983）曾把这种可能存在的威胁称为"对教学远程控制"。刻意练习有助于避免这种困境。

实际上，脚手架的核心思想是帮助学习者越来越熟悉过程，从而或多或少地解决复杂问题。期望的最终状态可能包括发展成为专业或精通，但这需要很长的时间（Ericsson et al.，1993）。学习一项新技能或获得专门知识需要**练习**、**练习**、**再练习**，因此练习的**质量**至少和练习的**数量**一样重要。显然，简单的练习不足以获得一项技能，单纯的重复练习也不能提高表现。因此，刻意练习通常被认为是一个高度结构化的活动，其目标是改善学业表现。正如埃里克森等人（Ericsson et al.，1993）指出，专家表现是通过广泛参与相关实践活动获得的，而个体表现的差异在很大程度上是由于相关实践量的差异造成的。

刻意练习意味着重复执行相同或相似的任务。它可以提高在复杂任务（如教学规划）中表现的准确性和速度。但是，它的先决条件是设计者或教师要有足够的动力去完成任务，并努力提高他们的学业表现。为了提升刻意练习的有效性，所要完成的任务首先应该考虑到学习者已有的知识，以便他们能在短暂的教学时间内正确地理解任务。当然，学习者也应得到关于学业表现的即时反馈。总之，刻意练习必须是有意识的、重复的，旨在提高学习者学业表现，针对当前的技能水平进行设计，并结合即时反馈。为了达到这些要求，教学设计者和教师都可以从教学规划的刻意练习中获益（Dunn & Shriner，1999；Marzano，2010/2011）。此外，在教学规划方面的刻意练习需要**辅导**和**脚手架**的帮助，以便新手能在初次学习概念和技能时促进学习。图 2.6 呈现了刻意练习的步骤，包括从最初的学习中开始有意识地练习，到掌握所需要的概念和技能，继而发展到有能力指导他人。

辅导和脚手架在设计过程中提供支持，包括资源（如一个正式的 ID 模型）、强制性任务、"工作样例"，以及开发必要的教学设计所需技能的相关指导。

在教学设计的复杂任务建模方面，在不同的环境中使用脚手架似乎是合理的，并应为设计人员提供建议和指导。在关于认知学徒制作为学习环境设计工具的研究中（Seel et al.，2000；Seel & Schenk，2003），我们重点关注了脚手架的三个特征。

一是学习者和专家之间的交互,这意味着专家为解决问题提供了一个模型。二是有效的脚手架应尊重最近发展区。三是随着学习者变得越来越专业,相应的支持和指导应该逐渐撤除。脚手架为问题解决过程提供了可调整的临时支持,旨在促进发展合适的教学设计图式。

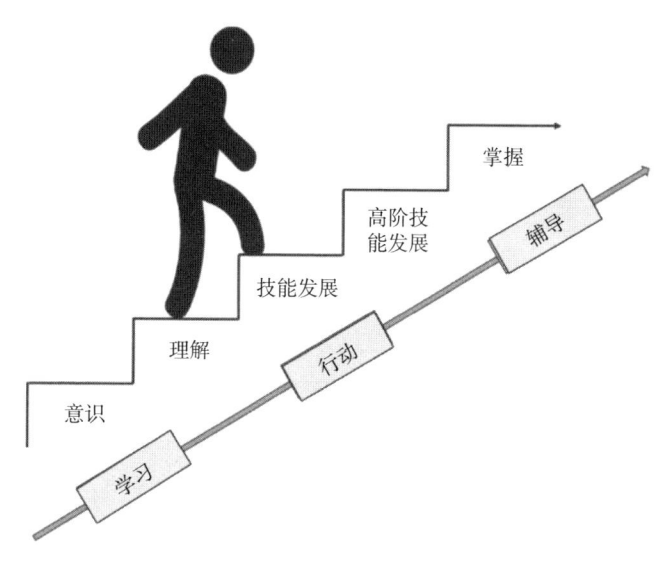

图 2.6　刻意练习的步骤

程序化的渐进式过程和脚手架方法都是基于图式的,但主要的区别在于,渐进式过程只能由那些通过丰富的经验获得了组织良好的教学规划图式的专家使用。埃特莫和史提菲(Ertmer & Stepich,2005)基于有关专家—新手的文献概述了教学设计专家解决问题过程的一些维度特征。在这些维度中,最核心的是专家能够在一些中心问题上通过连贯表达来**综合**一个给定的问题。专家根据从存储在其程序性知识库中的图式中所提取的原理来定义问题。认知心理学家(如 Glaser & Chi,1988)认为,专家很快能找到比新手形成的解决方案更可能行之有效的解决方案。

与专家设计者相比,非专家和新手设计者没有合适可用的规划图式和脚本。因此,在完成教学设计的复杂任务时,他们需要借助脚手架来得到帮助和支持。提供一个完整的规划图式可以最大限度地为解决问题提供范例。如果将脚手架和刻意练习结合起来,新手设计师就可以逐步发展专业知识。

詹伯格(Genberg,1992)认为,专业知识可以从两个不同的角度来看待:①一个**信息处理透镜**,重点是知识的组织和技能获取的进展;②一个**直觉透镜**,重点是已有经验与特定背景的相关性。事实上，佩雷斯、雅各布森和埃默里（Perez，Jacobson & Emery，1995）观察到，教学设计专家经常反思过去的设计问题和解决方案，并将其与手头的问题进行比较。同样地，罗兰（Rowland，1992）也发现，教学设计专家通常会将一个给定的情况与他们以前遇到过的类似问题联系起来，并利用这些已有经验来开发当前问题的有用模型以及解决方案。这符合被称为"审时度势"（opportunistic）的设计策略（Hanke et al.，2011）——不是指其负面的含义，而是将其积极地解释为挖掘机会并充分利用它们。

"审时度势"教学设计。该术语来自计算机科学，其中"审时度势设计"（opportunistic design）被认为是一种确定设计备选方案以实现一系列不确定价值的设计要求的技术（例如，Hartmann，Doorley & Klemmer，2008）。

审时度势过程应在图式或脚本激活失败时启动。因此，这是一种不自动运行的"回退过程"。它需要仔细的信息处理并且建立一个心智模型。与基于图式的设计过程相比，审时度势过程难以结构化，主要以**求异思维**为特征（Clark & Peterson，2001）。这个理论术语可以追溯到吉尔福德（Guilford，1956）提出的概念，它指的是通过探索许多可能的解决方案来产生创造性思维的过程。求同思维通常遵循一系列有序的步骤来达成一个"正确的"解决方案，而求异思维通常以非线性的方式发生，在短时间内生成许多想法，探索可能的解决方案，由此也可能会产生一些意想不到的联系。完成这个过程后，思想被组织和构建成一个使用求同思维的心智模型（Seel，1991）。相应地，教学设计者以非结构化的方式产生想法，然后排除其中的一些，并产生替代的新想法。这与基于图式的过程相反，因为他们并没有将最先想到的想法固定下来，而是将它们临时放置并准备稍后重组（Funke，2000）。因此，审时度势过程可以被描述为一个创造思想，拒绝其中的一些，产生新的思想，并安排和重新排列它们的过程。这与建立模型的过程本质上是一致的（Hanke & Allgaier，2011），即产生了一个作为初步的有用模型的教学蓝图（即一个"原型—发明"），在完全完工之前，其中的许多部分都是不确定的。

实际上，教学设计的审时度势过程与心智模型的建构和逐渐完善（"充实"）是一致的（Johnson-Laird，1983）。有趣的是，求异思维不仅是心智建模的先决条件，而且也正如默里等人（Murray等，1990）和沃斯伯格（Vosburg，1998）的研究所表明的那样，表征了模型构建者的情绪。根据这些研究，处于积极情绪的个人在求异思维中能够更好地区分和整合不同的信息。

作为求异思维的**工作方式**的心智模型虽然符合设计的概念，但是缺乏想象力和创造力。实际上，创造性教学设计应该是动态的、递归的、无系统的、自由的、发散的，有时甚至是"混乱的"思考过程的结果（Clark & Peterson，2001；Hacker，2005；Naidu，2008；Seel，2013；Willis，1995；Willis & Wright，2000）。创造性教学设计的概念与**递归、反思、设计和发展模型**（Willis，1995），以及教学设计的**快速原型**方法（Desrosier，2011；Tripp & Bichelmeyer，1990）等建构主义的 ID 模型相对应。与上述审时度势的教学规划过程相一致，这些模型描述了一个动态的、持续发展的、"既不可预测也不可规定的间歇性递归模式"（Willis & Wright，2000，p.5），意在传达灵活性，并以期"阻止线性、顺序和机械的设计方法"（Moore & Knowlton，2006，p.59）。

总　　结

设计是一个创造性过程，设计师的想象力和独创性是至关重要的。自 20 世纪 90 年代以来，我们可以在教学中发现教学设计与艺术活动的密切联系（如 Rowland，1993）。显然，这种观点与传统上将教学设计看作是一个确定的、理性的过程的观念形成对比。然而，一些调查（Kerr，1983；Rowland，1992）表明，即使是教学设计专家也不会经常运用教学设计的科学原理，而是或多或少遵循刻板的期望和惯例。因此，教学设计不再被认为是"一个确定的，本质上是理性的和逻辑的过程或一套要遵循的程序"，而是"基于直觉和理性的创造性过程"（Rowland，1993，p.79）。

解决教学设计问题主要有两种策略，即基于图式和基于模型的设计。基于图式的设计建立在带有默认值的槽填充结构的图式（脚本或计划）的检索和应用上。图式为标准问题提供了"快速而简单"的解决方案。根据教学设计的专业知识程度，可以采用两种基于图式的过程：专家倾向于采用遵循规划脚本的渐进式过程，而非专家在使用教学设计脚本时需要支持。为新手设计人员提供一个 ID 模型和工作样例可以作为有效的脚手架，但是，这却涉及"远程控制教学"的威胁。不过，刻意练习可以避免设计者被"非技能化"或被视为输送他人思想的渠道。

与基于图式的设计相比，基于模型的设计是教学设计的"审时度势过程"。它运用心智模型作为求异思维和创造性解决问题的手段。教学设计因此成为一种动态的、不断发展的"既不可预测也不可规定的间歇性递归模式"（Willis & Wright，2000，p.5），它旨在传达灵活性，并期望阻止线性、顺序和机械的设计方法。一般而言，教学设计的建构主义方法强调采取快速原型的审时度势过程法。

附加问题

问题 2.12：在何种程度上可以认为教学设计是一个创造性过程？

问题 2.13：为什么图式／脚本的应用与创造性设计的主张矛盾？

问题 2.14：什么是图式？什么是心智模型？你能简要描述一下基于图式和基于模型的教学设计方法的主要特点吗？

问题 2.15：你能描述一下刻意练习在脚手架教学设计中的作用吗？

问题 2.16：所谓的教学设计的"审时度势策略"的主要特征是什么？心智模型在"审时度势"教学规划中的具体作用是什么？

第三章

教学设计模型

教学设计理论是一种对如何更好地帮助人们学习和发展提供明确指导的理论。

——赖格卢特（Reigeluth，1995，p.5）

引　言

与这句名言相呼应，一些学者，比如梅里尔（Merrill，1994）、赖格卢特（Reigeluth，1993，1999）、坦尼森和埃尔莫尔（Tennyson & Elmore，1997），以及另外的很多学者都已经将注意力投向教学设计理论。然而，一个更加详尽的分析揭示，这些作者并不是在狭义上描述教学设计理论，而是对学习以及教学如何促进学习的相关理论进行了深入探讨（如 Tennyson，2010）。帕金斯（Perkins，1992）的**理论一**（Theory One）可以说明这一点，该理论被赖格卢特看作教学设计理论的典型代表之一。在教科书《**聪慧学校**》（Smart Schools）中，帕金斯（perkins，1992）就旨在提高学习的教学的主要特点提出了一套实践准则。因此，教学应该为带有强烈动机的学习者呈现清晰的信息、有意识的操练，以及富含信息的反馈。当然，**理论一**适用于很多教学情境，因此，它符合一般假设理论的普遍有效性。但是，与此同时，这种理论的主张还是存在着潜在威胁，即特定教学方法对学习的有效性预测不够精确。

理论还是模型

从科学哲学的角度来看，任何理论都被认为是一个命题系统，用来描述和解释事实和现实细节以及预测的推导。相应地，任何理论都必须在预期的普遍有效性和必要的精确度之间有着适当的平衡。一般性理论必须能够涵盖广泛的情境和人员。但是，如果这个范围过于广泛，将难以达到一定程度的准确性，导致无法做出无可置疑的精确预测。一个理论的普遍有效性和精确性或准确性似乎是不可避免的矛盾，例如，若一个完全而具体的一般理论包含了太多细节，那么想要一次性地认识到所有细节是不可能的。理论的广泛性——被认为是理论建构的一个最重要的方面——可能与精确度不相容。但是，细节的准确性对于验证确切的、可测试的，以及可用的处方（例如在教学设计领域）是必要的，但是同时，想要长久维持这种准确性几乎是不可能的。

解决这个两难问题的关键在于把普遍有效性与特殊性分开。也就是说，可能存在一个涵盖多方面的内容和应用的通用理论，然而同时，这一理论的核心内容有着更精确的表达，从而实现更高水平的准确性。这种理论的局限性被称为**模式**。任何模式都必须足够具体和精确，以便准确地定义其属性并进行预测。

按照科学哲学的看法，模式是一个理论的简化呈现。这个简化是非常有必要的，因为理论太过复杂，并且包含了一些与特定问题无关的细节。如果模式应该代表一个更加普遍的理论，那么他们必须满足以下5个条件：

1. 模式必须能够与已经尝试并经过验证的理论兼容，并将其纳入自己的解释范围。
2. 模式不应该是纯描述性的，而应能解释原因和作用。
3. 模式应该支持处方在实践中成功实现。
4. 尽管涵盖了很多细节，模式必须充分体现一般性，并避免过强的范围限制。
5. 最后，模式应该能够推进持续的研究。

模式不同于理论，因为它们不能经实证调查证实。由于其实用性，模式可以成为更一般性的理论的组成部分，如果强调其效度的话，就必须历经实证检验。如果为了证实理论而应用模式，在此之前，理论必须被模式概述、解释或完善。在这种情况下，该模式只能在一定程度的准确性上来呈现理论。因此，模式在应用于某些情境时会出现失败的情况。相应的，对模式进行实证检验可能就不会那么有趣，因为在特定情况下分析其失败的条件似乎更加可行。此外，将一个模式与来自同一理论甚至不同理论的其他模式进行比较似乎也较为可行。作为回报，模式必须符合一些最低要求，例如命题的内部一致性和可测试性。前提是所涉及的概念都是明确定义的，如此才能对其含义达成共识。另外，模式必须能够在理论和实证上得以明确，但是最主要的还是一个模式必须切实可行。

教学设计领域中的大多数模式都契合了这种"模式作为更一般性理论的呈现"的基本理解。教学设计模式代表的是关于教学的普遍信念，但还达不到一个综合性闭合理论所要求的质量。因此，教学设计模式只强调教与学的特定方面。换句话说，教学设计模式显然是折衷的，它遵循策略对一切（研究）进行调查并从中保留最佳。根据齐勒（Zierer，2010）的观点，选择和整合的概念解释了这种方法。**选择**意味着在综合的研究结果中进行选择（如关于教学和学习），**整合**则强调将所选结果相互联系起来，以适应特定情境的要求。

在已有的文献中，区分出了教学设计的两种通用模式（Andrews & Goodson，1980；Reigeluth，1983），它们分别被命名为程序性模式和概念性模式。

> **程序性模式**阐述了阶段序列和规划步骤，例如流程图。这些模式适用于系统理论和项目管理的相关策略（参见 Branson & Grow，1987），另一方面，**概念性模式**——有时也被称为教学策略模式（Wilson & Cole，1991）——基于学习的心理学理论所建构。

大多数概念性模式可以追溯到加涅（Gagné，1965）提出的**人类学习条件**，他预设了一个学习结果的层级，并为每个预期结果配置了一组条件。教学设计首先要澄清预期学习成果，随后调整适当的教学策略和方法。而随着所谓的"认知弹性"出现，新的学习和教学观念也开始萌芽，教学设计的模式因此得到了发展。传统模式通常是基于图式的，而新的认知—建构主义运动催生了与快速原型的语用学相一致的教学设计模式。

总　　结

教学设计的重要目标包括理论的发展和检验，这些理论必须要在必要的普遍有效性和足够的精确度或准确性之间取得一定平衡。鉴于普遍有效性和准确性可能会为规划带来两难，教学设计领域已经发展出了足够具体和精确的理论模式，以便使其特征操作化并支持预测。

在教学设计领域，已经发展了大量代表一般假设信念的模式，但它们还达不到与综合性的闭合理论的质量相一致的程度。通常，教学设计模式只强调教与学的特定方面。因此，传统的教学设计模式显然是折衷的，它是对综合研究结果的选择与整合。

附加问题

问题 3.1：你能说出一些理由来解释为什么教学设计学科最好采用模式而非使用一般的综合理论吗？

问题 3.2：折衷方法的特点是什么？

问题 3.3：程序性教学设计模式和概念性教学设计模式区别是什么？

教学设计的概念化模式

在教学设计作为一门学科的初始之时，加涅就认为不同的教学条件可能会引发不同的学习模式。如上所述，加涅区分了人类学习的 5 种基本形式（言语信息、智力技能、认知策略、动作技能和态度），它们的执行与内外部的先决条件密切相关。显然，教学活动构成了学习的一种特殊的外部先决条件。但是，这些教学活动并不会立即生成学习，而是起到支持内部过程的作用。表 3.1 说明了学习的两种基本形式，以及它们与教学事件之间的关系。

表 3.1　学习的基本形式与教学事件之间的关系图示

认知策略	态　度
个人计划、控制和监控学习的内部过程。这个过程是： • 具体任务导向 • 一般的 • 可执行的 • 如果一个学习任务是具体的，那就描述策略；如果任务是一般的，那就示证策略。 • 向学习者提供策略导向的练习机会并提供支持和反馈。	一种内部状态，即一种倾向，会影响个人的行为选择 • 向学习者提供已被认可的模式，展示被提倡的积极行为，并强化模式。 • 如果学习者执行预期行为，应给予积极反馈

注：部分改编自 Gredler, 1997, p.169。

加涅所提出的理论假设的实际实现可规范于 3 个步骤中：第一，设计者根据学习的基本形式来确定目标，把它们作为学习的结果展开操作：在学习过程开始之前，学习者应该了解什么或者能够做到什么，以及他们还不能做到什么。第二，对具体学习结果的条件进行详细说明。第三，把对改善学习内部过程来说是必要的教学事件或方法纳入规划之中。

加涅区分了9个支撑教学规划的教学事件（见第一章和下文）。格拉泽（Glaser, 1984）指出，学习进步的发生往往是通过在特定知识领域内对陈述性和程序性知识进行操练而实现的。从这个角度来看，学习和思考是从对知识领域的内容和概念的深远依赖中逐步发展而来的，而这些知识领域的内容和概念又受到教学事件的影响。因此，教学设计的规划和过程与课程密切相关（参见 Seel & Dijkstra, 2004）。

一般来说，要设计、实现和应用的教学事件应该满足不同的条件和标准。①结构要求："好"设计的原理和规则，意味着该领域的相关规律和原理及其变化规律均得到了充分应用；②功能要求：设计应该是功能性的，目标是满足人的需求；③审美关怀：设计的艺术价值应该满足人群应时而变的偏好；④财务约束：有效使用可用的财务手段（Dijkstra, 2001）。

教学设计模式的"经典"

正如在教学设计历史的部分所指出的那样，加涅为几个教学设计的概念性模式的发展奠定了基础，这些概念性模式可以称为教学设计的"经典"。

加涅—布里格斯模式（The Gagné-Briggs-model）。文献中普遍认为（Smith & Ragan, 2000），加涅和布里格斯（Gagné & Briggs, 1974）提出了第一个教学设计的规范化模式。它围绕着3个需要回答的基本问题展开：

1. 关于"人类学习"，我们知道些什么，哪些与教学设计相关？
2. 这种关于"人类学习"的相关知识是否适用于具体的学习情况？
3. 为了在教学设计中有效地利用关于"人类学习"的知识，可以采用哪些方法和程序？

相应地，**加涅—布里格斯模式**描述了如何生成教学以适应学习的基本形式和要教授的内容。这个模式把加涅的九大教学事件归结为3个阶段（表3.2）：①学习准备阶段；②习得和表现阶段；③学习迁移阶段。该模式可以被图解为一个闭合的回路，呈现了设计、试验与错误，以及修正的迭代过程（图3.1）。

加涅—布里格斯模式影响了许多作者去探索和开发教学设计模式，他们一致认为学习可以根据认知过程进行分类，也可以通过特定的教学方法和策略来启动和促进。

表 3.2　九大教学事件和对应的教学行为（Gagné et al., 2005）

教学事件	行　为
1. 引起注意	引入刺激来激发好奇心
2. 交代目标	描述预期的学习结果
3. 回忆原有知识	回忆概念和规则
4. 呈现学习材料	呈现概念或规则的实例
5. 提供学习指导	使用言语提示、图示等
6. 引发学业表现	让学生应用概念或规则
7. 提供反馈	确认学业表现的正确程度
8. 评估学业表现	检验概念或规则的应用
9. 强化保持与迁移	提供多种其他应用

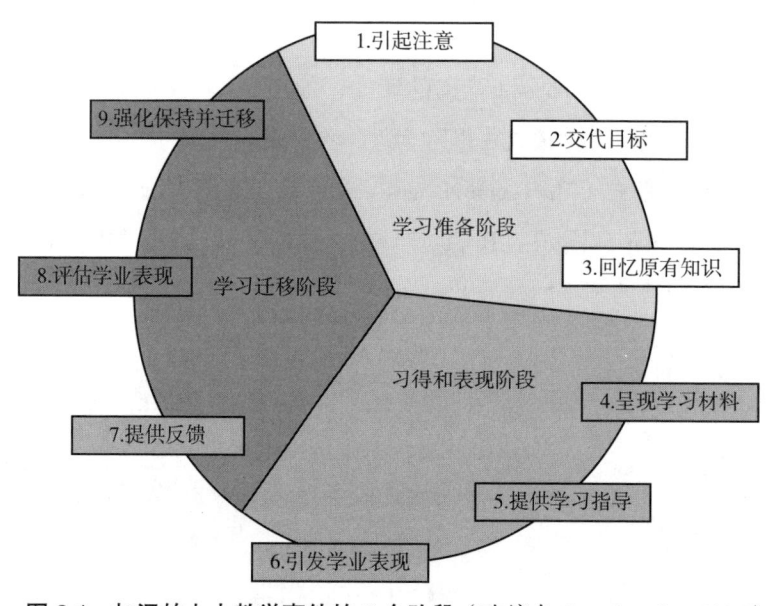

图 3.1　加涅的九大教学事件的 3 个阶段（改编自 Gagné et al., 2005）

加涅—布里格斯模式的特征

加涅—布里格斯模式是一个处方性模式，描述了如何为所有学习领域构建教学。它区分了 5 种学习的基本形式：

1. 言语信息
2. 智力技能
3. 认知策略
4. 态度
5. 动作技能

原　理
1. 不同的学习结果需要不同的条件。
2. 为了发生学习，必须满足特定的条件。
3. 学习所需的具体操作因结果而异。

学习的条件
内部条件：学习者必须具备学习新材料的前提知识。通常情况下，这需要能够从记忆中调取相关信息的能力。
外部条件：在情境约束中，教学方法被认为是重要的外部条件。

引导者（或教师）的角色
控制学习的 9 个外部事件，并根据学习层次选择内容和结果。

教学策略侧重于
目标：确定学习者所需达到的学习成果。确定需要哪种类型的学习成果。
序列：从最终目标开始，创建学习层次。学习层次是描述实现最终目标所需先决条件的内容映射。
创建学习的外部事件，每种类型的学习成果都需要不同的事件流程。

评估方法
学习的评价是建立在学习者证明自己能够按照目标完成学习任务的基础上的。

迪克—凯瑞模式（Dick-Carey model）。**迪克—凯瑞模式**大概是第一代最知名的 ID 模式。古斯塔夫森和布兰奇（Gustafson & Branch，2002）称其为与教学设计过程相关的最广泛采用的导论性文本。迪克—凯瑞模式"相比其他所有的 ID 模式（以及教学设计和开发的其他方法），已经成了标杆性存在"（Gustafson & Branch，2002，p.59）。

迪克—凯瑞模式就本质而言，是系统性和程序性的，包含9个设计步骤，必须严格按照先后顺序实施，最终才能评估教学。

1. 确定教学目标——目标陈述描述了学习者预期将获得的技能、知识或态度。
2. 进行教学分析——明确指出学习者必须回忆什么或者必须能够做什么才能完成特定的任务。
3. 分析学习者和情境——确定目标受众的一般特征，包括已有技能、已有经验和基本的人口统计学情况；识别与所教技能直接相关的学习者特征；对表现和学习环境进行分析。
4. 编写学业目标——目标包括对行为、条件和标准的描述。描述标准的目标组成部分将被用于判断学习者的表现。
5. 开发评估工具——针对起点行为表现测试、前测、后测和练习迁移。
6. 制定教学策略——具体规定教学前活动、内容呈现、学习者参与和评估。
7. 开发和选择教学材料。
8. 设计和实施教学的形成性评价——确定教学材料必须得到改进的地方。
9. 修改教学——辨别效果不佳的测试项目和不良的教学。
10. 设计并实施总结性评估。

通常，迪克—凯瑞模式以流程图的形式呈现（图3.2）。

迪克—凯瑞模式是对源自加涅的人类学习的基本形式及其条件的分类，以及系统论的一些观点和方法的整合。因此，该模式呈现出如下特征：

- **以目标为导向**，因为所有组成部分都会对实现明确的最终目标发挥作用；
- **相互依存**，因为所有组成部分都相互依赖；
- **自我调节**，因为它需要始终保持运行，直到目标实现；
- **支持强化**，因为它会递归地测试目标是否已经实现。

在系统的指导下，迪克—凯瑞模式已经发展成了教学设计领域最有影响力的模式。以下摘录可为读者提供了一个指导的例子。

评估教学目标

教学目标是对教学结果和学习者表现行为的清晰陈述，通常可通过前端的分析过程得到，旨在解决那些可通过教学得到有效处理的问题，为所有后续的教学设计活动提供基础。

教学目标的选择和完善是通过一个理性的过程进行的，这个过程需要回答关于特定问题和需求的相关疑问、关于目标陈述的清晰度问题，以及关于设计和开发教学的资源的可用性问题。

你应该回答以下有关问题和需求的疑问：

1. 需求是否得到了清楚描述和验证？
2. 需求是否在当下和未来都是可预见的？
3. 教学是否是对该问题最有效的解决方案？
4. 问题的解决方案与拟定的教学目标之间是否逻辑一致？
5. 管理者能否接受该教学目标？

你应该回答以下与教学目标清晰度相关的问题：

1. 预期行为是否能清楚地反映可论证性和可测量性？
2. 是否明确划分了主题区域？
3. 随着时间的变化，内容是否相对稳定？
……

推荐阐明教学目标的程序包括以下步骤：

编写教学目标。

1. 列出学习者应该表现出来的所有行为，以证明他们（在教学后）已经达到了目标。
2. 分析拓展的行为列表，并选择最能反映目标实现的行为。
3. 将所选的行为组合成一个或多个描述学习者将要演示内容的陈述。
4. 检查修订后的目标陈述，并判断展示行为的学习者是否已经完成了最初的总体目标。

（Dick & Carey，2009，p.33）

迪克—凯瑞模式的深远影响也因为后续的一些精细化和具体化发展而越发清晰，例如考夫曼（Kaufman，1988）的需求评估和战略规划方法。

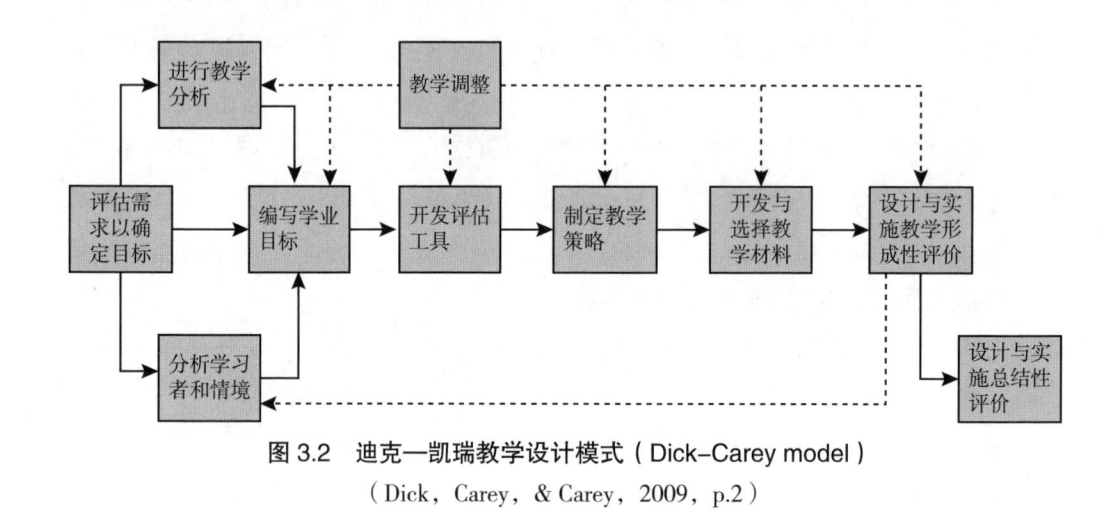

图 3.2　迪克—凯瑞教学设计模式（Dick-Carey model）
（Dick, Carey, & Carey, 2009, p.2）

需求评估和教学设计。一般来说，需求评估被认为是组织内部战略培训的核心组成部分，旨在让员工适应因外部条件或组织约束或工作方法而导致的工作要求变化。因此，对员工进行战略培训是职业继续教育的核心内容。罗思韦尔和卡扎纳斯（Rothwell & Kazanas，2008）同意考夫曼（Kaufman，1988）的观点，认为战略培训是人力资源开发的核心组成部分，这就要求对教育干预进行有效和高效的管理，以实现组织的目标。战略培训的出发点在于全面的需求分析，形成对问题、原因和有效解决方案的详尽阐释。

受到考夫曼（如 Kaufman，Herman 和 Watters，1996）的影响，需求分析被提升为教学设计的核心部分。另外，罗塞特（Rossett，1995）以及威特金和阿尔特舒（Witkin & Altschuld，1995）对教学设计领域的系统性需求分析做出了重大贡献。此外，罗思韦尔和卡扎纳斯（Rothwell & Kazanas，1998，2008）开发了一个综合性且极具影响力的模式（图 3.3）。

需求评估需要不同的技术，如手段—目的分析和可行性分析，以便在找到解决方案之前确认教育或教学的现有问题（关于罗思韦尔—卡扎纳斯模式所建议的教学活动如表 3.3 所示）。

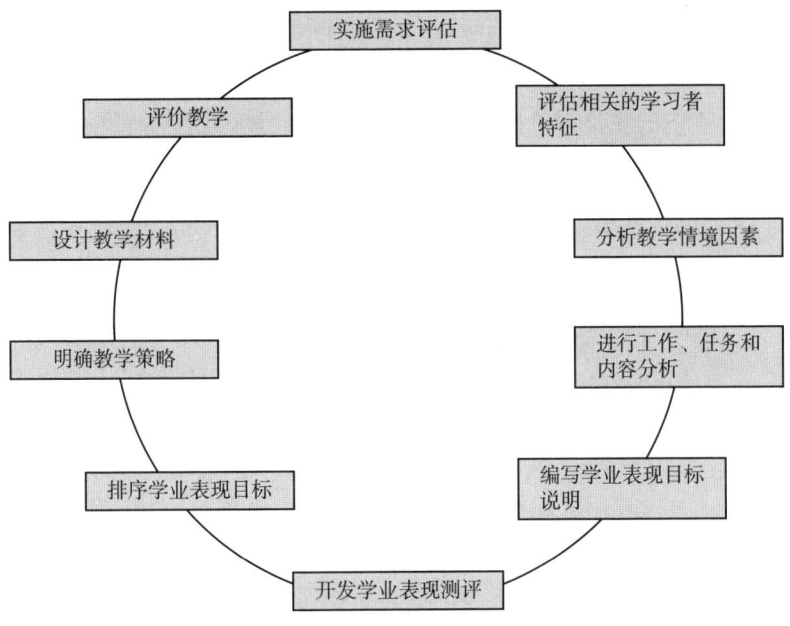

图 3.3 罗思韦尔—卡扎纳斯教学设计模式
（改编自 Foshay，Silober，& Westgaard，1986）

表 3.3 罗思韦尔—卡扎纳斯模式中的教学活动的描述

教学活动	描 述
实施需求评估	找出实际学业表现和预期学业表现之间的差距并确定原因
评估相关的学习者特征	定义目标群体；评估知识、技能、态度以及它们将如何影响学习和新技能应用
分析教学情境因素	确定教学环境如何影响当前表现，以及如何影响学习和新技能应用
进行工作、任务和内容分析	收集当前或新任务所需任务数据，确定所需能力要求
编写学业表现目标说明	描述培训流程的预期成果
开发学业表现测评	确定定义学业表现的方法
排序学业表现目标	根据主题安排学习的序列
明确教学策略	选择恰当的方法，以推进学习并实现目标
设计教学材料	选择或设计支持教学策略的材料
评价教学	进行形成性评价以确定项目的有效性

总体而言，需求分析的目的是确定一个组织的战略规划中对学习和培训的需求。需求分析的结果包括优先目标清单。在实践中，需求分析与对知识、技能和态度的当前和预期状态之间差距的系统评估相对应。

教学设计模式的变式

不仅迪克—凯瑞的教学设计模式在很大程度上受到了加涅—布里格斯模式的启发，而且其他作者（如 Diamond, 1989; Gerlach & Ely, 1980; Kemp, 1985; Seels & Glasgow, 1990）的教学设计模式也深受其影响。安德鲁斯和古德森（Andrews & Goodson, 1980）指出，至少有40种不同的教学设计模式在教学步骤上有着惊人的相似性，即都以一种线性的、系统的和规范的方式来呈现教学设计的过程。根据迪克（Dick, 1986/87）的观点，安德鲁斯和古德森（Andrews & Goodson）分析的模式与教学设计流程几乎完全相同。

> **教学设计流程**
>
> 1. **需求评估**。确定教学解决方案可能对之作出回应的需求。
> 2. **教学分析**。确定内容目标和学习者达到教学目标所需的技能，制定实现目标的条件和标准。
> 3. **学习者分析**。确定学习者的教学需求和学习者特征；开发测试工具，以确定学习者是否可以开始教学过程。
> 4. **教学情境**。确定可以实现教学的方式，例如讲授或自学；开发教师和学生指南及其他材料。
> 5. **教学策略**。为以下目的开发策略：①评估学习者入门技能；②发展和维持学习者的学习动机；③告知学习者每个目标的信息和行为要求；④提供操练和反馈活动；⑤开发测试计划：（前）预测、嵌入式测试、后测、态度问卷；⑥提供补救和充实策略。
> 6. **材料开发**。根据形成性评价起草并完善教学材料。
> 7. **形成性评价**。尝试在不同的教学环境中发现问题并修改材料。
> 8. **用户培训**。提供材料使用和教师培训的程序。
>
> 为了成本效益，教学设计流程必须满足两个关键的先决条件。其一，建立一个教学目标，描述学习者在完成教学环节后能做什么；其二，当多名教师提供多次教学时，整个过程是最有效的。对于只给一小群学生上一次课的教学来说，系统教学法通常是不划算的。

这里不太适合描述自加涅—布里格斯模式出现以来发展起来的所有教学设计的各

种模式。教学设计模式的多项研究指出（例如，Andrews & Goodson，1980；Gustafson & Branch，2002；Reigeluth，1999；Tennyson et al.，1997）不同模式的核心和范围均存在很大的差异。一方面，有一些综合性模式专门针对一门具体的课或整体的课程设计和开发；另一方面，有些模式重点放在整个过程的特定部分，如学习任务或学习对象的设计。从我们的角度来看，古斯塔夫森和布兰奇（Gustafson & Branch，2002）通过区分课堂导向的模式、产品导向的模式和系统导向的模式，从而提出了一种有用的教学设计模式分类。

课堂导向模式。这种类型的教学模式旨在支持在教育机构中工作的专业教师，如学校、职业培训机构或大学。因此，在选择特定的教学设计模式时，必须考虑各种各样的课堂设置。古斯塔夫森和布兰奇（Gustafson & Branch，2002）通过引用格拉奇和伊利（Gerlach & Ely，1980）、海涅克等（Heinich et al.，1999）、莫里森（Morrison，2011）和纽比等（Newby et al.，2000年）的模式来举例说明了这一点。有趣的是，这些模式的一个主要特点是其专注于支持媒体丰富的教学。纽比等人（Newby et al.，2000）区分了教学设计的3个阶段（规划、实施、评估），海涅克等人（Heinich et al.，1999）则将教学设计过程分为6个阶段，他们使用首字母缩写 ASSURE［Analyze learners（**分析**学习者），State objectives（**陈述目标**），Select media and materials（**选择**媒体和资料），Utilize media and materials（**利用**媒体和资料），Require learner participation（**要求**学习者参与），Evaluate and revise（**评估和修订**）］来代表整个过程。

而莫里森、罗斯和肯普（Morrison，Ross，& Kemp，2001）的方法——最初被称为**肯普设计模式（Kemp Design model）**——通过提出6个问题来强调学习者的中心视角：①每个学生个体需要达到什么样的准备水平才能实现目标？②就目标和学生特点而言，哪种教学策略是最合适的？③哪些媒体和资源最合适？④成功学习需要什么样的支持？⑤如何确定目标的实现？⑥如果项目的试用与预期不符，需要进行哪些必要的修改？（Morrison，Ross，& Kemp，2001，p.5）。通常，"肯普设计模式"可以用图3.4表示。

1971年，格拉奇和伊利提出了他们的教学规划模式，即处方性的，且类似于迪克—凯瑞模式。格拉奇—伊利模式（Gerlach-Ely model）说明了教与学的基本原理，同时适用于K-12和高等教育（Gerlach & Ely，1980）。虽然格拉奇和伊利强调在教学中选择和包含媒介的策略，但他们的模式是少数几个明确认识到教学设计内容导向的模式之一。相应地，该模式从详述要教授的内容和相关的学习目标开始，并根据以往档案或设计的前测结果来评估学生的起点行为。随后是一个多项决策同时发生的阶段，即教学策略的选择、小组的组织，以及时间、空间和资源的分配。设计者可以在这个阶段的任何时候开始决策过程，但必须考虑到一个决策（例如关于资源的决策）可能会影响别的决

面向学习的教学设计：理论基础

策。一旦做出所有必要的决策，就可以开始教授内容。模式的下一步是对表现的评估。最后，教师考虑学习者的学习成果，以提供关于实现课程目标的反馈。格拉奇—伊利模式（图3.5）适用于内容领域内具有可用学科专业知识的教学设计者。

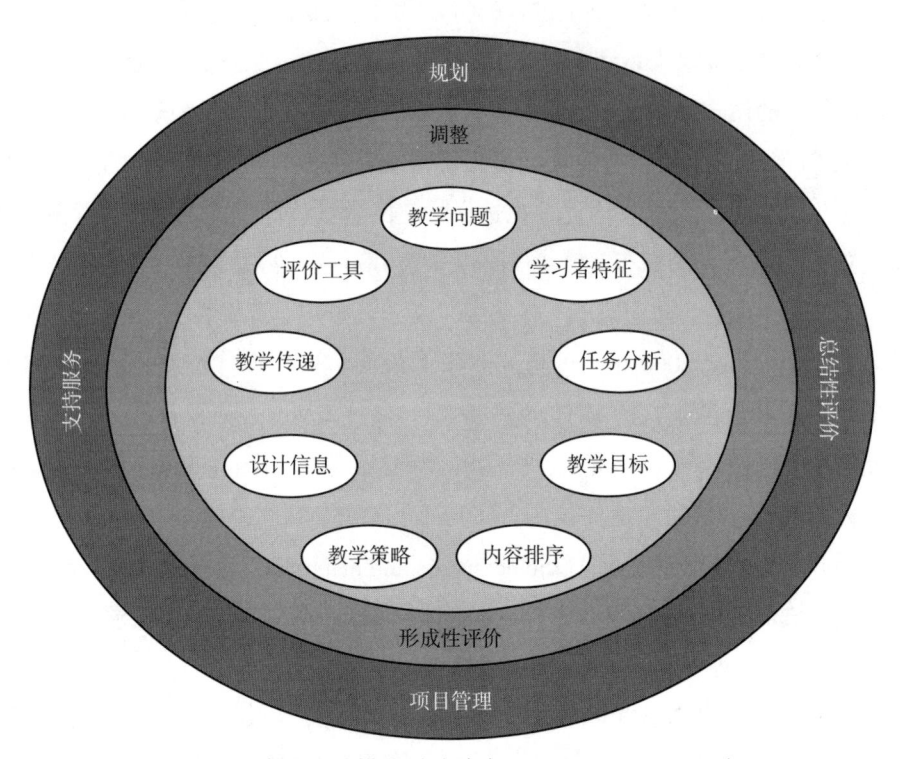

图 3.4　肯普设计模式（改编自 Morrison et al., 2011）

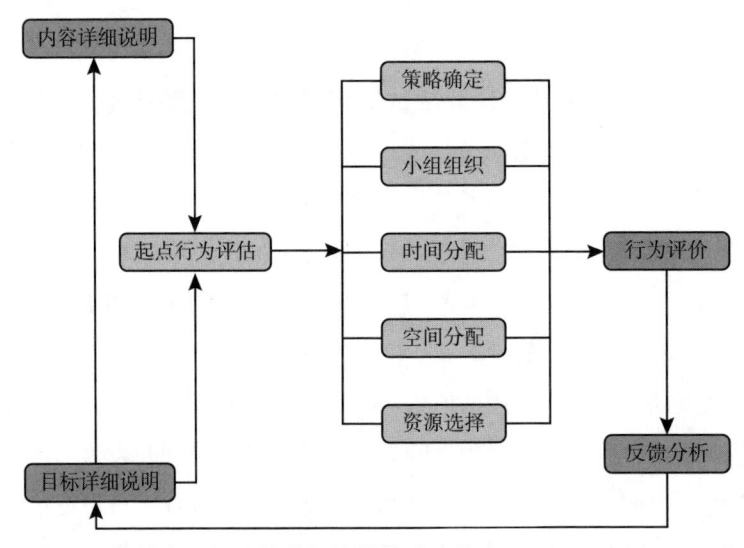

图 3.5　格拉奇—伊利教学设计模式（改编自 Gerlach & Ely, 1980）

产品导向模式。根据古斯塔夫森和布兰奇的观点，这类教学设计模式的特征可总结为4个关键假设：①需要教学产品；②需要新开发，而不是从现有材料中选择或修改；③强调试验和调整；④产品仅供学习者，以及与学习者一起的"管理者"或辅导者使用，教师不可用。古斯塔夫森和布兰奇将伯格曼和穆尔（Bergman & Moore, 1990）、霍格等（Hoog et al., 1994）、尼维恩（Nieveen, 1997）、贝茨（Bates, 1995），以及西尔斯和格拉斯哥（Seels & Glasgow, 1990, 1998）模式皆归于产品导向模式。

这组教学设计模式也非常强调信息技术和媒体的应用。例如，伯格曼—穆尔模式（the Bergman–Moore model）旨在指导和管理交互式多媒体产品的生产。该过程包含6个活动：①分析；②设计；③开发；④制作；⑤创作；⑥验证（Bergman & Moore, 1990）。

霍格等（Hoog et al., 1994）的模式服务于模拟和专家系统的开发，它在快速原型的基础上运作。类似于这种方法，尼维恩（Nieveen, 1997）模式（图3.6），主要被称为CASCADE，其本质是一个电子绩效支持系统，用于提高课程材料开发的有效性和质量。CASCADE的一个基本特征是通过提高形成性评价的一致性来支持用户。另外，CASCADE为各种用户设计了可访问的界面。界面元素包括学科领域支持以及导航工具。

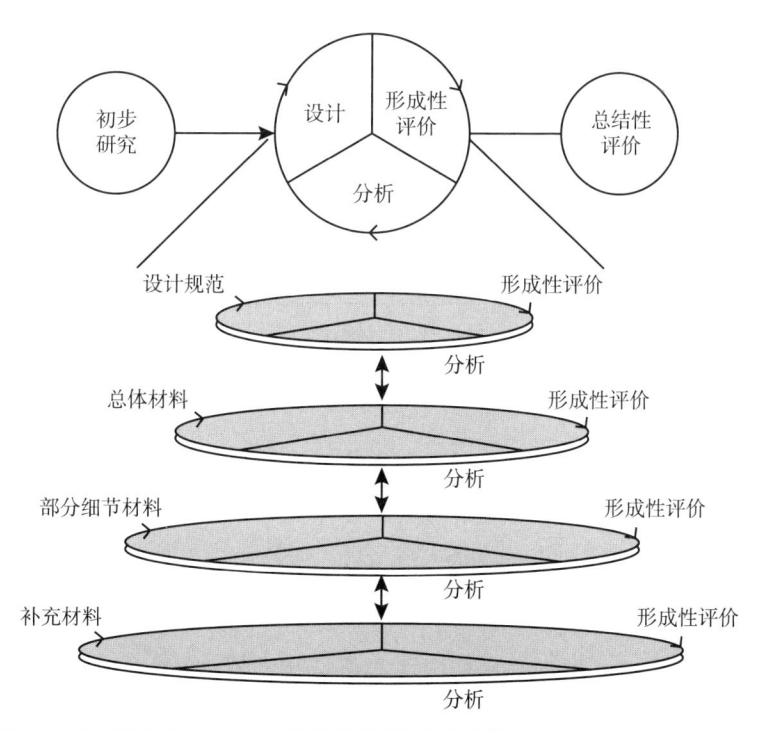

图 3.6 尼维恩 CASCADE 教学设计模式（改编自 Nieveen, 1997, p.60）

这也使 CASCADE 成为自动化教学设计的一个典型例子。

不同的是，贝茨模式（the Bates model）是一种传统的远程学习和教学媒体注入领域的方法。该模式包含 4 个阶段：①课程大纲的制定，确定目标群体和教授的内容；②选择媒体；③开发/制作材料；④课程的传递，内含学生评估和课程评估（Bates，1995）。

相比之下，西尔斯和格拉斯哥（Seels & Glasglow，1990，1998；图 3.7）模式是较为全面的。然而，该模式建立在教学设计和开发是在项目管理的背景下进行的假设基础上。因此，该模式划分了项目管理的 3 个阶段：需求分析、教学设计、实施和评估。西尔斯和格拉斯哥强调，每个阶段的不同步骤可能会以线性顺序进行，但过程中亦有可能多次经历形成性评价。与格拉奇—伊利教学设计模式相比，西尔斯—格拉斯哥模式（the Seels-Glasgow model）的第二阶段涉及狭义的教学设计，其特点是通过反馈和交互来管理并行的决策。

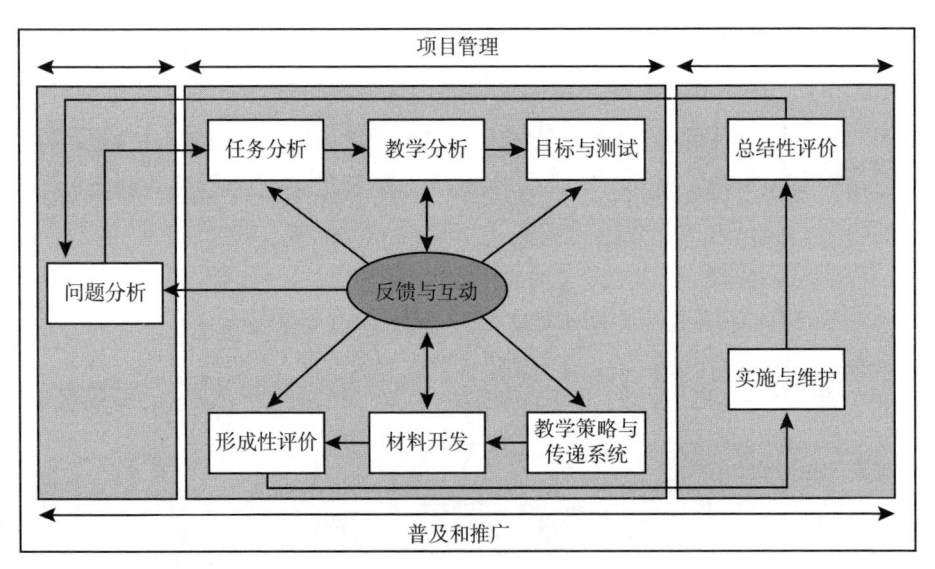

图 3.7　西尔斯—格拉斯哥教学设计模式（改编自 Seels & Glasgow，1998，p.178）

除了强调项目管理，西尔斯—格拉斯哥模式还侧重教学产品的传播，以让不同的客户和用户都能采用。"这模式看起来是给产品和课程开发者使用的，但其实也寄托了传播给更多人使用的期望"（Gustafson & Branch，2002，p.44）。因此，西尔斯—格拉斯哥模式也可以被看作系统导向的模式的代表。

系统导向的模式。这类教学设计模式通常针对大型且持久的教学活动，例如一门完整的课或一整个课程。根据古斯塔夫森和布兰奇（Gustafson & Branch，2002）的说法，他们预设了大量"可供一支训练有素的开发人员使用"的资源（p.45）。在这之中，最突出的以系统为中心的教学设计模式肯定是迪克—凯瑞模式（参见上文）。戴蒙德（Diamond，1980，1989）、金特里（Gentry，1994）和多西（Dorsey，1997），以及史密斯和拉甘（Smith & Ragan，2005）则开发了其他模式。其中，史密斯—拉甘模式（the Smith-Ragan model）的特点是借鉴了学习的认知理论。该模式包含了3个主要阶段，即分析、策略和评估，相应地，又可细分为8个不同的步骤（图3.8）。

根据其对学习认知理论的强借鉴，史密斯—雷根模式是少数几个强调学习环境核心作用的教学设计模式之一。对学习环境的必要分析是第一步，它包括了以下两个步骤：①证明在特定学科领域对教学的需求；②详细描述教学产品将被使用的环境。认知心理学倾向的另一个重要特征是强调学习任务作为教学的中心手段（另参见 Seel，1981）。

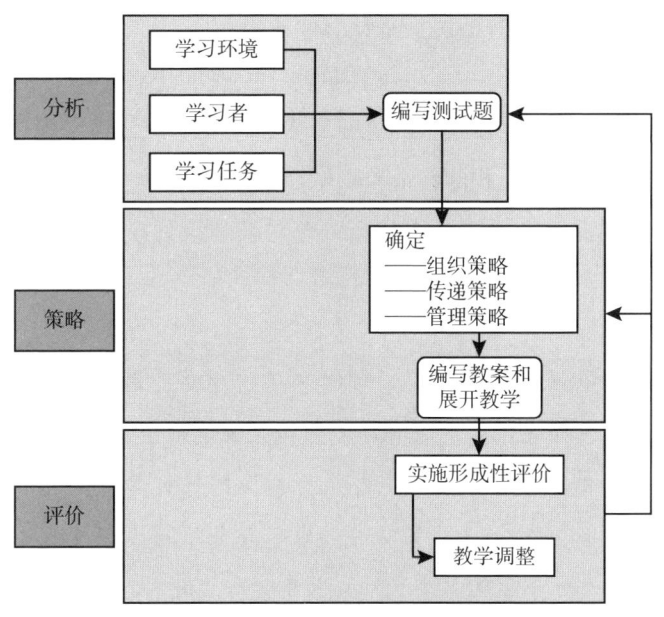

图 3.8　史密斯—拉甘教学设计模式
（改编自 Smith & Ragan，2005）

与其他教学设计模式相比，不仅史密斯—拉甘模式在某种程度上是独一无二的，**戴蒙德模式**（the Diamond model）也十分独特（图3.9；Diamond，1989）。它是专门为高等院校开发的，既关注单个课程，也关注完整的课程。其典型的特征是将在大学及其学院之下的学习社区所涉及的社会和政治制约因素纳入模式之中。因此，戴蒙德模式旨在将师资发展和组织发展作为提高人力资源的手段。有趣的是，该模式还强调团队合作在寻找高等教育领域教学设计问题的解决方案中的特殊作用。

虽然戴蒙德模式主要面向高等教育，但却是教学设计领域最具综合性的方法之一。该模式分为两个主要阶段：①项目选择和设计；②生产、实施和评估。第一阶段从研究启动项目的可行性和期待度开始。因此，在制定和实施教学单元之前，要对招生预测、现有课程的有效性，以及院系和教员的优先事项进行分析。模式的第二阶段规定了课程或某门课程的每个单元必须进行的7个步骤。

我们认为，古斯塔夫森和布兰奇（Gustafson & Branch, 2002）描述的教学设计模式是第一代教学设计的代表。显而易见，在过去60年中已经开发了许多其他模式，例如赖格卢特的精细加工理论等。对教学设计理论的相关概述还可以在赖格卢特（Reigeluth, 1999）、斯佩克特（Spector, 2015）和坦尼森等人（Tennyson et al., 1997）的研究成果中找到。当然，也可以根据古斯塔夫森和布兰奇（Gustafson & Branch, 2002）按一些选定特征（表3.4）生成的模式分类法来有针对性地回顾。

古斯塔夫森和布兰奇指出，大多数教学设计模式的作者并没有明确地讨论分类中列出的特征，而是描述了他们模式中的主要元素，以及应该如何实现这些元素。尽管如此，分类法为理解教学设计模式的特征提供了重要的基础。

最后，我们必须注意古斯塔夫森和布兰奇对教学设计模式的分类和分析所基于的假设：

1. 教学设计模式作为分析、设计、创建和评估导向性学习的概念，管理和交流工具，其应用范围涵盖广义的教育环境到狭义的培训应用。
2. 没有一个单一的教学设计模式能够很好地匹配设计者身处的多种多样的设计与开发环境。因此，教学设计专业人员应该具备应用（和可能适应）各种模式以满足特定情况要求的能力。
3. 教学设计模式与其背景的、理论的、哲学的和现象学的渊源之间的兼容性越大，成功构建有效的学习环境的可能性就越大。
4. 教学设计模式有助于让人们将学习者的多重背景、学习期间可能发生的多重互动，以及学习所处环境的多样性纳入考虑范畴。
5. 对教学设计模式的兴趣将会持续，但是应用程度会根据情境或情况的不同而有所变化。

（Gustafson & Branch, 2002, pp.xv-xvi）

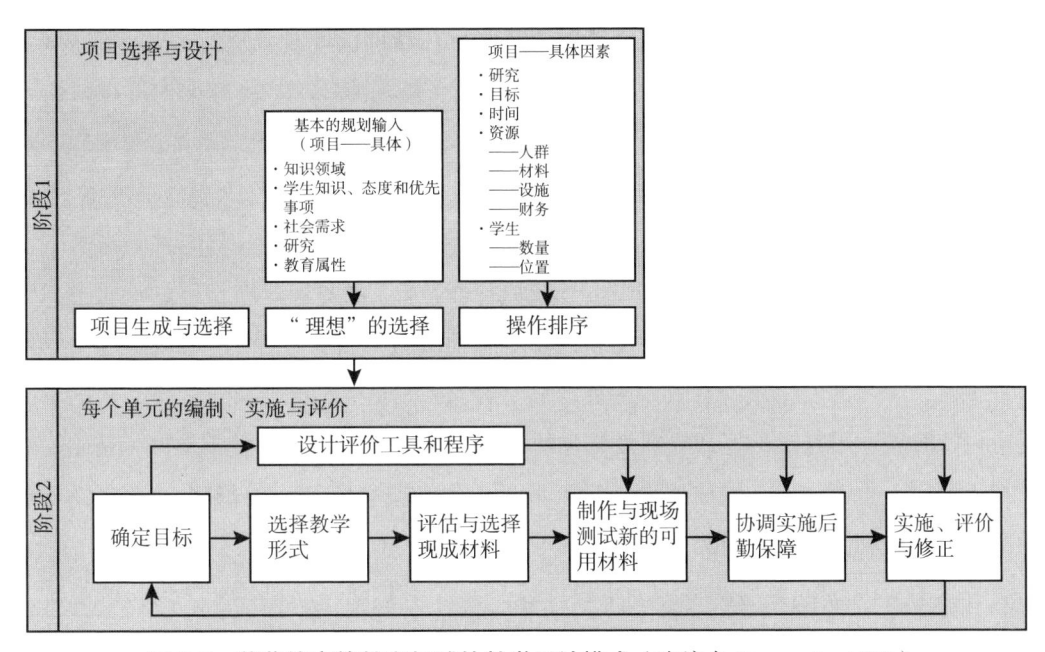

图 3.9　戴蒙德高等教育领域的教学设计模式（改编自 Diamond，1989）

表 3.4　教学设计模式的一种分类法（Gustafson & Branch，2002，p.14）

选定特征	课堂导向	产品导向	系统导向
典型输出	1小时或几小时的教学	自学或教员发放的学习包	一门课程或整体课程
致力于开发的资源	非常低	高	高
团队或个人努力	个人	通常是团队	团队
教学设计技能或经验	低	高	高/非常高
强调开发或选择	选择	开发	开发
数量分析或前端分析/需求评估	低	低到中	非常高
传递媒体的技术复杂度	低	中到高	中到高
试验和调整量	低到中	非常高	中到高
推广和普及量	无	高	中到高

由于加涅在教学设计方面的开创性工作，他的弟子或多或少地都同意教学效果取决于学习者的学习动机的假设。为了激发这种动机，必须首先调动学习者的注意力。然而，一个对现有的教学设计模式的分析表明，大多数人在初步分析和评估之后放弃了对学习者动机的关注。似乎只有凯勒（Keller，1987，2008，2010）的动机设计方法坚持不懈地关注在整个学习过程中激发和维护学习者的动机。凯勒的模式在教学设计模式中

是独一无二的,因为它是一种解决问题的模式,旨在帮助设计者识别和解决与教学吸引力相关的具体动机问题。

动机设计中的 ARCS 模式

凯勒(Keller,1987,2008,2010)的动机设计方法主要聚焦在学习的动机上,特别指向教学更具吸引力的策略、原则和过程。凯勒认为,当学习者完全参与到整个学习过程中时,学习的发生最为有效。并且,只要确保采用适当的教学方法,学习者的参与就可以持续到学习任务的完成。凯勒的动机设计模式不仅以加涅的教学事件为基础,还植根于期望—价值理论、强化理论和认知评价理论。这些理论被加以整合来解释学习者的努力、表现和满意度之间的关系。

作为教学规划的核心部分,动机设计就是指以引起学习动机的变化为目的安排资源和教学程序的过程。凯勒的模式旨在:①识别学习者的动机和需求;②分析学习者特征,找出那些对设计教学系统的动机需求有所影响的特征;③诊断出哪些教学材料适合用来激发学习者动机的特征;④选择适当的策略来维护动机;⑤它们的应用和评价。该模式由4个主要组成部分组成,这些组成部分是通过心理术语确定的,为动机问题提供了理论解释(图3.10)。

A.注意力:
　激发学习者的好奇心和兴趣

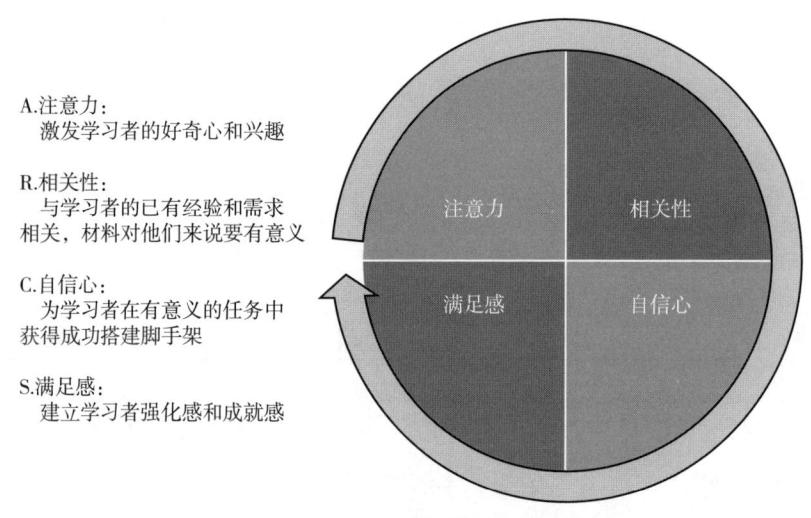

R.相关性:
　与学习者的已有经验和需求相关,材料对他们来说要有意义

C.自信心:
　为学习者在有意义的任务中获得成功搭建脚手架

S.满足感:
　建立学习者强化感和成就感

图 3.10　ARCS 模式的组成部分

每个组成部分都由一个教学设计者将回答的问题以列表的方式来举例说明。例如,

与学习者动机相匹配的对应问题是"**如何以及何时才能使我的教学方法与学生的学习风格和兴趣相匹配?**"。表 3.5 提供了一个对 ARCS 组成部分和相关教学策略的调查。

表 3.5　与 ARCS 模式主要组成部分相关的教学策略

A	注意力:激发并维持学习者的好奇心和兴趣
唤起感性	利用惊喜或不确定的情况去激起好奇心和惊奇感。
唤起探究	通过提供要解决的难题来培养思维挑战性和激发探究欲。
变式呈现	结合多种教学方法来保持学生的兴趣
R	相关性:把学习者的需求、兴趣和动机联系起来
目标导向	描述这些知识将如何帮助学习者的今天和未来。
动机匹配	评估学习者的学习需求和学习原因,提供有利于激发和维护动机的学习方法。
增强熟悉	通过提供与问题相关的例子来关联学习者的已有经验
C	自信心:为取得成功建立积极的期望
表现要求	提供学习标准和评价标准,以建立积极的期望和对学习者的信任。
成功机会	为学习者提供多种多样的挑战以体验成功
个人控制	使用能让学习者将成功归因于个人能力或努力的手段
S	满足感:为学习者提供正强化和奖励
内部强化	鼓励和支持学习体验的内在乐趣。
外部奖励	提供积极的强化和激励反馈。
公平一致	应用始终一致的标准和结果来判断成功

根据凯勒(Keller,2010)的研究,ARCS 模式被设计为一种在课堂和专业学习环境(如企业培训和职业发展)中都行之有效的学习模式。ARCS 模式已经成为教育中最受欢迎的动机设计方法,其组成部分应被视为学习环境设计的最低要求(Niegemann et al.,2008)。从凯勒的观点来看,该动机设计模式应该被看作对加涅的传统教学设计模式一些必要完善。

自从安德鲁斯和古德森(Andrews & Goodson,1980)分析了 50 个教学设计模式以来,更多的模式陆续生成,因此目前可能存在大约 100 个教学设计模式。考虑模式数量如此之庞大,为了揭示这些模式之间的相似性和差异性,开发一个综合的、全面的框架的想法油然而生。

总　　结

基于不同的教学条件催生不同的学习方式的假设,加涅区分了 9 个教学事件,以支持与学习有关的内部过程。教学设计可按照加涅—布里格斯模式中描述的那样分为不同阶段进行。该模式是第一个处方性教学设计模式。随后，遵循加涅—布里格斯九步模式被认为是确保有效的和系统性教学的一个好方法，因为它提供了教学计划的结构和对教学的全局视野。

加涅—布里格斯模式是基于学习心理学和系统理论构建的。因此，它以规划步骤的闭环为基础，只要达到规划的目标，就会进入迭代循环。这一过程也体现了**迪克—凯瑞模式**的特征，该模式成了第一代最有影响力的教学设计模式，直到今天，它所定义的教学设计的培训标准仍具有重要作用。加涅—布里格斯模式和迪克—凯瑞模式都是教学设计的经典之作，并启发了许多其他模式的产生。根据古斯塔夫森和布兰奇（Gustafson & Branch，2002）的研究，现有的教学设计模式可以分为课堂导向、产品导向和系统导向的模式。第一代的大多数教学设计模式都是以系统理论为基础。其中的一些模式，如戴蒙德模式或凯勒的 ARCS 模式都是独一无二的，因为它们强调了被其他模式所忽视的教学设计领域（如学习者的动机）。

附加问题

问题 3.4：加涅—布里格斯模式和迪克—凯瑞模式有哪些相同的组成部分？

问题 3.5：迪克—凯瑞模式的规划步骤是什么？

问题 3.6：分析以上所描述的教学设计模式的异同。整理表格予以说明。

问题 3.7：需求分析在提高人员绩效方面有哪些优势？

问题 3.8：凯勒的 ARCS 模式的主要组成部分是什么？

ADDIE 框架

从本质上讲，第一代教学设计模式以及 ADDIE 框架都围绕着 7 个基本问题展开（表 3.6）。

虽然 ADDIE 这个首字母缩写在教学设计领域已经使用数十年了，但仍然不清楚它到底是一个独立的教学设计模式，还仅仅是第一代教学设计模式的一个统称。ADDIE 最初似乎是在佛罗里达州立大学布兰森等人（Branson et al.，1975）开发的军事训练领域内发展起来的，目的是解释教学系统开发过程（图 3.11）。在那之后，显然，ADDIE 可以被视为程序性教学设计模式的共同特征。总之，莫伦达（Molenda，2003）认为 ADDIE 是一个概括性统称，它指的是具有相似结构的程序性教学设计模式的家族。首字母缩略词 ADDIE 涵盖了通用教学设计的各个阶段：分析、设计、开发、实施和评估（Branch，2009）。

表 3.6 ADDIE 框架内的关键问题

简要问题	详细问题
谁→学习者的目标群体？	
什么→教/学的内容？	
为了什么→教学目标和学习目标？	
为什么→问责制（需求分析）？	
如何→教学策略和方法？	
何时→教学的时间表？	
哪里→学习环境的场所？	

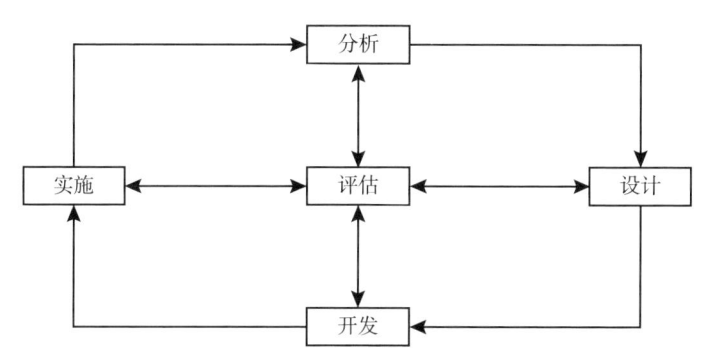

图 3.11 ADDIE 框架的组成部分

ADDIE 的程序步骤。教学设计过程的分析阶段关注学习者要学习的内容。因此，学习经验的所有内容、方法、活动和评估都应该可追溯到分析的结果，这通常包括：

- 需求评估和教学目标的说明；
- 学习者特征的分析；
- 情境分析；
- 内容分析；
- 成本效益分析。

教学设计者面临着各种需要回答的问题，比如：

- 学习者是谁？他们有什么样的性格？
- 哪些是计划中的新行为、知识结构和技能？
- 在学习方面存在哪些限制？
- 传递教学材料有哪些选项？
- 哪些更深远的教育问题必须考虑在内？

分析阶段的重点是学习者在课程结束时应该知道什么，以及学习者将来需要知道和能够做什么（Gagné，Briggs，Wager，Golas，& Keller，2005）。因此，分析必须揭示以前课程中未涉及的内容，以及未来应该涉及的问题。课程分析也必须考察一个特定的课程如何融入一个更大的大纲或课程环境中去。分析的结果包括一组学习目标，这些目标将作为下一阶段的输入信息。

ADDIE 的**设计**阶段以活动和知识为中心，以支持预期学习成果的实现。因此，设计过程与学习者如何配合才能实现计划目标的制定？设计阶段的产品由一个教学蓝图组成。因此，重点在于起草一个**故事板**，即对学习环境的整个结构和预期的学习过程进行粗略的描述。进一步说，ADDIE 的设计阶段主要包括教学活动的整体规划和相关外部学习条件（如教学方法、社会互动、媒体和传递系统、环境组织、界面设计等）相互协调的系列必要决策，图 3.12 提供了一个根据 ADDIE 设计阶段进行课程规划的例子。规划被认为是一个生成和创造的过程，在这个过程中，教学设计者会设想教学将会是什么样子的。简要概述，在这个阶段的重要活动是：

1. 选择主题；
2. 创建适当的方法和程序；
3. 制定一套支持学习的具体活动；
4. 确定一组具体的学习技巧。

在这个阶段，教学规划与戏剧剧本的制作相当。一出戏在观众面前上演之前，需要进行周密的步骤规划。这个剧场隐喻似乎很适合理解教学设计的设计阶段正在发生的事情。根据这个隐喻，教学设计将教学方法转化为"舞台上"的编排。在实践中，以下 5 个层面已被证明是有益的：①一个符合情境的主题或**标题**；②在标题环境下要讲述的**故事**；③表演的**场景**；④要扮演的特定**角色**（包括相应的社会关系）；⑤编排的**风格**或版式。

课时规划比较		
课时 4：使用 MS Word 的字数统计功能		
课时	面对面授课	线上授课
1. 预期定势		
——聚焦学习者的注意力 ——练习或回顾已学知识 ——创造对新学习的兴趣 ——通过有趣的活动形成学习定势	• 通过以下方式吸引学习的注意力：展示 Word 备忘录，让学生猜备忘录里有多少个单词。猜得最接近的学生获胜。 • 询问学习者如何使用 MSWord 来完成操作。 • 告诉学生将学会使用单词计数的不同方法来快速应对这样的挑战	• 通过以下方式吸引学习的注意力：尽快将学生嵌入工作场景中——他们将得到一篇编辑好的文章，然后准备提交。这篇文章有 2000 字的限制。向学生展示一篇文章的草稿，并提问：文章有多少字？ • 告诉学生将学会使用单词计数的不同方法来快速应对这样的挑战
2. 目标		
——告知学习者在教学结束后能够做什么 ——为什么它很重要？ ——它将如何在未来帮助学习者？	展示和阅读带有学习目标的幻灯片	展示带有学习目标的屏幕
3. 输入		
——学习者需要什么信息来完成目标 ——这些信息如教师、书籍、录像……应如何提供给学习者	为学生提供纸质讲义，以清楚说明进行完整词汇计数和高亮词汇计数所需的步骤	• 模拟文章在 Word 环境下的显示。 • 教学指导出现在文章上方的文本框中

图 3.12　课时规划的案例

设计阶段与**开发阶段**紧密交织，但可以区分。在规划的某个阶段，有必要从头脑风暴、创建可能性、做出选择，以及建立蓝图或故事板的过程（即设计阶段）转变为构建材料的过程（即开发阶段）。简而言之，教学设计的开发阶段关心的是教学材料和学习任务的分配。

在许多情况下，起点包括检查使用现有材料的可能性或生产新材料的实际必要性。在文献中，所谓的"拍板购买还是建造"，实质上就是指购买现有材料或从头开发材料。

关于购买材料，李和欧文斯（Lee & Owens，2004）区分了在多媒体教学的情况下制定决策的各个步骤。第一步是确定可能的信息来源（例如，可以使用的专有材料的数量），第二步是收集信息和现有课程材料。下一步是在充分考虑目标、目标群体和需求的前提下，评估收集到的信息和资料。更具体地说，评估包括：①评价材料的适当性和可用性；②确定可用材料是否符合项目的时间限制；③确定成本是否在项目的预算以内；④确保技术要求不包括获取或实现超出实际时间线或成本的硬件。

如果教学材料必须从头开始开发，开发人员必须考虑到以下两方面。一方面，必须清楚学习者在课程结束时应该知道或能够做什么。另一方面，开发者还必须考虑教学策略，教学材料的开发和维护成本，学习者拥有的技能以及可用的资源。由于这些材料是为人际关系领域的技能而开发的，因此他们应该允许同伴分享、小组活动和人际互动。相应的，材料应当锚定沟通技巧、领导才能和合作。正如有经验的从业者所知道的那样，教学材料的开发是困难且耗时的工作（Ellington & Aris，2000）。通常情况下，它必须由主题领域、文本、图片、视频和计算机程序（如模拟）生产方面的专家团队来完成。

教学设计的**实施**阶段涉及将计划好的教学活动转化为实践（图 3.13）。它包含了培训教员和学习者的程序。其中，针对教员的程序涵盖了学科课程、学习成果、传递方法和测试程序。学习者的准备工作则包括对使用新工具（如软件或硬件）进行培训。一切都是在实现条件的严格控制下发生的，因此与**形成性评价**相结合。

形成性**评价**作为实施的一部分，对于理解教学系统为什么有效，以及在学习环境中还有哪些因素（内部和外部的）在发挥作用是必不可少的。形成性评价需要时间和努力，这可能是贯彻落实的一个障碍，但是它应该被看作一项宝贵的投资，通过更好的设计和开发提高了取得成功结果的可能性。

大多数教学设计模式，包括 ADDIE 都认为，在教学设计过程结束时，**总结性评价**是必要的。因此，总结性评价也可被称为**事后**评价（意味着在事件发生后），它以成果为中心而非面向过程。因此，总结性评价旨在衡量教学结果，例如在教学设计过程开始时，由教学目标所定义的知识或技能得到增长或提高。总结性评价通常与更加客观、量化的数据收集方法相关联，但是使用定性的数据收集方法也可以为意想不到的发展结果和改进的经验教训提供不错的见解和领悟。

自 ADDIE 引入文献以来，它已经发展成为最受欢迎的教学设计框架，并被用于许多大型组织（Branch，2009）之中。查普曼（Chapman，1995）对几家公司的研究报告表明，教学设计者在从事培训开发的同时，也在执行截然不同的任务。查普曼（Chapman，1995）还报道了为美国空军开发的包含 21 门课程的大型项目在教学开发上花费的时间百分比（图 3.14）。

很明显，大量时间都花在了课程的实际制作（媒体制作和创作）上。当然，在分析、设计和评估任务上也同样花费了不少时间。奥兹迪莱克和罗贝克（Ozdilek & Robeck，2009）对教学设计者的工作重点进行了研究，他们发现，在不同教育部门工作的教学设计者都对 ADDIE 模式的分析步骤中的元素表示了最大的关注。并且，在这一步骤中，相较于其他考虑因素，学习者的特征得到了更多关注。

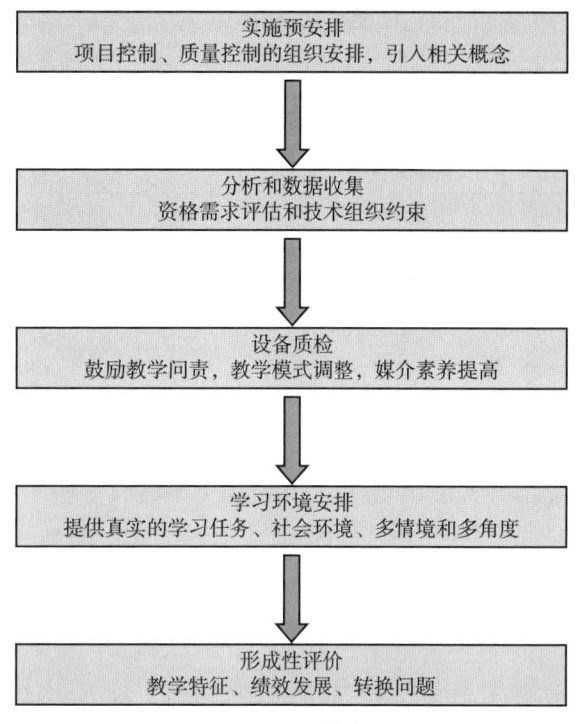

```
┌─────────────────────────────────────┐
│ 实施预安排                          │
│ 项目控制、质量控制的组织安排，引入相关概念 │
└─────────────────────────────────────┘
                  ↓
┌─────────────────────────────────────┐
│ 分析和数据收集                      │
│ 资格需求评估和技术组织约束          │
└─────────────────────────────────────┘
                  ↓
┌─────────────────────────────────────┐
│ 设备质检                            │
│ 鼓励教学问责，教学模式调整，媒介素养提高 │
└─────────────────────────────────────┘
                  ↓
┌─────────────────────────────────────┐
│ 学习环境安排                        │
│ 提供真实的学习任务、社会环境、多情境和多角度 │
└─────────────────────────────────────┘
                  ↓
┌─────────────────────────────────────┐
│ 形成性评价                          │
│ 教学特征、绩效发展、转换问题        │
└─────────────────────────────────────┘
```

图 3.13 实施步骤

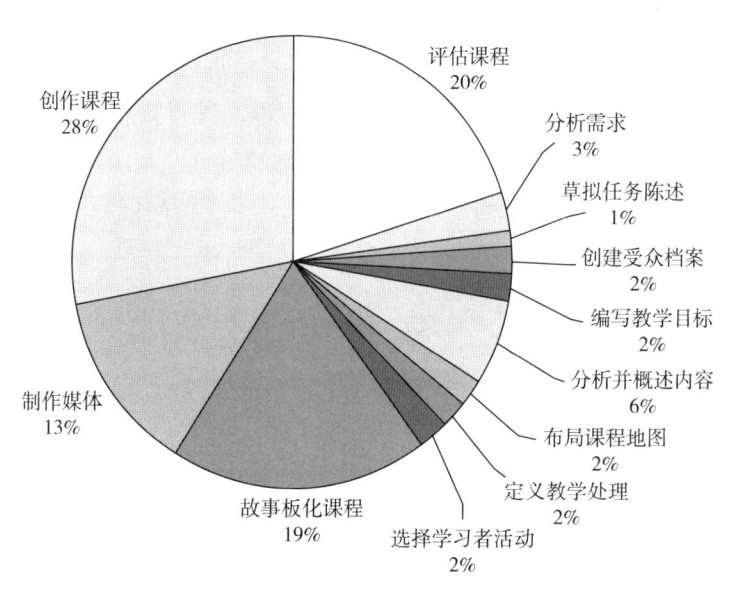

饼图数据：
- 创作课程 28%
- 评估课程 20%
- 分析需求 3%
- 草拟任务陈述 1%
- 创建受众档案 2%
- 编写教学目标 2%
- 分析并概述内容 6%
- 布局课程地图 2%
- 定义教学处理 2%
- 选择学习者活动 2%
- 故事板化课程 19%
- 制作媒体 13%

为美国空军开发的包含21门课程的大型项目在教学开发上花费的时间百分比

图 3.14 实践中的 ADDIE 框架（改编自 Chapman，1995）

ADDIE 本身不是一个教学设计模式，而是一个涵盖性术语（伞状术语），因为几乎所有的教学设计模式都能与 ADDIE 产生共鸣（Kruse & Keil, 2000; Reiser, 2001）。这可以通过比较 ADDIE 和戴蒙德的 ID 模式来加以说明（表 3.7）。

表 3.7　ADDIE 和戴蒙德的 ID 模式对比

ADDIE 模式	戴蒙德模式	
分析	阶段一	项目选择
设计		设计
开发	阶段二	制作
实施		设计
评价		评价

无论其受欢迎程度如何，ADDIE 框架在概念上始终有一些不足。例如，它的迭代性不足以满足复杂问题的需求，因为 ADDIE 或多或少使用的是严格的规划步骤序列，而这可能只适用于静态的环境。因此，在规划过程中，ADDIE 对错误或自发性的容忍程度较低。以迪克—凯瑞模式为原型，ADDIE 亦必须满足 3 个假设：①所有规定活动必须完成；②每个活动必须完成之后才能切换到下一个；③每个活动必须以足够精确度来完成。

教学设计者在开发教学材料之前必须了解所有的要求。对一些作者而言（比如 Bichelmeyer, 2004），ADDIE 最大的弱点在于，它只是加涅的传统 ID 模式的延展，因而无法融合教育心理学的新发展。而对学习的流行理论进行整合是超越 ADDIE 框架的新教学设计模式的一个主要特征。然而，抛开合理的批评，ADDIE 也可以为快速原型（Piskurich, 2015）和基于研究的教学设计方法提供一个合适的框架（见下文）。

总　　结

大量的传统教学设计模式可以被整合到一个名为 ADDIE 的通用框架中，ADDIE 是分析、设计、开发、实施和评估的首字母缩写。ADDIE 的每个阶段都由不同的程序步骤组成。它可以被认为是加涅的传统教学设计模式的一个起步端点。一些研究结果表明，在教学设计的过程中，ADDIE 的某些元素比其他元素更受重视，因此，随着教学设计模式的发展变化，这些元素可能会受到更多关注。

附加问题

问题 3.9：描述与 ADDIE 的 5 个不同阶段相关的通用教学设计活动。

问题 3.10：在你看来，ADDIE 有什么优势？

问题 3.11：从传统和现代化的角度来看，ADDIE 有哪些弱点？

4C/ID 模式

四元教学设计模式（4C/ID）是将对 ADDIE 的批判观点纳入考量的新模式之一。4C/ID 模式由范梅里恩伯尔（Van Merriënboer，1997）开发，旨在将"认知负荷理论"整合到教学设计中（见 Kester et al.，2001）。该模式的核心关注点是学习环境的设计，以获取和发展复杂领域的认知能力和特定任务技能为目标。因此，教学和培训会重点关注完成复杂的认知任务所需能力的协调和整合。这在图式的基础上完成，并允许应用程序来解决任务。

4C/ID 模式的 4 个元素包括学习任务、专项操练、相关知能和支持程序。

学习任务。范梅里恩伯尔（Van Merriënboer，1997）引入了任务类的概念来定义从简单到复杂的学习任务类别。"在某种意义上，特定任务类中的学习任务是等价的，因为这些任务可以使用相同的广义知识体系（例如，心智模式、认知策略或其他认知图式）来执行。而更复杂的任务类相较于之前简单的任务类，则需要更多或更丰富的知识来获得有效的表现"（Van Merrienboër et al.，2003，p.7）。因此，学习环境应提供覆盖整个学习过程的具体任务。此外，在非递归任务上的图式应用应得到支持（Corbalan et al.，2008）。

专项操练。这个组成部分聚焦学习任务从简单到复杂的序列，以便通过重复练习来支持认知技能的程序化。范梅里恩伯尔等（Van Merrienboer et al.，2003）建议从相对简单的学习任务开始，向更复杂的任务前进。按照部分—整体的方法，复杂的行为应该分解成更简单的许多部分，分别进行训练，然后逐步合并，最后呈现出整体任务的表现。部分任务排序法被认为是防止认知超载的有效方法，因为与部分任务相关的负荷应该低于与整个任务相关的负荷。这种渐进的技能发展法类似于认知学徒中使用的"全局先于局部技能"的原则（Collins et al.，1989，p.485）以及赖格卢特（Reigeluth，1999）的"精细加工理论"。

相关知能。这一组成部分的重点在于可用图式的精细化。核心问题是如何通过构建心智模式等相关心理表征来支持学习者完成学习任务。范梅里恩伯尔认为，相关知能应该在进行相关的任务类别之前明确地提供给学习者。对于后续任务，只应提供新的（额外的）相关知能，以避免认知负担增加。类似地，由于学习者可能已经知道这些信息，应该避免重复来自先前任务类别的相关知能。这一论证符合认知负荷理论的核心假设，但与附加问题在文本加工和散文学习中的使用研究并不一定一致。

附加问题是插入文本中的问题，旨在引起对重要文本材料的关注（Dornisch，2012）。根据实证研究（例如，Hamaker，1986；Peverly & Wood，2001），所有认知层面的附加问题对学习都有强促进作用，不论它们是作为前置问题还是作为后置问题。不过，比提供附加问题的时机更重要的是问题的质量，因为已有研究表明，高阶附加问题可能比事实类问题对学习有着更普遍的促进作用（Hamilton，1985；Seel，1983），所以比提供附加问题时机更重要的是附加问题的质量。

支持程序。这个元素也被称为**即时信息**，因为它的目的是在学习者正好需要帮助以完成学习任务的时候，适时地给他们提供指导和帮助。与相关知能相比，支持程序的传递旨在或多或少地实现并发展自动化。范梅里恩伯尔认为，专家能够有效地执行再生性任务，是因为他们会自动激活将问题的特定特征与问题解决的特定过程联系起来的图式。因此，与教学设计模式的第四要素相关的核心问题是如何帮助新手学习者自动激活图式以处理学习任务的再生性。范梅里恩伯尔认为，当学习者在执行学习任务的过程中需要帮助时，就是提供支持程序的最好时机——简单而言，就是"及时"。当然，随着学习者掌握越来越多的专业知识，支持程序的提供应该逐渐在执行再生性学习任务的过程中撤除。4C/ID 模式的这 4 个要素之间的一致性如图 3.15 所示。

由于 4C/ID 模式主要以认知负荷理论为基础，不同水平的认知负荷位于图 3.15 的中心似乎是不言自明的。在谈到教学设计的脚手架时，我们已经提到了认知负荷理论。现在我们更详细地描述这一方法。

认知负荷理论

自钱德勒和斯威勒（Chandler & Sweller）在 20 世纪 80 年代引入了认知负荷理论（CLT）以来，该理论在教育心理学中享有盛誉（de Jong，2010；Plass et al.，2010）。尽管 CLT 强调学习的认知理论，但它可以追溯到 20 世纪 60 年代，当时信息科学、程序化教学和学习与教学的控制论原理都得到了重点关注（如 Smith & Smith，1966）。

当前版本的 CLT 将学习设想为信息处理，并设定存在知识和技能可以被永久存储

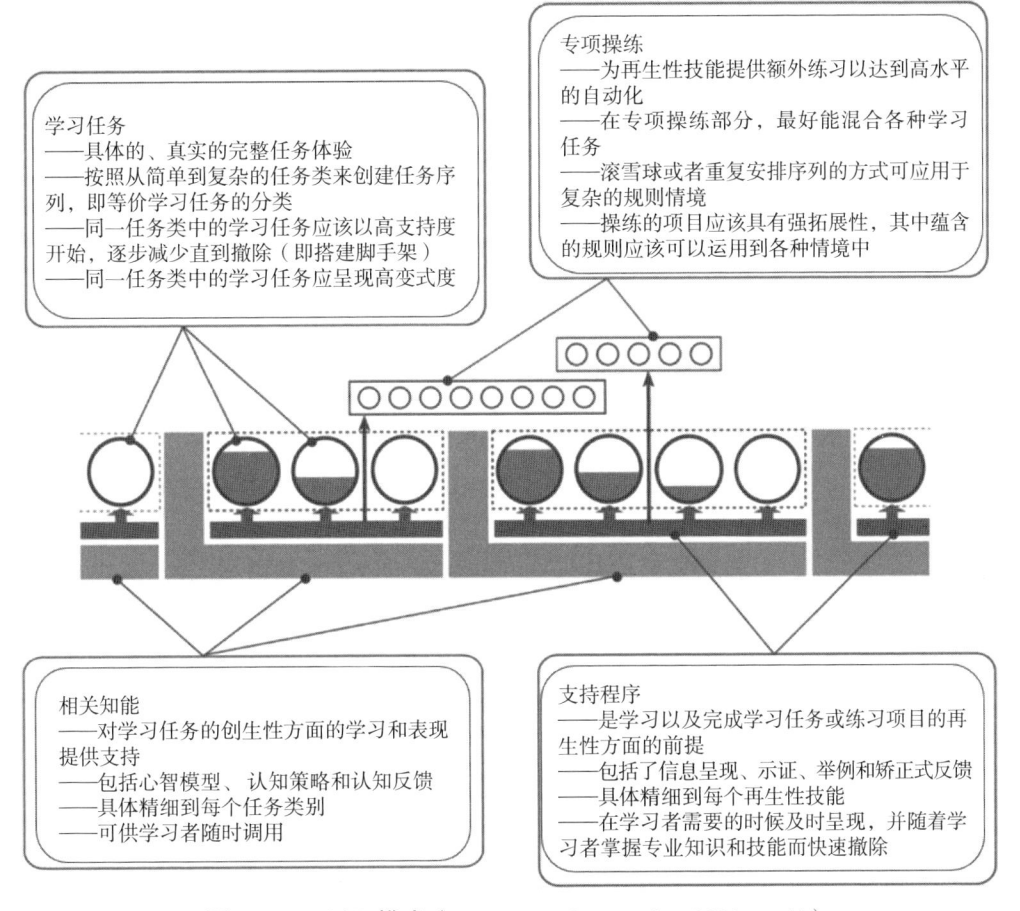

学习任务
——具体的、真实的完整任务体验
——按照从简单到复杂的任务类来创建任务序列，即等价学习任务的分类
——同一任务类中的学习任务应该以高支持度开始，逐步减少直到撤除（即搭建脚手架）
——同一任务类中的学习任务应呈现高变式度

专项操练
——为再生性技能提供额外练习以达到高水平的自动化
——在专项操练部分，最好能混合各种学习任务
——滚雪球或者重复安排序列的方式可应用于复杂的规则情境
——操练的项目应该具有强拓展性，其中蕴含的规则应该可以运用到各种情境中

相关知能
——对学习任务的创生性方面的学习和表现提供支持
——包括心智模型、认知策略和认知反馈
——具体精细到每个任务类别
——可供学习者随时调用

支持程序
——是学习以及完成学习任务或练习项目的再生性方面的前提
——包括了信息呈现、示证、举例和矫正式反馈
——具体精细到每个再生性技能
——在学习者需要的时候及时呈现，并随着学习者掌握专业知识和技能而快速撤除

图 3.15　4C/ID 模式（Van Merriënboer et al.，2002，p.44）

的长期记忆，以及负责信息瞬时处理的工作记忆。自艾宾浩斯（Ebbinghaus，1885），米勒（Miller，1956）和布罗德本（Broadbent，1958）提出的信息处理能力有限的观点被广泛接受，米勒的"神奇的数字 7"被认为是对认知心理学的一个共同属性的描述。伯莱因（Berlyne，1971）指出，在过多信息需要加工的情况下，认知超载也会发生。

信息处理的复杂性和难度会增加完成认知任务所需的努力。显然，认知任务的需求和复杂性是由外部决定的，但它们更多地取决于学习者完成任务的能力。因此，任务的难度取决于完成任务所需的认知努力，以及情境内容和资源的可用性。CLT 认为**工作负荷**取决于人与任务的相互作用，故而同一项任务可能会为不同的人带来不同的负荷。这意味着认知负荷不仅是针对具体任务的，而且是针对个人的。

由于信息各要素的相互作用，当一个学习任务对某个人来说太过复杂时，认知就会发生超载。考虑到可能出现的超载的类型，CLT 将其区分为外部负荷和内部负荷。由于信息处理需要大量的认知努力来应对任务的复杂性或难度，所以会产生**内在负荷**；而学习材料中元素的高度交互性则可能会产生**外部（或外在）负荷**，这会使学习任务变得难以推进。CLT的核心目标是使教学材料易于学习（Chandler & Sweller，1991）。图3.16展示了在4C/ID模式中减少认知负荷的各种策略。例如，**工作样例**是学习的助手，它提供了任务的原型解决方案，从而替代认知图式（Atkinson et al.，2000）。最后，一个完整的工作样例是对如何解决学习任务或问题的分步骤演示。

此外，认知负荷也可能会受到从长期记忆中激活图式的努力的影响。CLT的作者认为，激活图式可以绕过工作记忆的限制，从而产生准自动处理并使认知负荷最小化（Cooper & Sweller，1987）。由此产生的第三种认知负荷被命名为**相关负荷**，与合格的技能是通过构建越来越多的复杂图式而得到发展的假设相关（Sweller，1994）。在图式不能激活的情况下，应向学习者提供工作样例。

CLT的另一个假设指出，当信息以不同的形式（如文字和图片）呈现时，学习会变得更加困难。在这种情况下，学习者必须对这些形式加以整合才能够理解某些内容。换句话说，以不同形式同时呈现信息需要学习者付出额外的努力，并最终导致"注意力分散效应"。为了避免这种影响，一些作者（如Errey et al.，2006）建议放弃冗余的材料并将学习者的注意力集中在单一的信息源上。然而，这一论证与音频—视频冗余研究的结果相矛盾（Seel，2008），并且可能导致如薛诺兹和拉施（Schnotz & Rasch，2005）在多媒体学习研究中所提到的负面学习结果。

从历史的角度来看，CLT既不是新鲜的（而更像是"新壶装旧酒"），也不是独一无二的，因为长期以来在市场和消费者研究中都存在着相似的概念。关于这一研究，亨特（Hunter，2002）指出目前还没有任何实证证据表明信息处理过程中存在认知超载。原则上，这种说法似乎也适用于CLT的研究（例如，详见de Jong的评论，2010；Gerjets, Scheiter, & Cierniak，2009）。

对CLT的批判可能也波及了4C/ID模式，因其以CLT为理论基础。在完成学习任务时，这四要素组合在一起将有助于减少认知负荷。无论从记忆研究的角度（如Seel，2008）对CLT基本假设提出了多少批判，4C/ID模式都在教学设计领域负有盛名。例如，梅里尔（Merrill，2002）指出，这个模式为学习环境的设计提供了一个通用框架，"在这个框架中，复杂的综合认知技能得到了发展"（p.8）。"当学习者遵循从简单到复杂的序列对整体任务进行操练时"（p.10），"促进即时信息呈现的教学方法被用来支持整个任务的再生性方面，与此同时，促进精细化加工的教学方法则被用来支持任务的非再生性（创生性）方面"（p.10）。

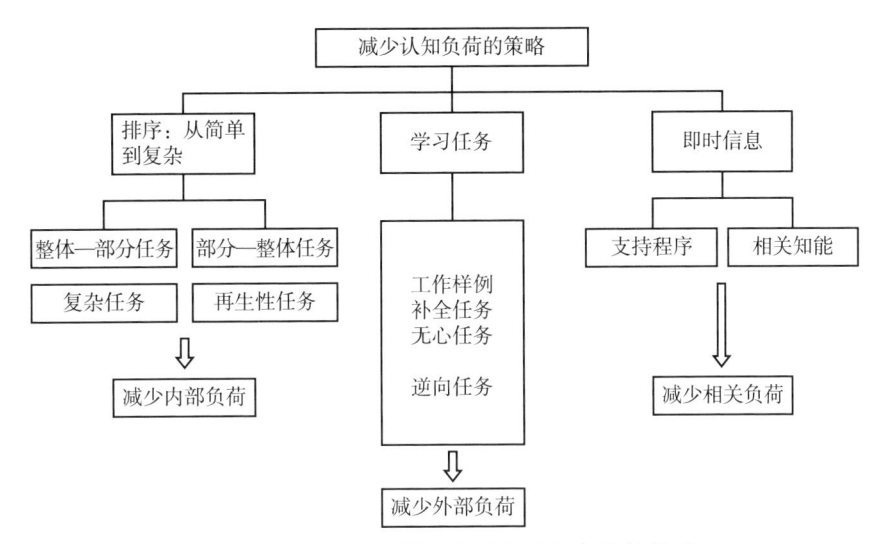

```
                    减少认知负荷的策略
          ┌──────────────┼──────────────┐
    排序：从简单        学习任务          即时信息
      到复杂
    ┌────┬────┐                      ┌────┬────┐
 整体—部分任务 部分—整体任务           支持程序  相关知能
 复杂任务  再生性任务    工作样例
                      补全任务
                      无心任务
                      逆向任务
      ↓                  ↓              ↓
   减少内部负荷        减少外部负荷      减少相关负荷
```

图 3.16 在 4C/ID 模式中减少认知负荷的策略

一些研究（例如，Bastiaens & Martens，2007；Sarfo & Elen，2007）指出 4C/ID 模式的基本实用性。虽然 4C/ID 模式旨在改进复杂学习，但它并不属于梅里尔（Merrill，2002）所定义的以问题为中心的模式范畴。它采用教学指导的方式，并坚持在设计和开发学习环境之前对"输入—过程—输出"的过程进行精确而详细的阐述。故而通过教学活动（如在自由学习环境中）进行的低限度指导和调节被认为是无效的（Kirschner，Sweller，& Clark，2007）。参照古斯塔夫森和布兰奇（Gustafson & Branch，2002）的分类，4C/ID 模式是一种课堂导向的教学设计模式，因为相关知能和支持程序的分配均以教员或教师的互动决策为前提。与传统的教学设计模式所支持的客观主义观点相一致，4C/ID 模式基于这样一个假设，即为了实现有效的教学，设计和开发适当的认知任务是必要且充分的，它启动和引导学习过程，以实现教学目标。

总 结

在教学设计模式的新发展中，以认知负荷理论（CLT）为参考的 4C/ID 模式占据了中心地位。CLT 的基本结论是，工作记忆的信息处理能力有限，故而施加各种认知负荷会降低学习者对学习的顺应性。CLT 区分了内部和外部负荷以及相关负荷。从长期记忆中激活图式可以借由图式引导的准自动处理而减少认知负荷。如果图式不能被激活，工作样例可以予以替代。基于 CLT，4C/ID 模式侧重于学习环境的设计，这将刺激和促进复杂的综合认知技能的习得。不过，最核心的还是要减少认知负荷。

> 4C/ID 模式的 4 个元素是**学习任务**、**相关知能**、**支持程序**（即时提供）和**专项操练**。该模式符合客观主义的传统，并且假设有效教学的前提是开发和设计学习任务，刺激和引导综合认知技能的习得。

附加问题

问题 3.12：CLT 中区分哪些认知负荷类型？

问题 3.13：4C/ID 模式的组成元素是什么？

问题 3.14：为什么 4C/ID 模式可以归于课堂导向的模式？

基于技术的教学设计方法

回顾历史，我们已经介绍了自动化教学设计（AID）的几种方法，这些方法都受到加涅的开创性成果、"人工智能"的出现，以及专家系统和智能教学系统发展的启发。自动化教学设计的方法构成了由古斯塔夫森和布兰奇（Gustafson & Branch, 2002）所定义的以产品为导向的"第二代"ID 模式。对文献的分析表明，AID 在 20 世纪 90 年代（如 Tennyson & Barron, 1995 年）享有盛誉，然后因其不能满足科学界的深远期望而逐渐失去了影响力。尽管如此，AID 的一些商业化工具［例如，设计者边缘（Designer's Edge）］仍可用于支持教学设计的规划阶段，且文献中对 AID 工具的讨论也从未停止（例如，Paquette, 2014；Spector & Ohrazda, 2008）。

为了避免混淆，我们必须明确地指出，**基于技术的教学设计方法**与基于技术的系统教学设计，如"技术增强型的学习环境"（Morrison & Anglin, 2012）并不一致，前者指的是辅助教学设计者开发教学系统和课件的工具（Gros & Spector, 1994）。虽然其中的一些工具特别旨在支持基于计算机的教学的发展，但辅助教学工具通常支持用户做出可适用于广泛教学产品的一般决策。AID 的倡导者特别强调 AID 在指导新手和非教学设计专业人员规划有效教学过程（Tennyson & Barron, 1995），以及加速设计过程方面上的优势（Chapman, 1995）。因此，穆莱达等人（Muraida et al., 1993）认为，在学科专家或其他缺乏教学设计专业知识的人员负责开发课件的情况下，AID 工具大有用武之地。

在下面的章节中，我们参考了 ERIC 文摘（Kasowitz, 2000；另参见 Spector & Ohrazda, 2008），其中重点介绍了 4 种可指导用户完成教学设计过程的 AID 工具：专家系统、咨询系统、信息管理系统和电子绩效支持系统。

专家系统、智能辅导系统和咨询系统

专家系统是为用户提供专业领域特定知识的计算机程序。因此，专家系统有时被称为"基于知识的系统"。基本上，一个专家系统包含 3 个组成部分：①知识库；②推理引擎；③用户界面。

知识库涵盖所有与任务领域有关的陈述性和程序性知识，被认为是专家系统运行的专业知识领域。知识库不仅包含关于任务领域的事实，而且包括有效地运用程序性知识的规则。这些事实和规则是通过询问人类专家来收集的。这样的专业知识必须以计算机可以处理的方式进行建模或表征。

专家系统的第二个组成部分与**推理引擎**所做的推理有关，这一工具指的是使用推理规则从已知事实推断新事实的计算机程序。通常情况下，产生式规则（如果有＜条件＞然后是＜动作＞）用于表征程序性知识（Seel，1991），并在此基础上生成推理。推理引擎解释和评估知识库中的事实，以便为用户的问题提供答案。当推理引擎检查产生式规则时，如果用户提供的信息满足规则中的条件，操作就会被执行。

人类用户和计算机之间必要的交互发生在**用户界面**。这些交互的目的是双重的，一方面，它允许从用户端有效地操作和控制专家系统；另一方面，专家系统提供反馈信息，以协助用户的决策（图 3.17）。教学设计领域最流行的专家系统是梅里尔的教学设计专家（ID Expert™；Merrill et al.，1990）。

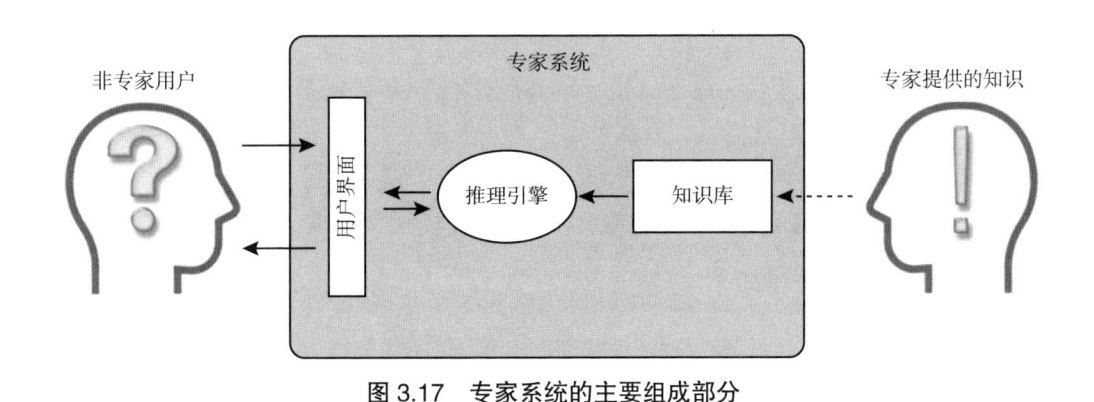

图 3.17 专家系统的主要组成部分

梅里尔的教学设计专家（ID Expert™）。这个专家系统的发展与梅里尔的教学设计概念密切相关，即第二代的教学设计（ID2；Merrill et al., 1993）应该弥补第一代的典型缺陷，因此，它必须包含：

- 一个包含教学设计所有相关知识的知识库；
- 一个专家系统集合；
- 一个教学"处理"的图书馆；
- 一个智能的导师，包括一个动态的对话工具。

第二代教学设计出现的一个特殊原因是梅里尔认为教学设计，特别是以计算机和多媒体交互式教学为中心的教学设计过于劳师动众，因为 1 小时的教学通常需要超过 300 小时的开发工作量。因此，一个重要的挑战是将必要的工作量从 300∶1 减少到 30∶1 甚至更少。一个解决方案就是提供一个 AID 工具，使学科专家能够在实践中进行教学设计，而不需要他们在教学设计上进行大量的培训。为了满足这个要求，AID 工具必须是"智能的"。这意味着它必须内置有可重复使用设计的方法。而且，该工具必须提供指导性知识获取，并且它应该使许多教学开发自动化。

第二代教学设计的一个关键特征是知识对象和教学处理的严格分离。

知识对象

知识对象是"描述要教授的主题、内容或知识的精确方法……我们已经将知识对象定义为描述不同教学策略所需要的知识的必要和适当组成部分的一种方法。知识对象的组成部分包括一个实体，其部分、属性、种类（类别），以及与这个实体相关的活动和过程"（Merrill，1998，p.1）。

教学处理是目标—方法交互的复杂教学算法（Merrill，1991）。它们代表了学习过程中的参与者，即学习者和教学系统，之间的动态交互。第二代教学设计区分了 3 种类型的处理：**成分处理**、**抽象处理**和**关联处理**。他们可以实施知识选择和排序的方法，并进行教学和其目标的管理。

ID Expert™ 根据要教授的内容、课程组织、教学策略和教学处理来构建知识库。它的基本架构如图 3.18 所示。

通过明确借鉴加涅的 9 个教学事件，梅里尔指出，一个适当的教学策略必须包含呈现知识或示证技能，提供练习和为学习者提供指导以实现学习目标的所有必要条件。从他的角度来看，**教学处理理论**（Instructional Transaction Theory，ITT）提供了这样一个适当的教学策略。知识被表征为数据——这些知识的组成部分（即知识对象）经教学算法加工（显示、转换），即所谓的教学处理（Merrill et al., 1992, 1996）。

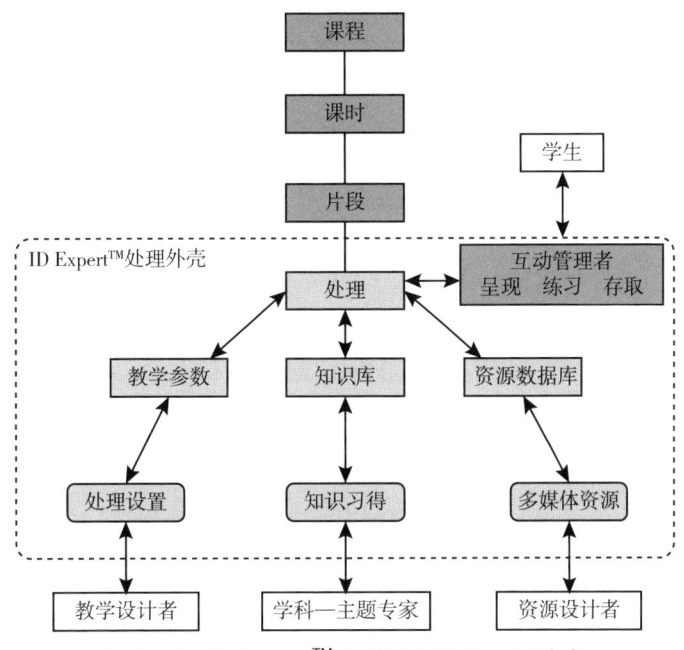

图 3.18　ID Expert™ 的基本架构和处理外壳

教学处理理论。ITT 是梅里尔在 20 世纪 90 年代开发的成分显示理论（CDT）的一种精细化阐述。CDT 将学习分为两个维度：**内容**（事实、概念、程序和原理）和学业**水平**（记忆、应用、发现）。可以用一个矩阵来确定教学将会涉及的行为水平和内容（图 3.19）。一旦教学被确定为这些类别中的一个，具体的规则和过程就会被应用到教学单元的开发之中。

CDT 规定了 4 种**基本呈现形式**：规则（＝讲解通则）、实例（＝讲解实例）、回忆（＝探索通则）和实践（＝探索实例）。**辅助呈现形式**包括：先决条件、目标、帮助、记忆法和反馈。这个理论指的是教育的微观层面，它提供了一种方法，通过这种方法可以将内容"插入"与特定内容类型和行为水平相匹配的策略中去。

CDT 为设计教学课程提供了一套明确清晰的处方系统。除了基本和辅助呈现形式，CDT 还包含**过程展示**，提供关于学习任务准备的指导、解决方法、反馈和内容布局提示的教学。

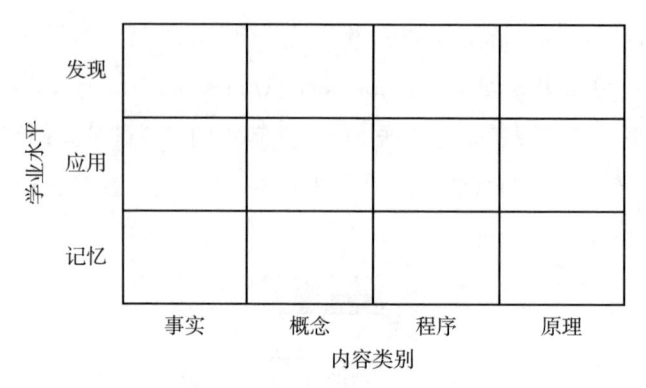

图3.19 成分显示理论（CDT）的行为水平—内容矩阵
（改编自 Merrill，1994）

当梅里尔开始推进教学设计过程的自动化时，CDT被证明不够精确，以致无法应用于专家系统。因此，为了尝试给CDT提供更高的精确度，ITT应势而生，并使自动化教学设计成为可能。多年来，梅里尔和他的团队确定了13类教学处理（Merrill，Jones，& Li，1992），如**鉴别**（如命名事实）、**执行**（表现和活动或程序）和**解释**（基于CDT的原则）。

鉴别（成分）处理。这个处理的**目标**是学习者应该能够识别一个实体（例如，手工艺品、装置、系统）的指定部分的名称和位置。相关的**知识对象**包含信息槽（名称、描述和刻画），以及位置槽、归属槽和构成槽。**位置槽**是关于某个知识对象位置的描述，**归属槽**包含对所归属的知识体的指向信息，**构成槽**则涵盖对相应的知识体的各个构成部分的指向信息。

鉴别处理的**呈现**模式规定了显示相关知识对象及其部分的名称和描述。此外，鉴别处理还包括**操练模式**和**学习者指导**。呈现和操练策略由许多参数控制，可以产生各种不同的呈现或操练组合形式。图3.20说明了鉴别处理的实际参数（Merrill et al.，1998，p.254）。

一个教学处理覆盖了学习者获得特定类型知识或技能所必需的所有交互。教学算法——被称为**教学处理外壳**（Merrill et al.，1993）——可促进在一组知识对象上进行适当的教学处理，这些知识对象以特定的方式相互关联，从而形成一个包含必要的知识以达到教学目标知识结构。

在ITT中，过程、实体和活动之间的关系使从知识对象出发来构建学习环境成为可能。这套交互关系被称为PEAnet（过程、实体、活动网络），如图3.21所示。

学习者在控制器上执行一些活动，该控制器是实体或者其他某些实体的一部分。

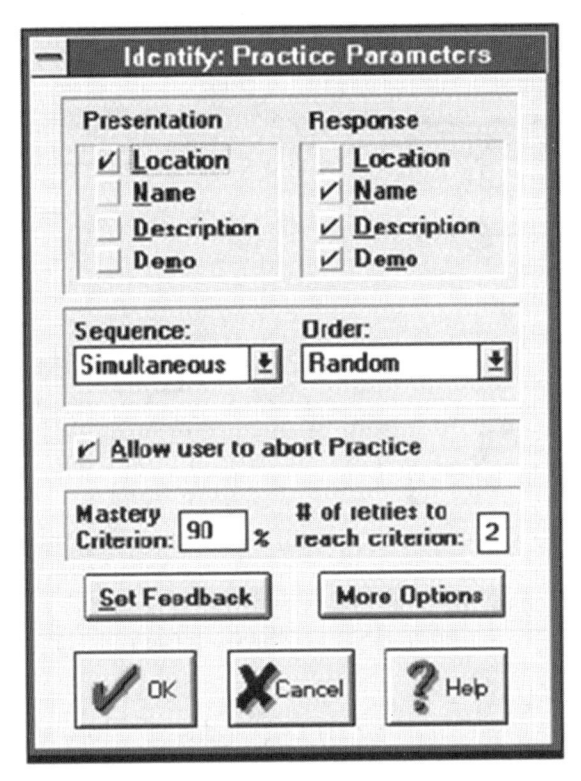

图 3.20　鉴别处理的实际参数截图

这个行为触发一个过程，如果过程的条件（表示为产生式规则）为真，过程就会更改属性的值。这反过来又给学习者指明了过程的结果（Merrill et al.，1993）。

在 ITT 中，教学处理以由**功能**（例如概述、呈现等）和处理**类型**（例如总结、展示、会话教程）所组成的矩阵呈现。由于是在算法的基础上预定教学原则，所以教学决策会自动从分配给矩阵单元的分数中得出。然而，教学设计者可以轻易地改变被自动化推出的教学策略，并可设置其他预定策略来替代（Merrill et al.，1998）。

虽然 ID Expert™ 不能作为商业系统使用，但其他研究人员已经开发了商业化的**智能教学系统**（Intelligent Tutoring Systems，ITS）。一般来说，ITS 是人工智能和机器学习技术的教育化应用。ITS 通常被设计为可直接与学生交互，并执行一些通常留给教师或指导员的教学功能。ITS 自 20 世纪 80 年代出现以来，一直被用来教授不同领域的学生，如语言、法律、数学、医学、物理和阅读理解。然而，在本书中，我们并没有把重点放在面向学生的 ITS 上，而是关注 ITS 在教学设计上的应用。这样的工具是教学规划的外壳，被称为**创作ITS**（Murray，1999），旨在支持教学设计者开发一门课程、一个模块和一节具体的课。

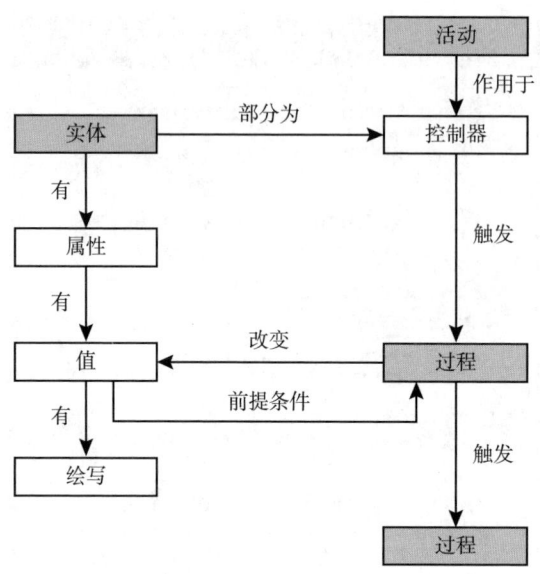

图 3.21　ID Expert™ 中的 PEAnet 架构
（改编自 Merrill，2003，p.188）

如果有一台自动化的教学机器可以使用某人的专业知识自动生成一门课程、一个模块、一节具体的课或技术增强的学习环境，这不是很好吗？

为教学设计编写智能教学系统。自人工智能出现以来，许多商业创作系统被陆续开发出来，旨在为教学设计者提供创作有吸引力的教学材料的工具，比如以多媒体为中心的培训，但是他们往往缺乏舒尔曼（Shulman，1986）提到的学科教学知识。不过，还是存在几种 ITS 创作是建立在学科专家知识基础之上的。默里（Murray，1999）根据类别对创作工具进行了分类（表 3.8）。

表 3.8　ITS 创作工具分类（Murray，1999，p.100）

序号	类别	实例系统
1	课程（体系）或课程的序列和规划	Docent、IDE、ID Expert、Expert CML
2	教学策略	Eon、GTE、REDEEM
3	器件模拟和设备培训	DIAG、RIDES、SIMQUEST、XAIDA
4	领域专家系统	Demonstr8、D3 Trainer、Training Express
5	多种知识类型	CREAM-Tools、DANN/ID Expert、IRIS、XAIDA
6	特殊目的	IDLE-Tool/IMap、LAT
7	智能型/适应型超媒体	CALAT、GETMAS、InterBook、MetaLinks

从默里（Murray，1999）的角度来看，创作 ITS 可分为两类：一类是**教学导向型系统**（类别 1、2、5 和 7），侧重于如何排序和教授预先存储的内容。例如，类别 1 中的创作系统将教学单元或"课程元素"组织成课程、模块、课节、报告等层次结构。另一类是**行为导向型系统**（类别 3、4 和 6），侧重于提供丰富的学习环境，学生可以在该环境中通过操练和得到反馈来学习技能。但表 3.9 中列出的创作工具有着不同程度的完整性和实用性，其中有一些只是原型草案，而其他的一些则是完全开发。

表 3.9 ITS 创作工具的运用程度（Murray，1999，p.121）

序号	运用程度	创作工具
1	概念的早期雏形和验证	D3 Trainer、Demonstr8、DIAG、Expert-CML、IRIS
2	评估过或者使用过的原型	CREAM-Tools、DNA、Eon、GTE、IDLE-Tool、LAT
3	适度评估过或使用过	ID-Expert/Training Express、REDEEM、SIMQUEST、XAIDA
4	高度使用过（相对而言）	IDE、CALAT、RIDES

在这里，我们不宜对表 3.9 中列出的每个创作工具进行评判。它们大多在默里、布莱辛和安斯沃思（Murray，Blessing & Ainsworth，2003）的研究中有所描述。我们现在把重点放在那些以支持教学设计为目的，并且相对经常使用的**教学导向型系统**上。因此，我们在进一步分析的过程中排除了行为导向型工具的 CALAT 和 RIDES，尽管这两种工具都得到"大量使用"和充分开发（Kiyama et al.，1997；Munro et al.，1997）。除了上面详细介绍的 ID Expert[TM]，创作工具 IDE 和 XAIDA 也值得我们关注。

IDE——**教学设计环境**（Instructional Design Environment）——是一个建立在关系数据库管理系统之上的超媒体系统，用于协助分析、组织、设计和开发用于培训的教学材料（Pirolli & Russell，1990；Russell，1988）。IDE 提供教学设计的基础架构和框架，以及支持培训材料开发的工具。它将计算机辅助系统和知识呈现工作台的特点结合到一个系统之中。因此，IDE 为课程提供了一个可定制的表达形式，并提供了表达课程设计原理的方法。

IDE 的体系结构包含两个主要组件：IDE 和 IDE 解释器（图 3.22）。整体知识库以地图（即一个分层的超文本网络）的形式表示。其中，IDE 解释器是核心，包含 4 个组成部分：①**教学问题解算器**，负责创建一个计划，以达到教学目标。这个计划以经过验证的教育策略规则为基础。②**教学单元选择器**，负责选择符合当前教学情况的教学单元。这个组件应用了教学和培训的战术规则。③**教学单元应用程序**，负责为学生提供教学单元，并处理学生的存储答案。④**学生模式更新**，负责处理和更新学生模式。

IDE 解释器具有 3 个不同的知识库：①**知识结构**，其中包括知识元素和教学单元这两种主要类型的节点；②**存储近期学生活动的历史列表**；③**一个知识库**，与学生模式一起运行，以便更好地掌握学生的理解情况，并根据历史列表选择下一个教学单元。

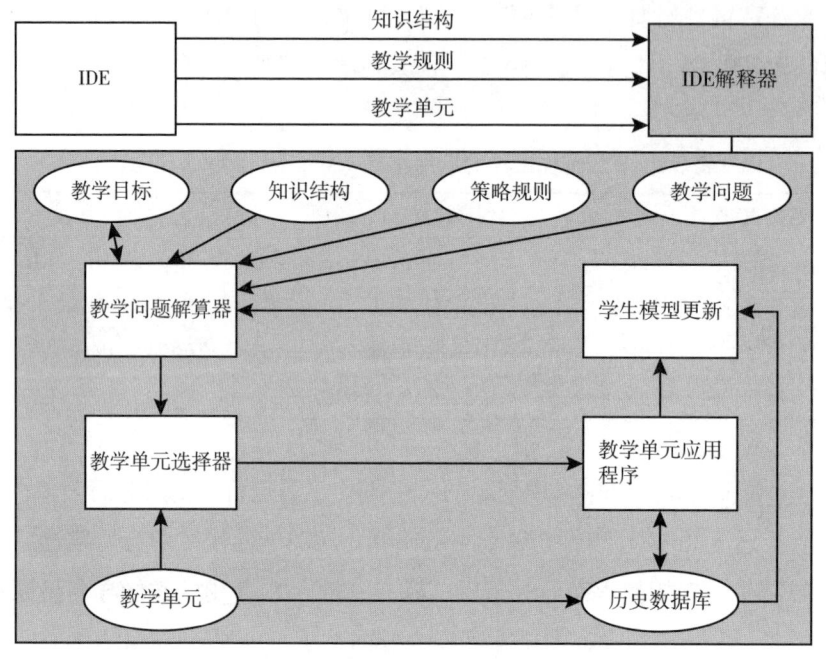

图 3.22　IDE 的架构

作为高级教学设计顾问（AIDA）项目的一部分，**教学设计咨询的指导方法系统**（Guided Approach to Instructional Design Advising，GAIDA）提供了一个在线的、基于案例的方法来发展新手设计者的教学设计专长（Muraida & Spector，1993）。后来，这个工具被市场化为**理解教学设计专业知识的指南**（Guide to Understanding Instructional Design Expertise，GUIDE）。然而，这两个版本在很大程度上是相同的（Spector & Ohradza，2008），它们都以加涅的九大教学事件为基础，而且两者的开发都是为了让学科专家在教学规划、开发和实施方面提供支持。图 3.23 展示了 GAIDA/GUIDE 的运行环境。

GUIDE 的知识库包含两个模块：**课时库**或案例库和**指导模块**。在课程库中，用户可以仔细研究各种交互式课件的例子，这些例子展示了针对各种培训目标的高质量教学和演示技巧。在**指导模块**中，提供了对 9 个教学事件的详细解释，以及示范如何有效地将每个事件合并到一起以创建交互式教学单元。此外，GUIDE 还配备了在线笔记功能，允许用户在与软件进行交互时记录即时的想法和思维。然而，值得注意的是，GUIDE

并不实际创作教学。它的意图是通过引入适用的教学设计实践来支持新手设计者的教学开发。

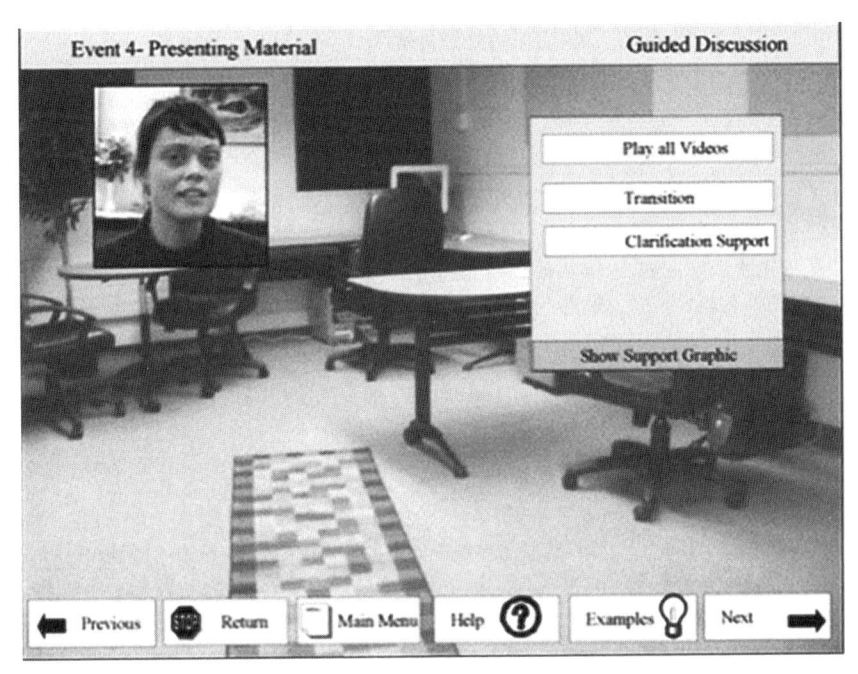

图 3.23 GAIDA/GUIDE 的屏幕截图

由于这一局限性，**实验性高级教学设计顾问**（Experimental Advanced Instructional Design Advisor，XAIDA）应运而生。这个工具比 GUIDE 有着更广的目标追求，除了提供一般性指导，还提供自动化的教学策略。

IDE、GAIDA/GUIDE 和 XAIDA 都使用专家系统技术，为新手教学设计者和学科专家提供空军培训中用到的课件设计、制作和实施方面的教育专业知识（Spector & Song，1995；Wenzel et al., 1998）。斯佩克特、波尔森和穆里达（Spector, Polson, & Muraida, 1993）指出，早在 AIDA 项目中就已经得到确定，一个好的教学方法是先考虑待学习设备的物理特性，后跟上设备如何操作的理论。接下来，才是关于操作程序的学习，并以故障排除方法的习得收尾。相应地，XAIDA 从学科专家那里获取关于设备的知识，然后应用特定的程序来生成交互式维护——培训单元。基于此，XAIDA 结果可分为"四个简易板块"（Hsieh, Halff, & Redfield, 1999）：①设备的物理特性；②操作理论；③操作和维护程序；④故障排除。总之，这 4 个部分使 XAIDA 适宜用于制造工程教育（Hsieh & Hsieh, 2001）。XAIDA 依靠梅里尔的**教学处理理论**与处理外壳一起运作，这意味着，XAIDA 为每个"简易板块"提供了一个特殊的处理外壳，且每个外壳都采用特定的知识结构（表3.10）。

表 3.10　XAIDA 的处理外壳（Hsieh et al., 1999）

处理外壳	知识性质	教学目标	知识呈现	教学方法
物理特征	系统结构、位置以及该系统的其他特征，它的模块和组件	在多种环境中回忆系统特征	基于系统结构的**语义网络**	对系统特征进行结构导向的呈现，使用不同的形式来进行回忆练习
操作理论	变量描述系统行为，它们的可能属性值以及功能关系	从其他的价值知识中推导出一些变量的值	因果推理方案	展示系统行为的突出案例以及需要对系统行为进行推理的练习
程序	程序的步骤、程序的特征以及每一步骤的特征，包括潜在错误和事故	回忆程序的步骤；程序每一步骤的特征，包括潜在的错误和事故……	基于程序步骤的语义网络	分步展示该程序，分步进行回忆练习；错误识别和修正的相关操练；整体回忆练习
故障排除	连续分区用于逐步隔离故障，观察隔离过程	通过限制故障到系统的连续子区域的行动轨迹来隔离故障	辨别网（被称为故障树），以节点为区域，在其分支上进行观察	故障排除练习，根据故障树指示的顺序，将故障逐步添加到练习环境中

语义网络代表物理特征和程序；因果推理方案代表操作理论，故障树代表故障排除。另外，每个处理外壳都提供了一个用于向学生展示知识的浏览器和一个在智能教学系统的指导下促进技能习得的实践环境。例如，程序信息如图 3.24 所示。

在希赛等（Hise et al., 1999 年）的研究中可以找到关于处理外壳及其浏览器的完整描述以及进一步的说明性图片。

从技术上讲，XAIDA 是一个基于网络的系统，由两个教程程序组成。教学开发由一个名为**"开发"**的项目程序支持，其目的是展现与系统或设备的物理特性相关的陈述性和程序性知识。**"开发"**是一个由学科专家使用的知识习得系统，他们必须指定与待规划的学科教学相关的知识和技能。更具体地说，学科专家使用一个"所见即所得"的程序来创建设备描述，使 XAIDA 成为开发课件的有效工具。实际上，设计人员必须将语义网络的节点识别作为部件，并且将关于部件特征的相关信息，如子部件、功能和各部件之间的连接，给识别出来。**"开发"**的输出创建了一个知识库，它精确地描述了特定领域知识的结构，以及用于与学生交互的材料。

与学生的预期交互是在第二个项目程序**"传递"**的帮助下规划的，这个程序会生

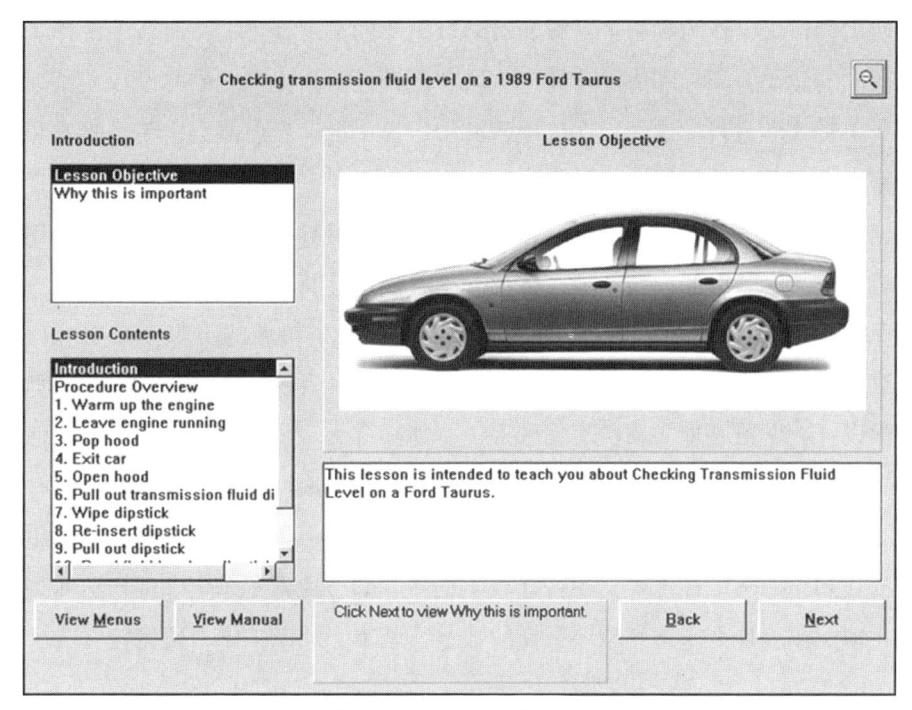

图 3.24　XAIDA 中程序信息的呈现（Hsieh et al., 1999, p.18）

成教学演示和接口界面，用以协调学生和知识库之间的互动。**"传递"** 关注 4 方面的内容：①学科知识的呈现；②与知识实体和结构有关的教学材料；③教学过程；④在 **"开发"** 程序中嵌入的知识习得程序（参见 Hsieh & Hsieh, 2001; Hsieh et al., 1999）。

"开发" 和 **"传递"** 两个程序的主要区别在于不同的需求和功能。**"开发"** 旨在编辑知识库并指定适当的教学材料（名称、描述、资源等），而 **"传递"** 为 XAIDA 的用户提供表 3.10 中列出的处理外壳。所有必要的功能都可通过 XAIDA 的菜单或工具面板进行选择。

现在，我们可以停止对 XAIDA 的描述，因为这个工具已经无法使用了。它的过去很长，但应用历史却很短（Halff et al., 2003），这是令人惋惜的，因为 XAIDA 是少数得到广泛评估的 IST 创作工具之一（Hsieh & Hsieh, 2001; Wenzel et al., 1998）。一般来说，对 ITS 创作系统有效性的研究比较少，这与里夫斯（Reeves, 2006）关于在教学技术领域已发表的研究质量的负面评价是一致的。

根据这些发现，IDE、GAIDA/GUIDE 和 XAIDA 似乎不再被用于教学设计领域。然而，关于 AID 工具使用的有限研究表明，专家和新手教学设计者在如何使用 AID 工具方面存在差异。例如，乌德玛和莫里森（Uduma & Morrison, 2007）观察到，专家设计师大量使用创作工具作为具有丰富教学策略数据库的文字处理器，而新手设计者依靠该工具所获取的建议、指导和协助才能完成所有设计任务。无经验的非设计人员则基本上使用这个工具来学习教学设计。在这项研究中，新手设计者可能会比无经验的非设计人员或专家设计师更能从使用该工具中获益。根据这项研究结果，乌德玛和莫里森认为重复使用创作工具将缩小新手和专家教学设计师之间的差异。另外，在使用自动化教学设计工具之前，无经验的非设计人员应接受关于教学设计问题的培训。

最后，我们必须提到斯堪杜拉（Scandura）对这个领域的贡献。在20世纪70年代，斯堪杜拉开发了**结构性学习理论**（SLT；Scandura，1973，1977，2001），将学科教育、教学设计、学习心理、软件工程和人工智能整合为一个统一连贯的系统。他的理论包括：①一种系统方法，在任意给定的内容领域中取得成功所需的知识——具有任意的精度；②确定个人知识的几种诊断技术；③关于学生如何学习，特别是如何使用高阶知识来获取新知识的确定性说明；④智能教学逻辑，动态地确定每个学生知道什么，不知道什么，他们需要什么来达到精通掌握的地步。基本上，**结构学习理论**包含3个主要组成部分（图3.25）。

根据SLT，必须在结构基础上对内容进行分析，从这里可以得出规则。结构化内容分析的基本步骤是：①选择一个有代表性的问题样本；②确定每个问题的解决规则；③将每个解决规则转换成解决方案是该规则的高阶问题；④确定用于解决新问题的高阶解决规则；⑤从规则组中去除冗余的解决规则；⑥注意步骤③和④实质上与步骤①和②相同，并使用每一组新确定的解决规则迭代地继续该过程。另外，斯堪杜拉假设每个概念、想法或事物只能通过组成部分、类别和操作来定义。

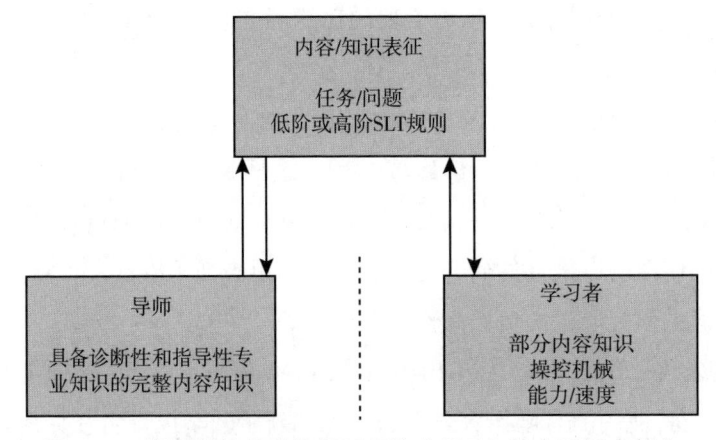

图3.25 斯堪杜拉的结构学习理论（SLT）的主要组成部分

在20世纪90年代中期，斯堪杜拉开始尝试将SLT转移到智能教学系统上。虽然斯堪杜拉的组件看起来与传统ITS的组件相似，但他将ITS的诊断组件视为独一无二的，其功能是将学习者知识的当前状态与期望的目标或专家知识进行比较。最流行的ITS包括创作工具AuthorIT和传递工具TutorIT（www.scandura.com）。

这两种工具都支持定义明确的知识（如初等数学）的开发和传递。AuthorIT包括**自动建造家**（AutoBuilder），这是一种将知识系统地表示为SLT规则的工具，包括程序化的抽象语法树（AST）和它所操作的AST数据结构。TutorIT在AuthorIT中被呈现为一个对话框，教学设计者可用它来定义学习的替代策略和方法。TutorIT像Adobe阅读器一样工作，可自动对演示、诊断和/或指令、生成问题/任务和/或解决方案进行排序，评估学习者的反应并提供高度针对性的反馈和指导。

2005年，斯堪杜拉相信创作ITS是极具突破性的，特别是AuthorIT和TutorIT，但显然地，他误解了这种情况，因为从今天的观点来看，自动化教学设计的想法可以被看作是一种"异想天开"。ITS创作系统的失败有几个原因，其中一个原因是创作工具的应用范围有限，如IDE或XAIDA，尤其是斯堪杜拉的工具，这些工具只适用于简单的数学问题（www.TutorITmath.com）。然而，教学设计创作工具失败的核心在于它声称可以减少开发教学系统的时间和成本。例如，梅里尔的目标是将教学开发的必要工作量从300:1减少到30:1或更少，而斯堪杜拉（Scandura，2005，2011）预估，与传统的教学开发程序相比，创作工具可以节约40%—60%的成本。相比之下，福沙伊和裴斯（Foshay &Preese，2006）在报告中提及，在他们的分析中，创作工具的收益可能接近10%。因此，这些作者不相信从商业角度来创作系统的必要性（另参见Foshay & Preese，2005）。

总　　结

自动化教学设计（AID）的方法构成了"第二代"ID模式。AID工具的核心目的是帮助和指导课件的制作，主要针对负责开发教学系统的学科专家或其他教学设计专业知识不足的人员。专家系统和创作工具之间存在着一个基本区别。

专家系统是基于知识的计算机程序，向用户提供关于教学设计领域的特定知识。教学设计领域中最流行的专家系统是梅里尔的ID Expert[TM]，它使学科专家能够设计教学活动，而不需要他们在教学设计方面进行大量的培训。ID Expert[TM]以**教学处理理论**为基础，它既提供知识或展示技能，也提供练习和为学习者提供指导以实现学

习目标的所有必要条件

除了 ID Expert™，IDE 和 XAIDA/GUIDE 等**创作系统**得到开发，它们专注于如何排序和教授内容。XAIDA 依靠梅里尔的**教学处理理论**，虽然它是少数经过广泛评估的 ITS 创作工具之一，但现在已经不可用了。

基于**结构学习理论**，斯堪杜拉开发了智能教学系统。最流行的 ITS 由创作工具 **AuthorIT** 和传递工具 **TutorIT** 组成。但是，斯堪杜拉的方法可以被认为是 AID 工具的一个异类。

附加问题

问题 3.15：ID Expert™ 的主要组成部分是什么？

问题 3.16：简要说明教学处理理论的组成部分。

问题 3.17：XAIDA 包含哪些处理外壳？

问题 3.18：什么是"所见即所得"程序？请参考 XAIDA 来解释它。

电子绩效支持系统和学习管理系统

咨询系统与旨在控制教学开发过程的 ITS 创作系统相反，咨询系统帮助用户无约束地完成设计任务。除了迪沙泰尔（Duchastel，1990）开发的原型，还存在两种类型的咨询系统：电子绩效支持系统和学习管理系统。

电子绩效支持系统（Electronic performance support systems，EPSS）是以计算机为基础的自我教育环境，在他人最低限度的支持和干预下，提供"软件、指导、建议、数据、工具和评估"（Milheim，1997，p.103）。

学习管理系统（Learning management systems，LMS）是一种软件应用程序，主要用于教学内容的传递、教与学的管理，以及学生与教师之间的交流。因此，LMS 系统特别适用于互联网上或混合/混合课程。

电子绩效支持系统（EPSS）。EPSS 诞生于 20 世纪 90 年代，吸引了教学设计和开发领域的关注（Barker & Banerji，1995；Witt & Wager，1994）。简而言之，电子绩效支持系统为用户提供信息、指导和学习体验。EPSS 通常由 4 个部分组成：①咨询部分；

②信息部分；③培训部分；④用户界面。

在过去，为了支持设计任务，开发了不同的 EPSS，使设计过程通过提供更多的创意时间来实现更创新的解决方案。然而，可用工具的数量和种类带来了高度的复杂性，量与类之间的衔接与协调成了一个重要的、亟待解决的问题。我们用以下两个 EPSS：**设计者边缘**（Designer's Edge™）和**教学天才工作坊**（L'Atelier de Genie Didactique，AGD）来举例阐述，这两个 EPSS 都旨在为以虚拟学习为中心的设计者提供一个计算机化的支持系统。

Designer's Edge™。这个商业电子绩效支持系统是由艾伦通信（Allen Communication）开发的。它的目标是为交互式培训的开发提供支持。Designer's Edge™ 是一个任务驱动的应用程序，它引导用户完成整个教学设计过程，并强调对于技术支持下的培训的分析、设计和评估。它的主要界面设计以我们之前介绍过的概念化的教学设计模式为基础。在这个应用中，教学设计的各步骤是嵌入式的，并且易于导航和操作（图 3.26）。

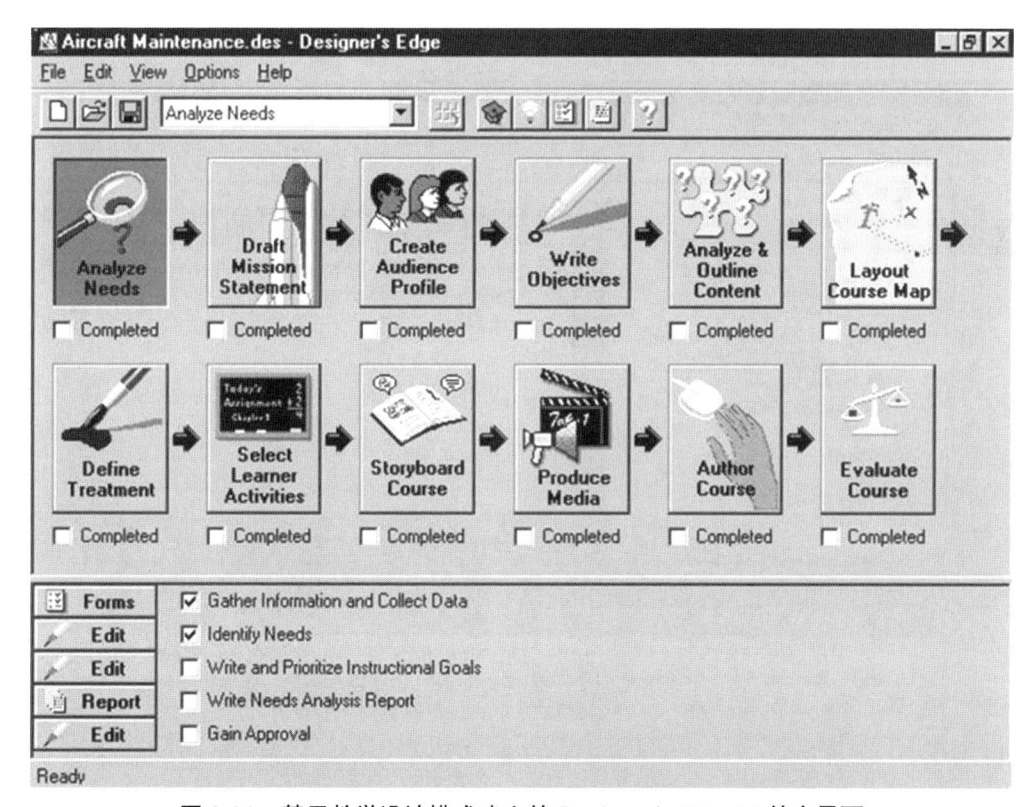

图 3.26 基于教学设计模式建立的 Designer's Edge™ 的主界面

Designer's Edge™有两类目标用户。第一类可能是那些经验丰富的教学设计者，他们熟悉教学系统的创建过程。根据查普曼（Chapman，1995）的研究，Designer's Edge™通过在组织数据、书写报告、构建图板和媒体前期制作等环节提供设计上的一致性，可以提高教学设计专家的工作效率。另一类目标群体则可能包括学科专家和人力资源人员，由于学科内容的专业性，他们会认为自己在设计上没有经验。按照查普曼（Chapman，1994）的观点，当学科专家参与开发的早期阶段，对内容、目标和演示顺序做出决策时，他们可以成为有效的教学设计者。

Designer's Edge™的开发者认为如下的3条标准是提高教学设计软件成功率的关键：①整个教学设计过程必须是可视化的，并利用当前的图形用户界面标准；② EPSS的应用必须能促进教学开发，使其更容易、更快速、更便宜；③应用程序必须能为没有受过教学设计训练的个人提供指导。

图3.27展示了Designer's Edge™是如何支持用户管理目标、内容和教学策略的各个方面的。课程地图是课程设计的"先行组织者"，可帮助用户将设计过程可视化。所有的设计元素都是对象导向的，用户可以轻松移动地图的各部分（Chapman，1994）。

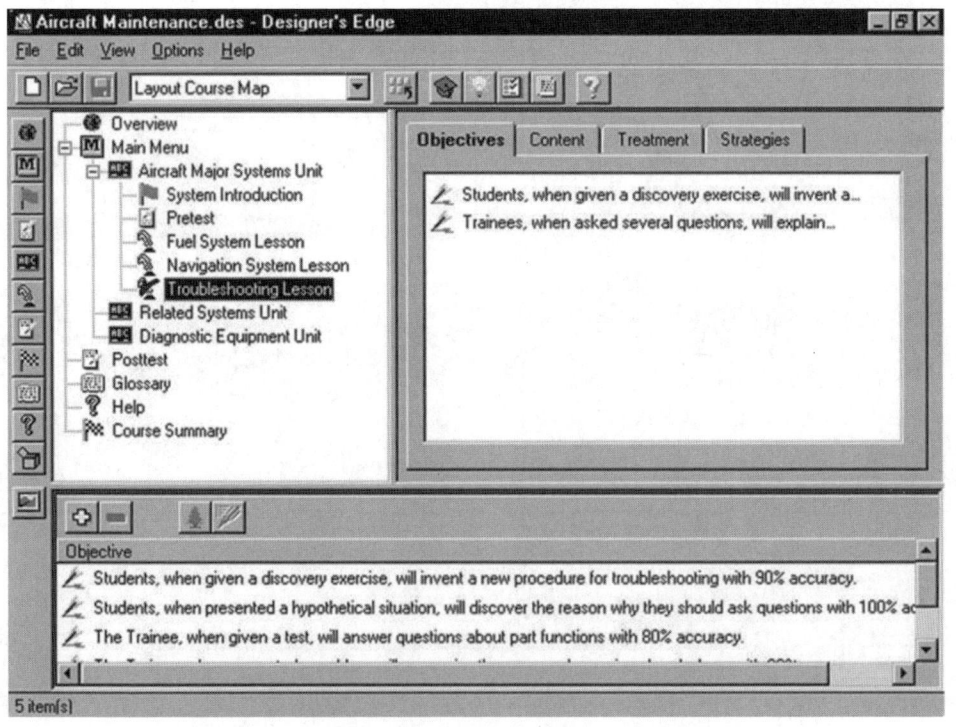

图3.27 Designer's Edge™的课程地图管理界面

Designer's Edge™ 的核心目标在于系统化和加速教学设计。因此，这个应用允许在开发的各个关键点回访数据。例如，在创建故事板时，设计者可以访问课程目标、内容、处理和策略信息，也能够访问所使用的媒体元素信息。

我们不知道 Designer's Edge™ 在市场上有多成功，也不知道任何关于其有效性的系统评估的结果。但是，从教学设计的角度来看，应该指出 Designer's Edge™ 符合传统的教学设计模式，这使教学设计专家们更能上手使用（Chapman，2008）。另一个特点是，这种 EPSS 支持的不是"独行侠"的设计思路，而是促进了协作型的、基于项目的课程开发。

同样，蒙特利尔魁北克电视大学（Télé-université）开发的 L'Atelier de Genie Didactique（AGD）也强调"参与者"之间的协作是在线学习和远程教育教学设计的主要特征。帕克特（Paquette）是 AGD 的创始人，他把学习环境的概念置于**虚拟学习中心**（Virtual Learning Center，VLC）的核心位置，在这样的学习中，不同的参与者将扮演各种不同的角色，并利用各种资源、文件、交流和生产工具（Paquette，2002）（图 3.28）。

AGD 的内部安置着一个信息通信技术（ICT）平台，可以进行自动化的教学设计工作。帕克特和他的同事使用虚拟学习中心的"**探索 @ 实施（Explor@implementation）**"

图 3.28 某个参与者的学习环境中的课程网站和资源（Paquette，2002，p.258）

功能来实现操作（Girard et al., 1999）；这个 EPSS 是一个基于网页的系统，可帮助设计者为远程学习构建一个学习环境。图 3.28 是某个参与者的学习环境中的课程网页和资源的演示。

> ## AGD 的设计方法
>
> 为了有效应对与远程教育课程设计和开发有关的决策，需要考虑涉及远程学习方方面面的教学设计方法。帕克特用"教学工程"这个术语来命名这种方法，它包含了 5 个原则。
>
> 1. 教学工程沿用信息系统的方法取得成功，并与创作工具一起运作，为远程学习系统的设计提供支持。
>
> 2. 它强调基于知识的设计。因此，教学设计方法必须注重知识的启发、加工和传播，以及知识建模方法和工具的使用。
>
> 3. 远程学习系统是多主体系统。因此，教学工程必须定义虚拟学习环境的参与者，以及它们的功能与角色。
>
> 4. 教学设计方法必须考虑远程学习所要使用的多媒体材料。教学工程不再只限于关注多媒体设计，而是将注意力转向如何将多媒体材料整合到整个学习系统当中，并十分重视学习材料的可重用性。
>
> 5. 教学设计方法旨在实现基于项目的学习和问题解决，以促进学习者获得更高层次的技能和能力。

AGD 方法描述了一种被称为虚拟学习中心的**协作设计**环境的开发，通过使用创作工具来支持远程学习系统的设计。它提出的模式将商业硬件集成到单个平台上，其目的是支持虚拟学习中心里的同级参与者的产品设计会议，使之作为一个工作站，令不同的参与者可以同步交流设计概念。因此，功能、美学和人体工程学等关键方面都被考虑在内。基本上，AGD 提供程序性的教学设计信息，指导用户开发远程学习系统（例如，分析培训需求，设计教学结构）。不过，它的用途是有限的。

相比之下，Designer's Edge™ 提供了几个工具来支持教学设计的不同阶段，但与 AGD 不同的是，这一工具包含一个更具一般性的咨询组件（例如，特定情景的在线帮助、向导和教程）。这使 Designer's Edge™ 对于新手设计者更容易上手。

学习和内容管理系统（Learning and Content Managament Systems）。在下一节中，我

们将重点讨论内容管理系统和学习管理系统，它们尤其适用于高等教育领域中要求综合性的、交互性的在线学习环境。**学习管理系统**（LMS）的主要目的是为学生提供在线课程，并为学习进度提供支持，但该系统不适于创建课程内容。

创建课程内容可以在**内容管理系统**（Content Management Systems，CMS）的帮助下完成，该系统提供了一个多用户平台，以支持教学设计者和主题专家开发、管理和传递学习管理系统所明确的各种在线学习场景的内容。通常，内容可以以各种形式呈现，例如文本、图片、视频、音频、动画、仿真模拟等。使用 CMS 的关键优势有两个：①用户不需要掌握编程技能；②用户可以反复使用创建的内容，从而减少开发工作。关于可选的开源 CMS 请参见表 3.11。

表 3.11　开源内容管理系统

品　牌	平　台	数据库	链　接
Aqua CMS	Webserver & PHP	MySQL	http://www.aquacms.net/
b2evolution	Webserver & PHP	MySQL	http://b2evolution.net/
Cyclone3	Webserver & PHP，C，Java	MySQL	http://www.cyclone3.org/
Joomla!	Webserver & PHP	MySQL	http://joomla.org/
PHP-Nuke	Webserver & PHP	MySQL	http://www.phpnuke.org/
TYPO3	Webserver & PHP	MySQL	http://www.typo3.com/
Wordpress	Webserver & PHP	MySQL	http://wordpress.org/

在**学习管理系统**中，内容和信息由教员和教师在数据库中维护和管理。有时，学习管理系统也被称为"学习平台"。它的主要功能是：

- 管理各参与者的资料（作者、设计者、学生、教师）；
- 管理课程数据（内容、期限）和用户（注册）；
- 分配创作工具以支持课程、内容、学习任务的开发和反馈；
- 同步和异步通信工具的应用（聊天室、论坛、消息等）；
- 评估和评价工具的应用。

一些 LMS 还会提供额外的功能，如数据交换接口（例如，SCORM：共享内容对象参考模式）、网络日志、调研、百科、研讨、IMS 内容打包等。此外，通过适当的工具也可以支持教师和学生之间的协作。

由于 LMS 有学生数据的管理功能，许多大学近年倾向于投入大量资金，开发和实施它们自己的学习管理系统。在大量的学习管理系统之中，我们重点关注两个比较流行的：毕博（Blackboard）和魔灯（Moodle）。**毕博**（http://www.blackboard.com/）是一个广泛应用于北美的商业化的学习管理系统，而**魔灯**（http://www.moolde.org/）是一个开源系统，它在许多国家使用，并且支持多语言。**魔灯**使用 Webserver 和 PHP 平台，数据库管理通过 MySQL 实现。表 3.12 展现了魔灯（Moodle）的模块和资源。

表 3.12 魔灯的模块和资源（Williams, 2005）

任 务	功 能
作业	教师可以对学生线上提交的作业进行书面反馈或者评分。
聊天	这个模块允许进行实时同步讨论。
选择题	教员给出有多个选项的问题。
文件	上传文件以便下载（比如文本文档、电子表格、幻灯片、声音、画面或视频）。
论坛	这个模块允许学生和教员进行异步讨论。
术语表	创建并维护定义的术语表。
日志	这个模块让学生可以针对特定主题反思。输入内容可以反复编辑和完善。
标签	这个模块可以让教师在课程的内容区域里添加文本或指示。
课程	内容以一种有趣和灵活的方式传授，包括评分和问题环节。
测验	这个模块可以让教师设计一系列的测验。
Scorm：共享内容对象参考模式	上传和使用的 SCORM 包也作为课程的一部分。
调研	标准化调研以获取学生信息（如 ATTLS、关键事件法、COLLES）。
百科	用简单的标记语言整体编制文档。
研讨	学生之间能够通过多种方式评价彼此的作业

LMS 包含一套**创作工具**，支持学校和学院等教育机构进行在线课程设计和开发。通常，使用所提供的**拖拽工具**不需要计算机编程技能。教学单元、学习任务或术语表等的生成都是通过点击操作实现的，对于特定的对象还可以进行大量的调整。额外的工具如 WYSIWYG 栏目能帮助不熟练的用户生成 HTML 文件。图形和插图也可以轻松地添加或调整到特定的学习单元之中。然而，学习管理系统中更高级的课程开发需要对目标群体或目的进行预先、全面的分析（正如各种教学设计模式倡导的）。根据分析结果，可以应用学习管理系统的不同模块。实际上，创作工具使用户能够将图像、电影、动画、模拟和交互式应用程序集成起来，从而生成支持多媒体的学习环境。

按照惯例，在线学习课程的教学设计（例如，按照 ADDIE 的要求）要求设计参与者具备不同领域人员的专业知识，如教学设计专家、学科专家、作者、程序员等。LMS 领域内的创作工具主张生成不需要编程技能的学习环境。其实，创作系统只是一个应用软件，它可以不依靠编程就创建在线课程。因此，根据软件开发的概念可以出不同的创作工具：①基于帧的开发；②基于时间轴的开发；③基于流程图的开发。

Toolbook 系统示例

在**基于帧的创作工具**的帮助下，在线课程的开发是通过在屏幕上编辑单个帧来实现的。文本、图形、视频，以及交互式对象（按钮、输入框）可以通过拖拽来添加。一个成熟的基于帧的创作系统可参考 ToolBook（http://tb.sumtotalsystems.com/index.html）。

这个系统的主体动画实验台不仅允许用户为一个角色创建基本动画序列，还允许用户添加其他元素，如语音标签、双角色动画序列、文本气泡的打开和关闭、书签（用于管理 ToolBook 事件）的插入，以及显示高级角色选项窗口（图 3.29）。

在**基于时间轴的创作系统**中，开发是按照课程的时间顺序进行的。这意味着，信息和交互是根据时间分配到整个项目上。跳转标签和超链接允许时间轴的导航。

Adobe Director 创作系统（http://www.adobe.com/products/director.html）是一个典型的基于时间轴的制作系统。图 3.30 的屏幕截图展示了使用这个工具进行基于时间轴的、计算机支持下的、学习环境的开发界面。

基于流程图的创作系统使用不同的元素，它们在流程图中按照一定顺序排列。这些元素（例如决策、导航、内容、任务）通过图标表示。特定信息（文本、图形、视频）可以分配到图标上。**多媒体课件制作软件**（Authorware）可能是最著名的基于流程图的创作系统（http://www.adobe.com/products/authorware/）。图 3.31 演示了基于流程图的 Authorware 的学习环境开发界面。

学习管理系统和内容管理系统的结合为用户提供了多种可用的工具来创建在线课程。它们很容易管理，也因此在学校、学院和大学里得到了广泛应用。不过，使用它们的前提是用户要对教学设计，以及教学规划的阶段和步骤有着充分的理解。否则，依赖直觉的规划就会发生，从而增加错误和失误的可能性。因此，如果用户（比如高等教育领域）缺乏教学设计的专业知识，我们建议他们将 LMS 与 Designer's Edge™ 结合使用，以纳入必要的教学内容知识。

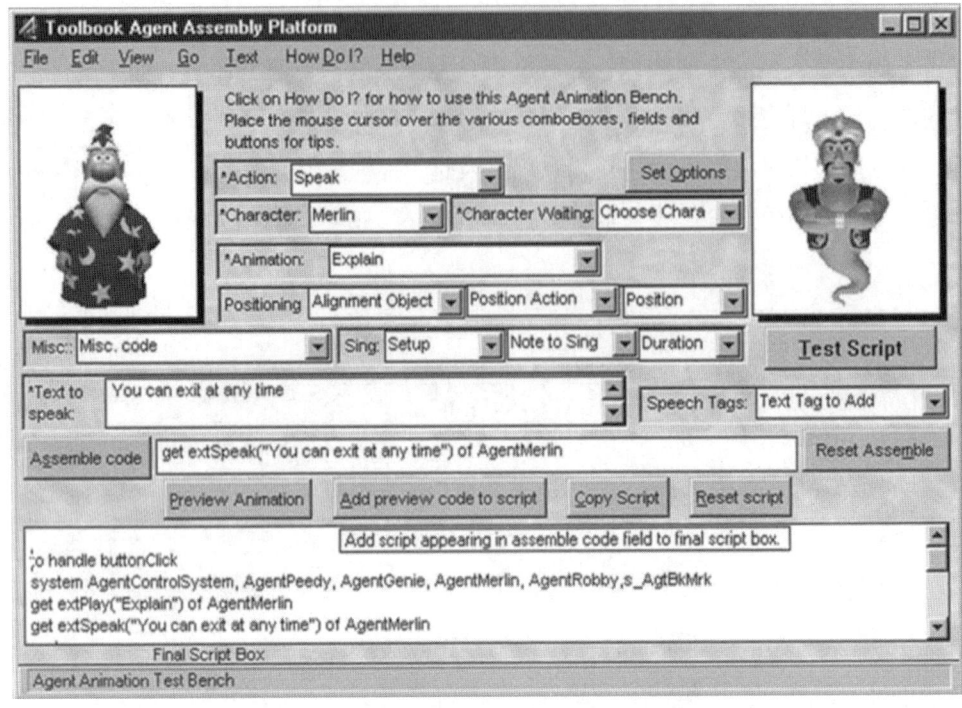

图 3.29　Toolbook 的代理动画工作界面

图 3.30　Adobe Director 的界面截图

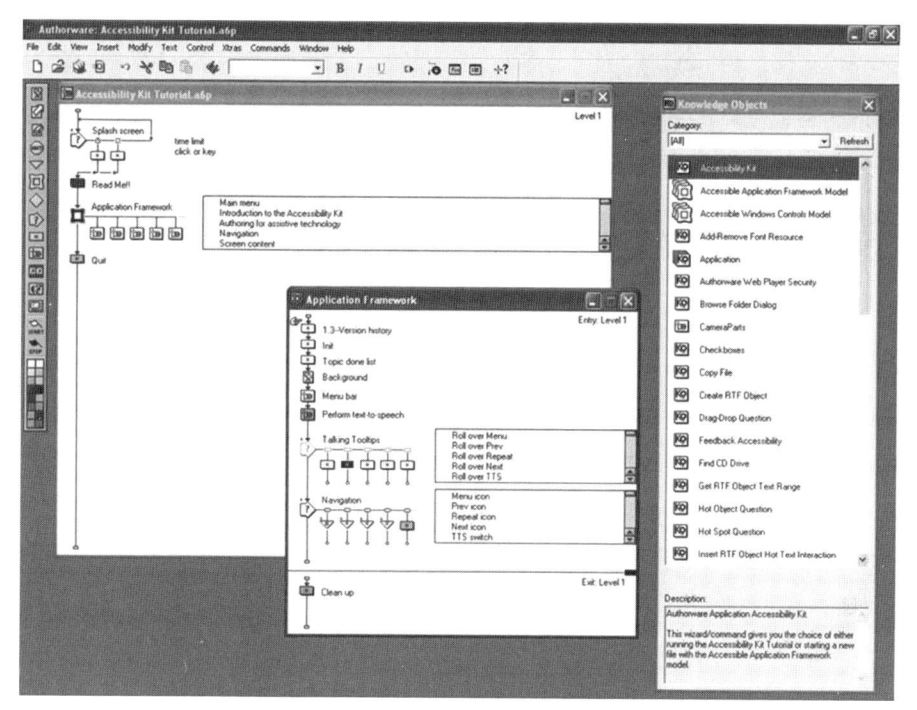

图 3.31　Authorware 的界面截图

总　　结

　　咨询系统，如电子绩效支持系统和学习管理系统，旨在协助用户不受约束地完成设计任务。商业化的**设计者边缘**（Designer's Edge™）和非商业的**教学天才工作坊**（L'Atelier de Genie Didactique，AGD）是两个流行的 EPSS 系统，后者是一个为虚拟学习中心的设计者提供的计算机支持系统。Designer's Edge™ 基于传统的教学设计模式，其导航和使用都很简单。它面向两个目标群体：经验丰富的、熟悉教学系统创建过程的教学设计者，以及在早期开发阶段得到对内容、目标和演示顺序做出决策的支持的学科专家。

　　L'Atelier de Genie Didactique（AGD）有效地处理了与远程学习课程的设计和开发有关的决策问题，并将覆盖远程学习所有范围的教学设计方法考虑在内。然而，它的应用要求比 Designer's Edge™ 苛刻。

　　与 AGD 类似，**内容管理系统**和**学习管理系统**也适用于高等教育领域，特别是在要求设计综合的**在线学习环境**时。学习管理系统包含许多**创作工具**，支持课件的设

> 计和开发。通常，使用系统提供的**拖拽工具**不需要用户掌握计算机编程技能。学习管理系统和内容管理系统结合起来为用户提供了大量工具来创建在线课程。它们易于管理，也因此在学校、学院和大学里得到广泛应用。较流行的学习管理系统有毕博和魔灯。

附加问题

问题3.19：描述教学设计咨询系统如Designer's Edge™和AGD的优缺点。

问题3.20：为什么像毕博或魔灯这样的学习管理系统尤为适用于高等教育领域？

问题3.21：魔灯中包含哪些工具？将它们与Designer's Edge™进行比较。

问题3.22：你认为魔灯可以怎样在你的大学使用？

第四章

基于研究的教学设计

引　言

　　自一开始，教学设计就深受信息技术的强烈影响，因此"**教学技术**"有时可作为"教学设计"的同义词。随着新技术的飞速发展（如计算机、互联网、个人数字助理：PDA），许多教育工作者热情高涨，由此促进了技术增强型学习环境（technology-enhanced learning environments，TELE）的发展。新兴技术和所谓"认知革命"的范式转移向第一代和第二代的教学设计模式发出了挑战，并紧接着向相关的发展和研究也提出了挑战（Wang & Hannafin，2005）。

　　教学设计模式大多是在从事理论研究的专家的圆桌会议上建立的，缺乏对日常使用的适用性的系统评价。因此，教学设计领域发表的研究成果被普遍认为质量不高（Reeves，1997；Stokes，1997）。最近，随着建构主义教学设计方法的出现，这种局面有所改变，因为它们对学习环境设计有效性的实证研究表现出了强烈兴趣。在这些基于研究的方法中，对于教学设计领域来说，基于设计的研究范式在推动设计、研究和实践上显示出了巨大潜力（参见 Seel，2008）。这类教学研究最初起源于布朗（Brown，1992）和柯林斯（Collins，1992）的**设计实验**。它假定发展和研究之间存在协同作用，并有可能弥合理论与实践之间的差距。尤其值得一提的是，布朗（Brown）在 1992 年宣称，课堂与教育研究之间存在动态关系。教学研究人员应该携手参与者一起组织和管理自己的调研工作，即教学事件的设计和实施要贯穿迭代评估和优化设计的精细加工过程，从而推进理论与实践的发展。在理想情况下，设计实验需要研究人员积极参与学习和教学过程，目的在于融合教育实践中的"发现、探索、确认和传播的科学过程"（Kelly，2003，p.3）。我们认为，布朗（1992）发起的这种设计实验为基于研究的教学设计提供了一种合适的启发式方法（参见 Wang & Hannafin，2005）。

基于研究的教学设计的启发式方法

设计实验建立在学习理论基础上，因而也有助于增强学习理论。这是设计实验的根本目标。除此之外，设计实验旨在改进教育实践。从这点上看，设计实验可当作一种干预研究。它运用信息和通信技术，致力于持续改进教育实践。因此，教学的可行性和传播性是设计实验中至关重要的组成部分。成功传播的一个典型例子是"贾斯珀·伍德伯里（Jasper Woodbury）"项目及后续项目"星际遗产（STAR-Legacy）"。这两个项目曾在20世纪90年代广泛应用于学校（Pellegrino & Brophy，2008）。

显然，教学干预是设计实验的中心。布朗把这种干预称之为"**工程化设计和运行工作环境（以下简称设计工作环境）**"。这与"**设计学习环境**"异曲同工。学习理论、设计工作环境和教育实践领域中的传播性这三者之间的关系如图4.1所示。

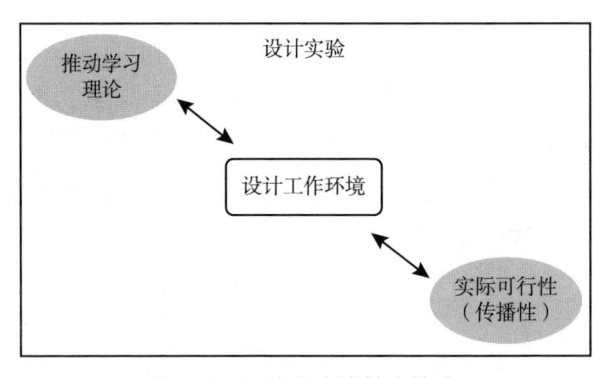

图 4.1 设计实验的基本构成

如果缺失了前提和结果，工作（或学习）环境的设计就不可能完成。因此，布朗在设计实验中加入了更多的成分和变量。

设计实验的体系结构

除了图4.1所示的构成，布朗（1992）还区分了输入和输出变量。与课堂教学挂钩，她将课堂风气、师生作为研究者、课程、技术等因素作为**输入变量**。这表明，布朗的设计实验概念最初来自课堂研究。关注课堂风气（如课堂上的社会情绪氛围）和课程成就了课堂导向的设计实验。然而，我们认为设计实验的概念可以渗透到教育的各个领域。显然，除了决定学习内容的课程因素，学习者特征必须被列为一个重要的输入变量。除此之外，我们还要详细评估学生的已有知识、学习风格、读写能力、学习动机等，以便根据学习者的需求调整工作/学习环境。设计实验中的评估必须精准，即在参与者接受的情况下，评估要具体、可测量、实事求是和及时（Doran，1981），以便获得关于学习者具体特征的必要信息。有趣的是，布朗强调信息技术是一个重要的输入变量，这使设计实验涉及了技术增强学习环境（TELE）的概念。最后，她重新定义了教师和学生的角色。两者都不再只是实验处理的接受者，而是行动研究意义上的活跃参与者和行动主体。

行动研究

卢因（Lewin）在20世纪40年代（1946年）创造了"**行动研究**"一词。当时，他将这一策略描述为"螺旋式步骤，每一步都由计划、行动和对行动结果的事实调查等一系列步骤组成"（p.38）。基本上，行动研究指的是一个循序渐进的解决问题的反思过程，由个人在团队中与他人合作，或作为"实践社区"的一部分，以改进他们解决问题和解决问题的方式。其实践可以被描述为对社会管理或社会工程的研究。但是，麦克塔格特（McTaggart，1996）认为，把遵循"行动研究"的步骤看成是"行动研究"的观点是错误的，因为行动研究原本用来阐述社会调查问题。秉承卢因（Lewin，1946）最初的行动研究理念，布朗将真实课堂中这种解释性实践与传统实验研究进行了对比。螺旋的概念可能是一种有效的教学设计——但很容易将其作为实践研究的模板（McTaggart，1996，p.249）。

说到**输出**变量，布朗（Brown，1992）指的是对学习者、教师和客户"测量该测的东西"和"问责"。"测量**该测的东西**"意味着关注解决问题、批判性思维和反思性学习。也许这种说法有点不可思议，因为大多数教育工作者似乎都认可问题解决和批判性思维是最关键、最重要的学习目标。然而，一项关于TELEs成效研究的分析表明，研究者常常会根据技术—接受模式简单地衡量学生的态度，并关注学生对多媒体教学的满意度。关于这点，大家可参考"贾斯珀·伍德伯里（Jasper Woodbury）"的研究（CTGV，1997；Pellegrino，2004）和基于目标的场景研究（Schank，1993/94）。

基于信息和通信技术的学习实际上与反思性思维和探究性思维有关。这些技能对学生提出了很高的认知和元认知要求，他们必须通过完成学习任务来提出假设和验证假设。然而，当我们回顾在线学习领域的研究时，我们经常发现由于缺乏效度和信度标准，这些研究的评估质量极其低下。事实上，在态度评估方面，我们可以在教学科学和多媒体学习领域找到大量研究成果，它们有的采用了定性方法，有的只用了简单的问卷调查。在许多情况下，这些评估采用了非正式测试和评估程序，没有任何信度和效度上的控制。因此，正如安尼迪斯（Ioannidis，2005）所说，大多数公开发表的教学研究结果都是错误或不充分的。虽然"测量该测的东西"可能是一项复杂的工作，但投入时间和精力来开发和验证适合评估学习成果的工具是值得的。因为测量和评估的质量决定了研究的质量及其对理论和实践的促进作用（Pellegrino, Chudowsky, & Glaser, 2001）。心智模式的教学研究表明，心智模式和习得性进步的评估可以建立在理论和方法论的基础上，如通过因果关系图（Al-Diban, 2008; Seel et al., 2000）、基于证据的方法，如"灵活的信念网络"（Shute & zapata-rivera, 2008）或"SMD 技术"（这个技术代表了将专家模式考虑在内的智力模式的表层、联系和深层结构）（Ifenthaler, 2006, 2008）。

总之，设计实验的主要构成如图 4.2 所示。尽管它包含了"推动学习理论"这个组成部分，但设计实验的总体结构却与 ADDIE 框架相吻合。

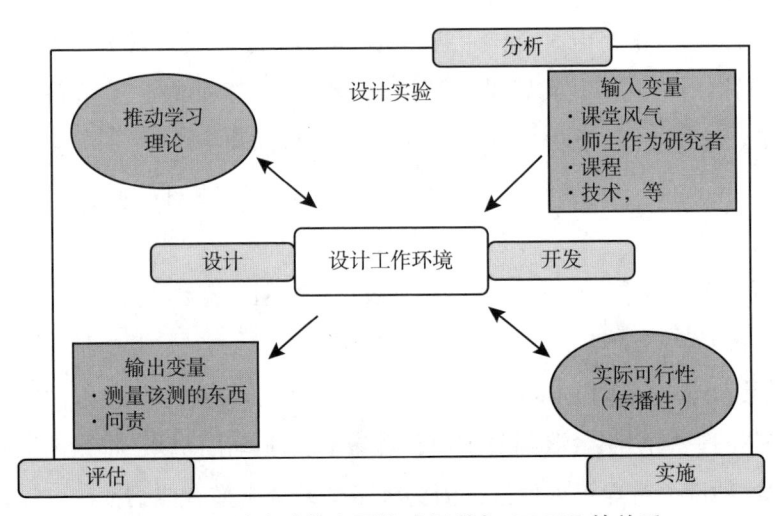

图 4.2 设计实验的主要构成及其与 ADDIE 的关系

在我们看来，设计实验中最重要的问题是：设计工作或学习环境时，可以依据哪个或哪些学习理论？

要回答这个问题并不容易，因为直到今天，还没有任何一个标准学习理论可以始终如一地作为设计操作的基础。相反，不同的学习理论符合工作/学习环境的不同组成和结构。例如，"贾斯珀历险记"（Cognition and Technology Group of Vanderbilt, CTGV, 1997）的学习环境基于"人如何学习"的一些重要原则，这些原则已经转化为"抛锚式教学"的原则（Pellegrino，2004；Pellegrino & Brophy，2008）。尚克（Schank）"基于目标的场景"（1993/94）及其教学设计建立在脚本理论和案例推理的基础之上。第三种综合方法适应了（心理）模式的持续发展和修订，因此被称为"基于模式的学习和教学"（Seel，2004）。有些研究团队基于模式的学习的认知理论，已在探究相关的教学方法（如 Lesh & Doerr，2003；Penner，2001）。与此密切相关的还有科洛德纳（Kolodner）和其他研究者的基于设计的学习（Kafai & Ching，2004；Kolodner et al.，2004）。基于上述，皮尔纳-德玛（Pirnay-Dummer，2008）根据理论在设计实验中的应用情况，总结了3种理论与设计的关系：①"封闭式设计"，即一个设计的方方面面完全遵循理论原则；②"封闭式理论"，即理论的假设完全是在设计中提出的，亦即理论在应用中得到完全展现；③"理论与设计交叉"，即设计和应用只是在理论中得到了一定程度的体现。皮尔纳-德玛认为，在传统的学习和教学研究中，第三种情况是最常见的，而典型的基于设计的研究可能遵循第二种情况。王和汉纳芬（Wang & Hannafin，2005）总结了这类研究的特点，如表 4.1 所示。

表 4.1 基于设计的研究的特点

特　点	解　释
务实	基于设计的研究提炼理论和实践。 理论的价值取决于其理论原则在何种程度上指导和改进了实践。
有理有据	设计以理论为驱动，以相关研究、理论和实践为基础。 设计在真实环境下进行，设计过程嵌入并通过基于设计的研究进行。
互动、迭代、灵活	设计人员参与设计过程，并与参与者一起工作。 整个过程是分析、设计、实施和重新设计的迭代循环。 由于初始计划通常不会很详细，因而设计人员可以在深思熟虑后进行必要的修改。
综合性	采用混合研究方法，以便使研究的信度最大化。 随着新需求和新问题的出现以及研究重点的不断发展，不同阶段的方法各不相同。 坚定不移地保持研究的严谨性，并力求每个发展阶段合情合理
情境性	研究过程、研究结果和最初计划的变化都有记录。 研究结果与设计过程和设计环境相关。 生成性设计原则的内容和深度各不相同。 应用生成性设计原则时提供必要指导

布朗的设计实验概念在"**培养学习者社区（Fostering a Community of Learners，FCL）**"项目中得到了实施，旨在培养发现和探索式学习（Brown & Campione，1994）。在这个项目中，"工作环境"的设计方式是让学生针对选定问题进行小组合作，问题主要围绕

生物学和生态学的内容。为了让学生成为研究人员，项目采用了一个研究循环圈：先围绕所提供的材料展开系列学习活动，以便建立一个共享的知识库。然后，将学生分成不同的研究小组，关注特定问题。教师的工作就在于协调团体活动，并以提示的方式提供帮助。学生的研究活动基于**交互教学**的方法，包括文本的指导创作、来自课堂外学科专家的咨询，以及导师的协助。在研究循环结束时，公布每个小组的工作成果。

其他设计实验的（如 Collins，Joseph，& Bielaczyc，2004）研究结果表明，设计实验与指导性发现学习的教育理念存在异曲同工之妙。"实验"一词指的是学习者的具体实验，而不是研究方法。

设计工作或学习环境

在本章中，我们会依据设计实验的"哲学"描述学习环境的"工程化"实例。这个例子源于 DRU 合作研究项目"利用交互式自适应模拟来理解结构管理专业知识的心理模式"（NSF-Award No SES-0624110：Seel，2009）。它实现了面向模式的学习和教学（MOL）的核心假设，并且应用了西尔（Seel，1991）的心智模式理论。此外，它还建立在建构主义的基本假设之上。亚伯拉罕森和维伦斯基（Abrahamson & Wilensky，2007）利用"行动中理解"和"设计实验"的概念创建了一个"为学习而设计"的框架（图 4.3）。

建构主义

建构主义指的是认识论的世界观，认为世界是通过被称为内部（或心理）模式的人工产品而内在创造的。佩帕特和阿雷尔（Papert & Harel，1991）认为，人是在与人工产品的交互中进行学习的。也就是说，他们首先通过创建产品来认识世界，然后在体验的过程中了解它们是如何运作的，最后对它们进行修正。换言之，基于学习的知识建构是通过构建心智模式和建立人与人之间的共同理解来实现的。因此，产品和理解是人类知识的两个维度，产品和理解发展时，人类知识就会发展。奥斯特瓦尔德（Ostwald，1996）将此过程描述为知识建构的螺旋模式（图 4.4）。建构主义学习是随着产品和理解的共同发展而发生的。这也意味着学习者可以通过创造性体验和交流得出自己的结论。由此，向学生讲授的教学形式就变成了协助学生理解和协助他们帮助其他学生一起理解的形式。这时的教学目标就变成了指导学生达到自己的目标。

第四章 基于研究的教学设计

> 奥斯特瓦尔德的知识结构模式不仅符合心智模式理论（Johnson-Laird，1983；Seel，1991），也契合了具有建构主义教学特色的"行动中理解"的概念。此外，它也跟吉布森（Gibson，1977）互动主义结构中的"可供性"理念吻合。根据这一构念，学习者关注环境中的可用信息来完成学习任务（Greeno，1994）。

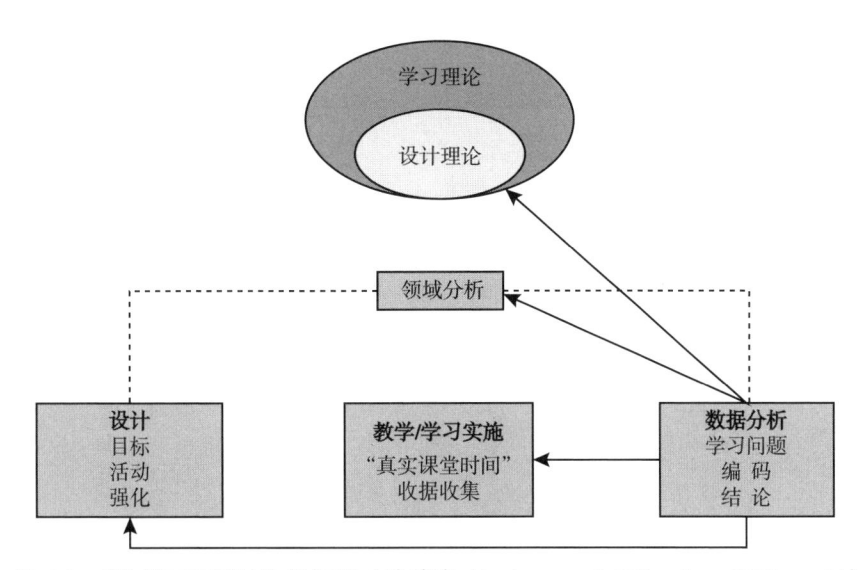

图 4.3 "为学习而设计"的框架（改编自 Abrahamson & Wilensky，2007，p.24）

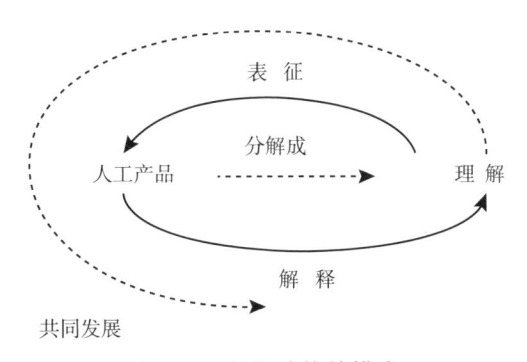

图 4.4 知识建构的模式

正如布朗（Brown，1992）所论证的一样，包含在学习理论中的设计理论被应用于领域分析。学习理论指导着学习工具的迭代设计和开发，以便在体验中理解产品。框架内包含了参与学生进行的一系列实证研究。因此，可以收集和分析与学习问题有关的数

105

据，并将其嵌入到设计活动中。

尽管亚伯拉罕森和维伦斯基（Abrahamson & Wilensky，2007）并没有提到心智模式理论，但他们的"**学习即（寻求）协调**（learning as reconciliation）"的理念在一定程度上与基于模式的学习一致。实际上，当学习者试图在一些设计活动中调和一种现象的两种相互矛盾的解释时，作为协调的学习就会在建构中发生。有趣的是，亚伯拉罕森和维伦斯基引用了胡维尔（Whewell）的观点。胡维尔在 1837 年提出，学习是学生个体通过话语形成直觉，最终形成形式主义的过程。秉承佩帕特（Papert，1996）关于数学教育的建构主义理念，亚伯拉罕森和维伦斯基明确指出了数学教育中构建"为学习而设计"的框架的几个原则。

创建"为学习而设计"的研究框架的标准

秉承建构主义教学的理念，学习环境需要满足一套标准。具体来说，在数学教育中，学习环境应该符合以下 6 条标准。

1. 充分利用学生关于目标概念的原始数学直觉；

2. 引出学生有关情境问题的整体策略、启发式、感性判断、经验智慧、词汇，以及已有数学理解，以详细说明目标概念（当前探究现象）；

3. 给学生准备材料和活动，让学生关注材料的属性并使用材料，促使学生对其直觉策略的孤立元素进行具体化和反思；

4. 通过呈现一些场景挑战学生策略，这时策略中孤立的元素看起来会不相容（即使它们实际上是互补的——学生最初还没有概念框架来解释表面的不相容，因此，他们就误以为是不对的，尽管脑海中一直觉得他们最初的直觉是对的，无法明说却又挥之不去）；

5. 使学生认识到孤立策略要素的互补性，并以新的数学理解的形式，从定性的角度清楚地表达出来；

6. 培养学生利用规范性符号铭文作为解决问题工具的能力，以保证、扩展和维持最初的直觉信念（Abrahamson & Wilensky，2007，p.27）。

这些原则已经在中学的概率和统计课中的 ProbLab 实验单元里成功实现（http://ccl.northwestern.edu/curriculum/ProbLab/；参考 Abrahamson & Wilensky，2002，2005）

设计工作（或学习）环境是设计实验的关键所在。布朗（Brown，1992）认为，工作环境实现了学习理论的应用，每个学习环境经过实证检验后有助于巩固学习理论。就 DRU 合作研究项目而言，基于模式的学习和推理是环境设计的基础，其中还包括一个模拟程序和其他组成部分。跟亚伯拉罕森和维伦斯基的 ProbLab 一样，工作环境被设计为了一个综合环境。

综合学习环境是特定技术、主题、学习者特征和一些指导性教学原则的集中体现（Cannon-Bowers & Bowers，2008）。在许多情况下，综合学习环境将计算机模拟作为核心构成，并作为基于模拟的训练提供基础。

基于模拟的训练

基于模拟的训练是一种教学方法，旨在尽可能真实地再现现实生活情境。学生分析数据、做出决策，解决情境中的固有问题。随着模拟的进行，学生研究决策和后续行动的结果，并预测未来的问题/解决方案，以此应对情境变化。

一个精心设计的模拟简化了现实世界系统，同时又提高了对系统复杂性的认识。学生可以参与到简化的系统中去，并研究现实世界系统的运作方式，而不必花费几天、几周甚至几年的时间到现实世界中经历这些体验。

在教学情境中，模拟是综合学习环境的重要组成部分，然而，它包含了很多不可拆分的组件，它们必须彼此配合才能确保模拟的有效和成功。根据卡农-鲍尔斯和鲍尔斯（Cannon-Bowers & Bowers，2008）的观点，综合学习环境的开发方式数不胜数，过程中必须考虑到很多变量。综合学习环境的设计实际上对教学设计提出了很高的要求。卡农-鲍尔斯和鲍尔斯关注了一些教学特征，如学习体验的真实性和逼真度、教学情境的案例或场景的设计、协作和社会学习，以及各种动机因素（如目标设定、参与度和强化等）。然而，这些建议仍然相对宽泛，还不足以设计和开发出一个具体的综合学习环境。DRU 研究项目开发的综合学习环境遵循了以下设计原则。

DRU 研究项目的设计原则

- 学生能使用模拟程序进行基于模式的推理和风险决策；
- 学生可以轻松地与学习系统进行实时和自然语言的交互；

- 采用系统的方法诊断学习进度，使其更高效和准确；
- 学生能从诊断环节得到持续反馈，以调整或修正自己的心智模式；
- 学习环境能适应学生的相关特征；
- 在其他构成部分的控制下，系统具有可调整性，可对每个部分进行系统的、受控的更换；
- 系统应该易于使用，不需要掌握高级编程技术或者对整个系统进行变更。

基于这些原则，设计的综合学习环境包含了如图 4.5 所示的构成部分。秉承了模式导向学习的理念，基于模式的推理处于学习环境的中心，关联着模拟程序，以便支持结构管理中的决策制定（参见 Watkins & Mukherjee，2009）。环境的其他组成部分分别为通信界面、学习进度和反馈诊断，以及学习的社会组织。

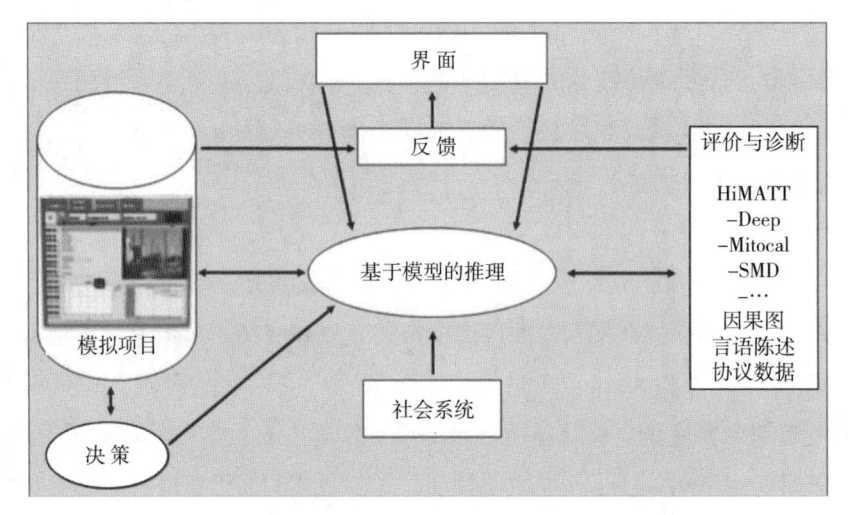

图 4.5 DRU 研究项目中的学习环境的体系结构

界面以对话代理的形式实现。学生们通过常用的即时通信软件（IM）发送即时短信与会话代理进行交流，也可提出或回答问题。界面包含了知识模板，用来存储不同类型的内容，如概念、程序、原则和其他内容（参见 Yacci，1999）。

界面与环境的**反馈**密切相关。反馈可能存在如下差异：反馈的时间（即时和延迟）、复杂任务中关于学习进展的反馈（即时、连续或总结的），以及呈现形式（文本、图片、声音或视频）。研究表明（Seel & Ifenthaler，2009），在基于模拟的训练中，反馈的准确度对学生的学习动机具有深刻影响（Jacobs & Dempsey，1993）。在学习过程中，反馈是否合适取决于其对学习者进步的诊断。

个体学习过程的**评估和诊断**是自适应学习环境设计者面临的一个大问题。在智能辅导系统中，诊断往往采用一种覆盖方法。在这种方法中，学生的知识与特定学科的专家模式相匹配。然而，这种覆盖法的一个主要问题是，专家模式结构松散，没有系统性。而关于基于模式的推理，它可以应用一些评估程序，如协议分析、因果图、概念图等（Seel，1999；Ifenthaler，2008）。

最后，环境必须明确提出可能会嵌入学习的社会系统。在特定情况下，学习环境既适用于个人，也可用于小组学习。

应用综合环境的核心思想是，通过有计划地控制并保留部分构成组件，环境中的每个构成都能被替换。例如，模拟程序可以被另一个程序代替，环境却保持不变。同样，如果推理图式具有可检索性，基于图式的推理就可替换基于模式的推理。风险决策也可被其他领域的应用代替，比如构建一个与"基于设计的学习™（Learning by Design）"类似的模式。更进一步地说，综合环境的界面也可以进行系统性的变更。在严格控制其他构成的情况下，系统地更改单个成分有助于使开发和研究相结合，这正是设计实验的目标所在。

总　　结

由于建构主义方法的兴起，教学设计模式也随之重视学习环境的设计与发展，从而为学习者提供了解决问题和发现学习的机会。为了弥补建构主义设计方法的一些不足之处，可以适当采用设计实验方法。它基于这样一个理念，即学习环境的设计和发展必须以学习理论为基础。学习环境是学习理论的实现，这点跟建构主义一样。秉承设计实验的思想，在设计学习环境时，必须考虑相关的输入变量（如学习条件、信息技术以及课堂风气）和输出变量。设计实验的设计启发式与R2D2模式及ADDIE维度不谋而合。设计实验最重要的优势在于它结合了开发和研究，而这一直以来都是教学设计的薄弱环节。"**培养学习者社区（FCL）**"项目的宗旨是在设计实验中有效地实现探究式学习、**抛锚式教学**、**基于设计的学习**和**面向模式的学习与教学**。

附加问题

问题 4.1：设计实验发展的根本原因是什么？
问题 4.2：设计实验的主要组成部分是什么？
问题 4.3：描述学习理论对设计实验的作用，特别是对学习环境发展的作用。
问题 4.4：借鉴 DRU 合作研究项目，描述设计综合学习环境的原则。

构成主义 / 建构主义教学设计方法

根据建构主义认识论，学习是一个活跃的、与情境相关的建构知识和心智模式的过程。这个过程极具个性化，因此每个个体都会建构自己的知识结构和心智模式。然而，人的内心并非一面白板，而是依赖先前的经历和社会文化的约束。因此，建构主义的基本假设变得易于理解：知识的建构建立在已有知识的基础之上——并不取决于（这些知识）如何被教。个体将来的认识既由已有的经验和解释促成，又受其制约。

建构主义是构成主义的一种发展，它认为世界是通过认知产品内在创造的，若以心智模式来讨论，它使个体能够根据他们一般的"世界知识"进行推论和预测，并允许心理模拟（思维实验）可能的行动将会带来的结果（Johnson-Laird, 1983；Seel, 1991）。构成主义和建构主义方法都认为：教学者 / 教师扮演着中介角色，而非教学角色。

认知学习的教学设计

在 20 世纪 60 年代和 70 年代，关于认知学习和问题解决的教学观念应运而生。其中，艾伯利（Aebli, 1963）、奥苏贝尔（Ausubel, 1968）、布鲁纳（Bruner, 1966）、法纳姆-迪戈蕾（Farnham-Diggory, 1972）是教学科学"认知运动"的领军人物。这些作者明确提到了皮亚杰关于教育和**自由学习环境**的观点，进而又追溯到了蒙特梭利（Montessori, 1912）。根据这些观点，学习者应该能够发展自己的能力和技能，而教学仅仅是策划了学习和解决问题的机会。自那时起，教学设计的多种**认知方法**陆续出现，覆盖范围广泛，比如

- 指导式发现学习（Bruner, 1961）；

- 认知灵活性理论（Spiro et al., 1991）；
- 生成学习与教学（Kourilsky & Wittrock, 1992）；
- 计算机支持的目的性学习环境（Scardamalia et al., 1994）；
- **思维工具**和建构主义学习环境（Jonassen, 1996）；
- 认知学徒制（Collins, Brown, & Newman, 1989）；
- 解释性建构设计模式：ICON（Black & McClintock, 1995）；
- 抛锚式教学（CTGV, 1990; Pellegrino, 2004）；
- 基于目标的学习场景和基于案例的学习（Schank et al., 1993/94）及其他相关理论；
- **基于设计的学习**™（如 Kolodner et al., 2004; Kafai & Chin, 2004）；
- 基于项目的学习（Boud & Feletti, 1997; Thomas et al., 1999）；
- **面向模型的学习与教学**（Gibbons, 2001; Lehrer & Schauble, 2006; Seel, 1991, 2003b）。

在设计和开发教学活动时，通常采用这些方法的折衷。侯尼贝因和西尼科（Honebein & Sink, 2012）认为，**折衷的教学设计**意味着多种学习理论的融合。折衷的教学设计者将学习理论和相关的教学方法视为工具箱。尽管如此，一个特定的学习理论和相关的教学策略可能会在某个特定的课程中占据重要地位，但其他的理论和策略也可能在同一课程中使用。

生成学习和教学

生成学习的目标是"意义建构"（Lee, Lim, & Grabowski, 2008），并注重发展学习者的注意力和动机。原则上，生成学习与图式理论的同化假说相契合：学习是通过在新的信息和长期记忆中的已有知识之间建立联系而发生的。因此，生成学习理论包含以下 4 个认知概念（Wittrock, 1974, 1992）：

1. 当学习者访问储存在长时记忆中的知识结构时，回忆就发生了。通过鼓励学生学习基于先前已获知识的内容可以促进生成学习。

2. 整合指的是将新信息同化到现有的知识结构，这将有助于记忆和回忆知识。

3. 从本质上来说，组织意味着以一种有效的方式将已有知识与新概念联系起来，使它们成为具有填充槽结构的图式的一部分。

4. 精细化涉及认知操作，连接和添加新概念到已有信息。

基于生成学习理论，库里尔斯基和威特洛克（Kourilsky & Wittrock，1992）提出了**生成教学**的概念，指的是通过对学习者的已有知识进行（激活）引导，促成学习者在新内容与已有知识之间建立关系，从而发展生成学习。生成教学的一个中心目标是调整和完善学习者的先入之见。这将通过以下 5 个步骤来完成：

1. 向学习者介绍生成学习的概念，提供一系列指导，比如如何把新内容和自己的已有知识及先入之见联系在一起，如何举例子，如何提出问题抓住核心，并形成总结。

2. 呈现和解释对特定学科/主题的常见错误观念。

3. 这些错误观念和已经学过的概念有关。

4. 要求学习者为自己的错误观念举出例子，并提供正确的例子以帮助学习者替换。

5. 鼓励学习者在学习小组中采用"有声思维"，并识别和纠正小组同伴的错误观念。

生成教学的另一个重要特征是强调小组间的合作学习。库里尔斯基和威特洛克认为，合作学习强调了学习中社会环境的重要性。

与传统的教学设计模式相比，认知建构主义方法更关注教学内容的类型和多样性、学习者、情境，以及期望结果。威特洛克在 20 世纪 70 年代提出的**生成学习和教学**方法就是一个很好的例证。

生成教学很好地诠释了如何从一个关于人类学习的特定理论中推导出教学设计原则。格拉博夫斯基（Grabowski，2004）和汉克（Hanke，2012）描述了生成学习理论对教学设计的一般启示。由于它的出现，生成学习理论已经应用于不同的领域，例如科学教育（如 Osborne & Wittrock，1985）、阅读理解（如 Linden & Wittrock，1981）、数学问题解决（如 Peled & Wittrock，1990），以及数字文本处理（如 Reid & Morrison，2014）。

与仅基于生成学习理论的生成教学相比，其他认知建构主义方法则以折衷的方式使用多种学习理论。例如，**解释性建构设计模式**的建构设计原则（ICON；Black & McClintock，1995）就采用了其他学习理论的观念，如**抛锚式教学**（CTGV，1990）、**认知学徒制**（Collins 等，1989）、**认知灵活性理论**（Spiro et al.，1991），等等。ICON 遵循了 7 个原则：①观察——学生观察真实情境中的真实产品；②**解释性建构**——学生对观察结果进行解释,并为其有效性构建论证;③**语境化**——学生接触各种各样的背景和情境资料来帮助解释和构建论证;④**认知学徒**——学生像教师的学徒一般掌握观察、解释和语境化;⑤**合作**——学生合作完成观察、解释和语境化;⑥**多种解释**——学生接触多种解释从而发展**认知灵活性**;⑦**多种表现**——学生通过看到同一解释的多种表现,从而学会迁移。

以认知建构主义为基础的教学设计方法所占的比重比上面的列表所暗示的要小,再加上只有少数概念在科学进化中**存活**下来,其内容还在不断减少。事实上,大多数内容都只是昙花一现。在教学过程中,除了指导性发现学习称得上是常青树,只有生成教学、基于设计的学习和基于模式的学习和教学在与时俱进,而范德堡大学开发完成的抛锚式教学也获得了巨大成功。

问题解决的教学设计

学习环境可以设计成让学生参与发现和探索性学习的过程这样一种方式,即通过从信息源中提取事实,寻找这些事实之间的异同,从而形成新的概念(参见 Carlson,1991)。根据斯托卢洛(Stolurow,1973)的**互动教学**法,学习环境应该提供发展"反思性思维"的机会并鼓励通过发现培养好奇心和创造力。与自由环境的概念一样,教学干预和指导应该是最小化,以便为自我组织的学习和思考提供广阔的空间。教学的目标是提供机会让学生构建自己解决问题的模式。学习可以作为模式建构和修正的多步骤过程(参见 Penner,2001;Lehrer,2000;Seel,2003b)。

卡尔森(Carlson,1991)认为,教学设计一方面是让学习者参与到一个**探究过程**中,从数据源获取事实,记录事实中的相似点和不同点,最终形成概念。在这个过程中,教学活动是学习的促进者,学生努力为自己寻找问题的解决方案。另一方面,教学程序需要呈现明确定义的概念及其样例。比如先呈现一个设计良好的概念模式,再提出学习任务,以帮助学习者理解和解决问题。为了科学教学,富尔塔克(Furtak,2006)将**探究式教学**(inquiry-oriented teaching)安排在从传统教师导向的教学到开放式科学探究的连续体中(图 4.6)。

图 4.6 探究性教学的连续体(改编自 Furtak,2006,p.454)

传统直导教学 ←指导性探究教学→ 开放式科学探究

我们认为，**认知学徒制**是指导性探究教学的良好例证，而**基于设计的学习**™ 则更符合开放式探究学习。

认知学徒制。一般来说，这种方法的引入归功于柯林斯等人（Collins et al., 1989），它为学习环境的设计提出了一个总体框架（McLellan, 1993）。这种教学模式可以追溯到传统的学徒制，但又融入了学校教育的元素。"认知学徒制是一种教学模式，它能使人的思维清晰可见"（Collins et al., 1991, p.38）。即"在传统的学徒制中，执行任务的过程通常很容易观察到。认知学徒制则需要有意识地把思想引出来，使其清晰可见，无论是在阅读、写作还是问题解决中。教师的思想必须被学生看到，学生的思想也必须被老师可视。这是传统学徒制和认知学徒制之间最关键的区别"（Collins et al., 1991, p.40）。在传统学徒制中，工匠师傅先向徒弟展示如何完成任务，然后帮助学徒完成。同样，在认知学徒制中，教师作为学科专家为学生提供预先设计的概念模式，然后鼓励他们进行解读模仿。此外，这种教学方法详细地规定了学习者在每一个学习步骤中必须做什么才能达到目标。根据柯林斯等人的研究，有效的学习环境具备 4 个维度：**内容**、**方法**、**排序**和**社会性**，这 4 个学习维度可进一步阐述为 18 个特征。

第一个维度包含特定领域知识、启发式策略、控制策略和学习策略。很明显，这里的"内容"不是传统意义上表示学科内容的词汇，而是心理学意义上的术语。因此，领域特有的陈述性知识和启发式知识存在区别。此外，柯林斯等人强调控制和学习策略，旨在提高元认知能力。

第二个维度包含示范、辅导、脚手架的搭建和淡化、清晰表达、反思和探究的**方法**（参见图 4.7）。

1. 示范：专家解释将要学习内容的概念模式。学生要应用这个概念模式来解决问题。

2. 辅导：在这个过程中，教学者对学生进行管理和指导。这里的辅导不同于"指导"（mentoring），因为它关注具体任务。在西尔等人（Seel et al., 2000, 2003）的研究中，辅导是"结果导向的支持协助"。

3. （搭建）脚手架：这个环节讲授问题解决的是特定启发式策略。其中一个启发式策略是将一个复杂问题分解成子问题，并在子问题之间建立类比（Catrambone, 1998）。搭建脚手架的中心目标是促使学生有能力发展和应用他们自己的启发式策略。因此，脚手架要逐渐淡出。

4. 下一个步骤是清晰表达和反思，以培养反思性思维。清晰表达指的是在处理一个问题时大声讲述思考的过程，而反思则是学习者将自己的问题解决程序和专家模式应用的问题解决程序进行对比的过程。柯林斯等人强调，这两种方法都有助于反思思维和学习元认知控制的发展。在课堂上，"复现"程序（Sasse, 1991）似乎可以有效实现清晰表达和反思。这个程序的基础是两个共享特定领域知识的交流伙伴之间进行建设性互动。其中一个扮演教师的角色，向同伴解释一个复杂系统的状态、功能和转变等。

5.探究：在学徒教学的最后阶段，学习者必须解决迁移任务，以便维持新概念和辨别非适应性情境。

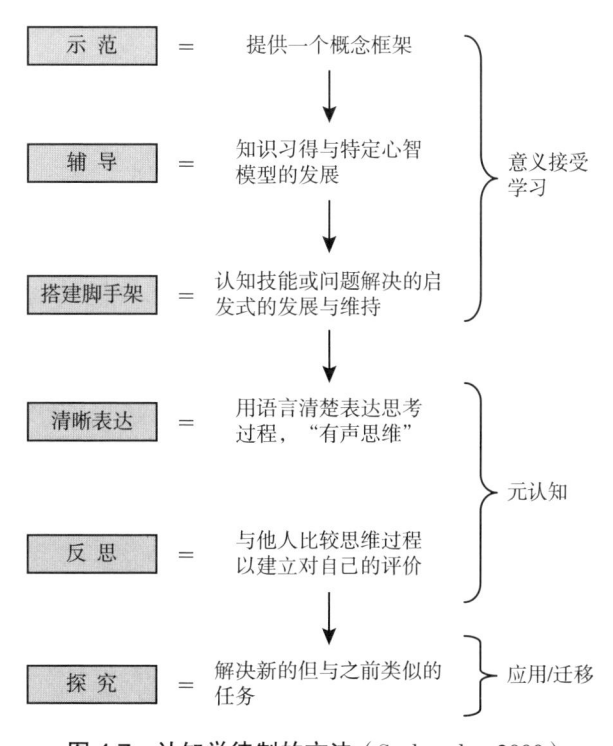

示 范	=	提供一个概念框架	⎫
辅 导	=	知识习得与特定心智模型的发展	⎬ 意义接受学习
搭建脚手架	=	认知技能或问题解决的启发式的发展与维持	⎭
清晰表达	=	用语言清楚表达思考过程，"有声思维"	⎫
反 思	=	与他人比较思维过程以建立对自己的评价	⎬ 元认知 ⎭
探 究	=	解决新的但与之前类似的任务	⎬ 应用/迁移

图 4.7　认知学徒制的方法（Seel et al., 2000）

第三个维度是关于学习任务的顺序，基于复杂性和多样性逐渐递增，以及一般技能训练先于特定技能的原则（图 4.8）。

第四维度是指学习环境的**社会文化语境**，涉及情境学习、专家实践文化、内在动机、合作和竞争等问题

认知学徒制的提出者认为，这些显著特征是教学设计的"基石"。从有效性角度来说，应用和评估可以单独进行。因此，有很多研究（Farmer et al., 1992; Lajoie &

Lesgold，1989；Volet，1991）侧重于部分方法，例如示范和辅导，而耶尔韦莱（Jarvela，1998）研究了课堂上语言交互过程中示范、搭建脚手架和反思的方法。凯西（Casey，1996）和西尔等人（Seel et al.，2000）按照该理论提出的顺序研究了认知学徒制的所有方法。总而言之，研究证明，认知学徒制是指导性探究学习中行之有效的教学策略（参见 Dennen，2008）。

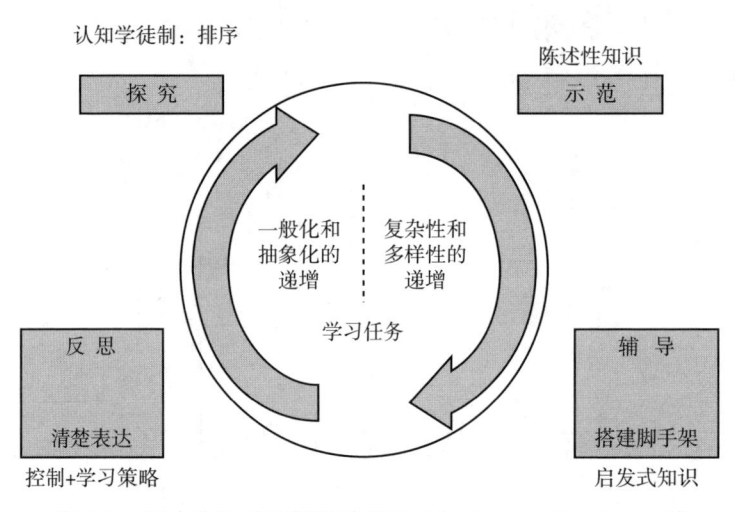

图 4.8 与内容和方法挂钩的排序（Seel et al.，2000，p.14）

基于设计的学习™。基于设计的学习™（Hmelo et al.，2000；Kolodner et al.，2003，2004）是一种中学科学教育中使用的基于项目的探究方法（6—8 年级）。在古斯塔夫森和布拉奇（Gustafson & Brach，2002）看来，基于设计的学习（LBD）是面向课堂的教学设计模式。从认知心理学的角度来看，LBD 建立在案例推理的基础上——或者就如克洛德纳等人（Kolodner et al.，2003）所言：**基于问题的学习与基于案例的推理是相互契合的**。一般来说，基于案例的推理是在过去类似问题的基础上解决新问题。

基于案例的推理虽然被主要认为是计算机推理的一种方法，但也可以成为解决人们日常问题的一种普遍方法。把基于案例的推理融入心理学的做法，可追溯到尚克（Schank，1982）的动态记忆模式。之后，克洛德纳和其他研究者修改了模式，并把它应用到教育领域。案例描述了各种情境，既具体又具有内聚性。它们记录了可能发生的情况，并为用户提供了基于经验的知识。这些知识可用于完成属于同一类案例的新任务。基本上，**案例可视为提供槽填充结构的脚本**，新经验亦可加入其中。从学习的角度来看，有两种方法很好地吻合了基于案例的推理（Kolodner et al.，2003）：基于问题的学习和基于项目的探究学习。

在**基于问题的学习**（problem based learning，PBL）中，学生使用问题案例中的"触发器"来定义学习目标。随后，他们进行自主学习，然后返回小组一起讨论和提炼他们获得的知识。PBL不是简单的问题解决，而是利用过去类似的案例来解决新问题。这个过程非常明确，目前有些研究对此方法做了微调，但也遵循了一系列类似步骤（Wood，2003）。其中，**头脑风暴**是重要步骤，用于讨论一个指定挑战，并基于先前类似案例找出可能的解决方案。接下来，学习者设计和实施调查与探究，以求得到可能需要改进的试探性解决方案。原则上，PBL需要跟他人合作，并一起分享解决问题的所有步骤。针对医学教育，多尔曼等人（Dolmans et al.，1997）列出了PBL案例设计的7个原则（表4.2）。

表4.2 基于问题学习的案例设计原则

原则	内容
已有知识	"确保案例的内容与学生的已有知识相适应，因为这将帮助学生调动他们对案例内容的已知知识。仔细调查学生以前遇到过的课外材料"（p.186）。
在讨论中精细化	"确保一个案例包含多种线索，以刺激讨论并鼓励学生寻找解释。然而，案例中不应该包含太多的线索，不然可能会导致学生的任务'变质'为将相关线索从非相关线索中分离出来……"（p.186）。
相关案例	"呈现的情境案例最好跟将来有关……或者至少展示出了跟未来的联系……"（p.187）。
知识的整合	"在问题中呈现相关的基础科学概念"（p.187）。
自主学习	"确保案例能鼓励学生提出学习问题并进行文献检索。这意味着案例不能过于结构化。如果案例中明确提出了需要进一步解读的问题，或者提供了帮助解决案例问题的参考文献，那么这样的案例并不能促进学生成为成功的自主学习者"（p.187）。
激发课题兴趣	"案例可以有多种可能的解决方案，并促进学生不断探索替代方案，以提高他们对特定课题的兴趣。呈现一个需要进一步解读的现象就可以。此外，把案例与学生对环境的认知结合起来，也会增加他们对课题的兴趣"。
教师目标	"在分析和研究案例时，学生需要了解教师的目标"（p.188）

将PBL引入课堂的做法对教师提出了新挑战：他们需要成为小组学习的协助者，而不是信息的提供者。

基于设计的学习™ 原则

1. 突出技能和实践：针对认知技能的开发，迭代应用程序的循环强调：①阐释

> 和解读自己的问题解决方案；②错误检查；③规划未来的使用；④将解决方案迁移到其他问题。反思思维是其中的一项重要组成。
>
> 2. 练习：在真实的环境中以个人和小组形式有意识地练习针对性技能。
>
> 3. 确立学习动机：向学生提供使用技能和实践，以及合作学习和相互学习的需求与必要性说明。然而，要解决的问题必须足够复杂，以便使用目标技能和促成合作。
>
> 4. 技能的程序化：LBD 的目标是能自动使用程序来解决问题，因此，它强调通过不断重复使用技能来促成技能自动化。
>
> 5. 建立和强化期望：为了建立和维持一种严谨思考和合作的文化，必须明确阐明这种实践的必要性，然后推动和支持反思性实践。
>
> 6. 搭建脚手架：在 LBD 中，许多脚手架工具能有效帮助学生完成设计和调查活动。如设计日记页面（Puntambekar & Kolodner, 1998）可以支持小规模的小组活动，再如 SMILE（支持多用户集成学习环境）也支持小规模的小组合作和成果的共同展示。

图 4.9 显示了 LBD 中的活动循环圈。教师通过引入**挑战**来启动活动的循环。这个挑战通常是一个特定领域的问题，比如"降落伞挑战"（Kolodner, 2002），接下来是**理解**挑战。在这个阶段，教师邀请学生参与头脑风暴，即跟小组成员一起"折腾"材料或仪器，以便产生问题导向的想法和便于解决挑战的问题。然后，学生进入"调研和探究"的循环活动，这个活动涵盖了问题解决的 5 个步骤。也就是说，学生必须澄清要回答的问题，根据他们已知知识提出假设，设计实验来检验假设，然后实施实验、分析结果并向班级展现成果，如海报。

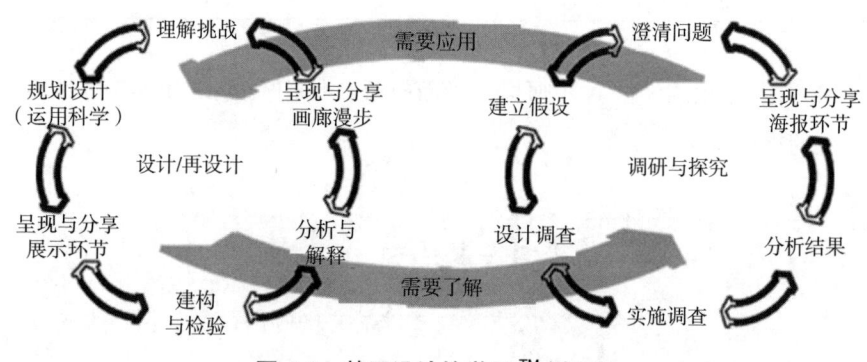

图 4.9 基于设计的学习 ™ 循环圈

在全班一起讨论完每个小组展示的结果后，学生再各自回到小组开始新一轮的"设计/再设计"循环活动。即根据同伴提出的建议和批判意见修改他们的设计计划，然后重新开始建构和测试设计、记录结果，等等。

最后，通过"画廊漫步"呈现小组结果后，学生再回到实验设计环节，根据同伴提出的建议和批评来修改自己的实验设计。接下来再分析，再向全班呈现结果。"画廊漫步"这个活动提供了一个公开调试设计、解释和重新设计的机会。

通过简短描述，我们可以发现课堂上使用 LBD 是一种费时的试错学习法，而且教师必须做好精心规划。因此，克洛德纳及其同事确定了 LBD 成功实施的三大挑战：教师准备、技能学习评估和时间。

基于设计的学习™ 是对创建和测试创新工具和课堂学习环境的一种尝试，学生从中解决问题并思考他们的学习经验（Kolodner et al., 2004）。学习环境的设计原则基于案例推理和基于问题的学习理论。本质上，LBD 的设计原则与合作环境中问题解决的流程一致，这正如数十年的研究所证明的那样。例如，很多研究描述了 LBD 在课堂中的应用情况（如 Kafai & Ching，2004；Kalantzis et al., 2005；Yelland et al., 2006 等）。后来，LBD 方法开始应用到多媒体学习领域（如 Fessakis et al., 2008；Neville, 2010）。需要注意的是，LBD 是一种面向课堂的方法。

面向模型的学习和教学。面向模型的（也称"基于模型的"）**学习和教学**范式（缩写 MOLI）虽然应用时间不长，却有着悠久的历史渊源（参见概述：Seel, 2014）。因此，认识论基础不同，它们的教学实施方法也随之不同。

传统上，面向模型的学习在数学、物理和地理教育领域中扮演着重要的角色（参见 Hodgson, 1995；Lesh & Doerr, 2000；Penner, 2001）。对应的教学概念在很大程度上遵循了功能和实用主义方法论，而基于心智模式理论的概念则采用了建构主义的教学设计观（参见 Seel, 1991, 2003b）。然而，两种方法的基本假设是一样的，即模型是由外部环境的重要属性构成的，例如教学环境及学生与设计良好的学习环境之间交互作用（Norman, 1983；Lehrer & Schauble, 2010）。

从教育的角度来看，这里的关键问题是：**如何通过教学提高面向模型的学习？**——按照富尔塔克（Furtak, 2006）的探究式教学连续体（图 4.6），面向模型的学习和教学存在 3 种范式（Seel et al., 2000）：

1. 传统直导教学领域内的意义接受学习；
2. 指导性发现学习；

3. 自主探究学习。

以课堂为中心的、面向模型的学习方法往往更倾向于传统的直导教学。比如，莱勒和朔伊布勒（Lehrer & Schauble，2010）认为，在教室里进行建模不仅对学生提出了高要求，对教师也是一种挑战："如果没有教师的帮助，学生可能无法维持连接问题、材料和/或观察时间表的开发、数据收集方案和活动、数据结构和表征，以及结论的推理链。除非教师提供适当的媒体表征，否则未必会进行批判、评估和修订。"（Lehrer & Schauble，2010，p.18）因此，教师必须构建一个适合建模的学习环境，更重要的是，他们必须指导和支持建模过程。

尽管认识论基础千差万别，基于心智模型理论的 MOLI 概念一致认为，学习环境的设计在于激发一种基于自由探索和发明的发现学习形式，但在课堂上，学习环境经过教师精心准备和良好设计，反而不同程度地限制了学生的学习过程。梅耶（Mayer，1989）指出，"接受模型教学的学生更有可能针对他们正在学习的系统建构起心智模型，并使用这些模型来产生创造性解决方案以解决问题"（p.47）。因此，许多研究都侧重教学过程中学生对所提供的概念模式的内化过程。数百项研究表明，无论是在学习前，还是在学习过程中，向学生提供模式相关的信息都非常有效，而且可以高效地帮助他们建构适当的模型来增强理解（参见概述：Seel，2014）。

显然，如果要在课堂上使用 MOLI，课程需要腾出大量时间让学生学习和解决问题。建模不应该简单地作为课程的附加活动，而是作为一项对授课进行的根本性改革，即课堂的重心应转变为让学生通过分析、实验和模拟的过程建构内容知识。这一观点与许多研究人员的观点不谋而合，他们强调学生的模型建构活动在数学、物理学、生物学和地理学等学科中开展探究学习的重要作用（Barab et al.，2000；Doerr，1996；Krell & Krüger，2015；Krell et al.，2012，2015；Lesh & Doerr，2000；Penner，2001b；Raia，2005）。

关于 MOLI，斯图尔特等人（Stewart et al.，1992）区分了问题解决中模型使用（model-using）和模型修正（model-revising）的两种形式。**模型使用的问题解决**方法是将一个众所周知的模型和策略应用于一系列可通过已有知识解决的问题。这与上文所述的基于图式的问题解决方法一致。**模型修正的问题解决**则需要创建一个新的模型，但修改和修订必须循序渐进，直至其符合既定问题为止。在心智模型理论中，这种问题解决的过程与"充实"（Johnson-Laird，1983）和"反证法"（Seel，1991）的基本机制一致。巴克利（Buckley，2012）描述了**模型形成和修订**的过程（图4.10）。

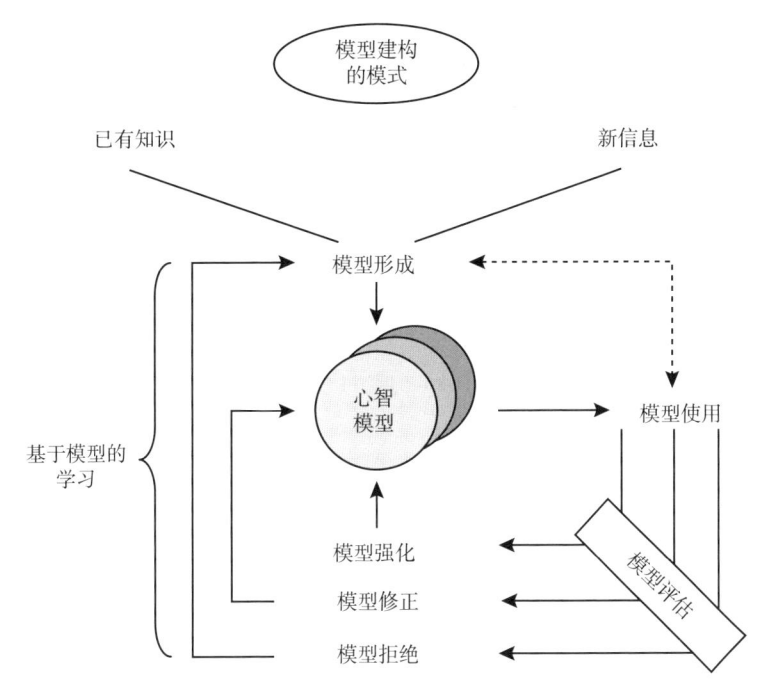

图 4.10　基于模式的学习（改编自 Buckley，2012，p.2300）

心智模型产生于一些任务对系统或情境的多个方面／或多个层面的集成需求。在模型形成中，关于某一实例的已有知识和新信息都会整合到情境的心智模型之中。当心智模型被用来完成任务时，它在执行任务时的效用就会得到评估。如果认为心智模型是有用的，它就会得到加强，并可能在反复使用中成为常规。如果认为心智模型被认为是不充分的，它可能会被拒绝，并会选择创建另一个模型，或者对其修改后再进行尝试。修改可能涉及模型的一个元素，或者可能采取精细化的形式——为模型添加元素，以便更好地完成任务。元素也可以是动态系统。理想情况下，基于模型的学习会产生多种多样、多层次的、相互联系的心智模型，这些模型具有可扩展性，并有助于了解世界（Buckley，2012，p.2300）。

斯图尔特等人（Stewart et al.，1992）认为，模型的形成和修正过程始于**概念冲突**。为了理解某事（例如真实世界的现象），学生根据自己对过去经验的认识建构了"幼稚"概念（原始心智模型）。当他们遇到一个新问题时，他们试图利用他们的幼稚概念去解决问题（参考 Posner et al.，1982）。尝试失败后，他们对这一概念感到不满。这种认知冲突促使他们产生了想出更合适的概念的念头。斯图尔特等人认为，学生应该在"研究小组"中共同努力，以修正他们的原始模型，并解释观察到的异常现象。

建构主义的教学方法认为，问题解决模型的建构和使用与犯错有关。相应地，文萨特（Wimsatt, 1987）认为"如果我们要从失败中学习，一个模型必须具备的主要优点有：模型及其我们用来分析的实验和启发式工具必须按照特定结构，这样我们就可以对错误进行局部定位，并归因到模型的部分、方面、假设或者子构成等。如果做到了这一点，那'渐进工程'就可以通过修改不合格部分来改进模型"（p.30）。在群体中对信息进行的社会性处理不仅有利于产生共享的心智模型，也有利于提高学生的元认知能力（参见 Haycock & Fowlder, 1996；Hinsz, 2004；Thompson & Cohen, 2012）。朴帕维里皮杜等人（Papaevripidou et al., 2014）分析了元认知在建模中的核心作用，如图 4.11 所示。

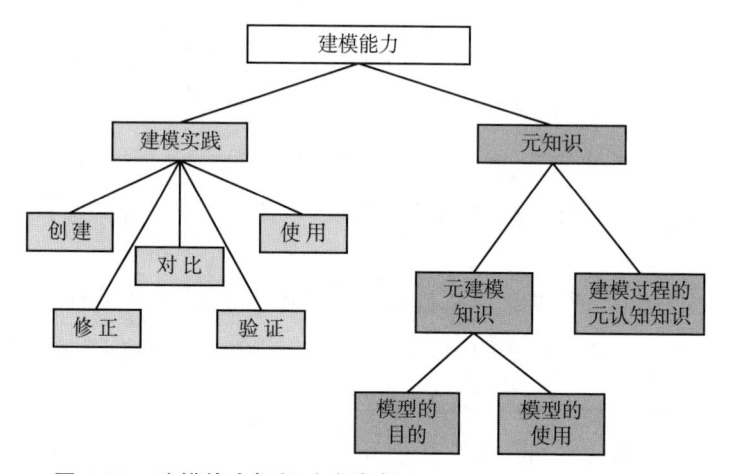

图 4.11　建模能力框架（改编自 Papaevripidou et al., 2014）

正如本文前面所指出的，建构主义方法采用了一种折衷的教学设计方法，而且更注重面向模型的学习的理论基础，而非它的设计。因此，基于模型的探究学习并没有一个独有的、体系完善的教学设计模式。相反地，MOLI 的教学设计，一方面依托于从面向模型的学习理论中衍生出的一般原则；另一方面，由于强调合作解决问题，MOLI 与用户为本的设计和开发方法密切相关。

总　结

学习环境的设计可以遵循这样一种方式，即在问题解决的过程中，学生需要从信息源提取事实，寻找这些事实之间的异同点，从而形成新概念。根据斯托卢洛

（Stolurow，1973）的**互动教学**观，学习环境应该提供培养"反思性思维"的机会以培养好奇心和创造力。这一观点与教学科学中新近发展的认知建构主义方法相呼应，如认知学徒制，基于设计的学习™，以及面向模型的学习和教学（MOLI）。教学的功能是促进学生学习，让学生努力找到自己的问题解决方案。

在**认知学徒制**中，专家提供了一个概念模式来鼓励学习者模仿解释。它详细规定了学习者在学习的每一个过程中为了达到特定目标具体要做的事情。

基于设计的学习™是一种中学科学教育中使用的基于项目的探究方法。这种教学方法结合了基于案例的推理与基于问题的学习。

面向模型的学习和教学（MOLI）以心智模型的发展和修正为前提来解决问题。**模型修改的问题解决**需要建构一个新模型，但修改过程必须循序渐进，直至其符合既定问题为止。

认知学徒制、基于设计的学习™和MOLI都共享一个基本假设，即模型是通过外部环境的重要属性而建构的，如教学环境及学生与设计良好的学习环境之间的交互。

附加问题

问题4.5：描述生成教学的5个步骤，并解释它们如何支持生成学习。

问题4.6：描述认知学徒制的几个维度并着重描述它的方法。

问题4.7：为什么认知学徒制与面向模型的学习和教学相一致？

问题4.8：为了生成基于问题和基于项目的学习环境，基于设计的学习（LBD）包含了哪些教学实践？

问题4.9：根据LBD方法描述环境设计的循环圈。

问题4.10：面向模型的学习和教学有哪些范式？

问题4.11：模型使用和模型修正的问题解决有什么区别？

问题4.12：描述心智模型在模型修正的问题解决方案起到了何种作用。

基于探究的教学和用户为本的设计

教学设计的建构主义方法关注学生通过模型建构和修正来参与项目学习。通常来说，模型的建构和修正会由教师通过示范和搭建脚手架来协助学生完成。值得一提的是，学习环境提供了培育学生反思性思维和发现学习的机会，即先向学生提出需要回答的问题、需要解决的问题或者一系列需要解读的观察结果。

原则上,有两种方法可以激发课堂上的发现学习:教师提出问题,或者学生自己提出。史密斯(Smith,1966)把前者方法称之为**教师探究**,后者称之为教师指导下的**学习者探究**。为了行之有效,两种方法的活动结构都需要经过缜密设计。基本上,教学设计者需要建构一定环境。在这个环境中,通过建模活动和在合作工作中相互挑战,学生能够对自我组织的发现学习负责。由于学生可能会在"自由学习环境"中一无所获,因此如何提供适当的指导和帮助就成了一个重要的教学课题。

面向发现的学习和以模式为中心的教学

在 MOLI 的各种理论方法中(参见 Seel,2014),吉本斯(Gibbons,2001)的"以模式为中心的教学(model-centered instruction)"似乎比较符合发现学习的学习环境设计的一般原则。正如吉本斯(2008)所指出的,以模式为中心的教学(MCI)与西尔(Seel,1991)的心智模型理论相一致。它们的基本假设都是学习者建构心智模式来产生主体可信性,从而回应认知挑战。根据吉本斯的观点,这可以通过设计有效的学习环境得到实现。它促使学生在某种程度上关注与解决特定问题相关的信息。

MCI 的方法以与教学功能相对应的分层设计体系结构的概念为基础(Gibbons & Rogers,2009)。每个**设计层**都含有特征目标、模块化结构、设计过程、设计表达和构造工具,以及指导结构组织的处方性原则。MCI 区分了多个设计层。

MCI 的设计分层

内容层的设计层次应按照模式来组织,从而可以分为 3 种类型:①环境模式;②因果模式;③人类表现模式。教学内容并不是事实、话题或任务的集合,而应该与整个模式有关。

在**战略层**,吉本斯认为应把重心放在解决问题上,其实质是产生一个"工作模式"(Gibbons et al.,1995),这个模式应该在学习过程中进行动态调整。呈现的问题可以是工作样例,也可以是一个学习者将要解决的例子。

控制层包括(做出)安排,旨在最大限度地发挥学习者与模式和教材的互动能力。这个层次应该使学习者的动力、参与度、有效的指导,以及学习者的自我指导和自我评价都达到最大化。

信息层是指从模式的交互、教学策略和控制，以及外部资源中获取的信息源，如支持解决问题的工具。

MCI 的方法对**信息**表征，或者**媒体的使用**和**数据的管理**不存在任何限制性假定——简单地说：什么都可以。

基本上，分层法也适用于单一层与其他层之间的结构对齐，从而达到模块的垂直化，以便提高设计的制造、维护和重复使用性。

根据吉本斯和罗杰斯的说法，教学理论提供原则来指导一个或多个层的设计，但没有理论可为所有层的设计提供指导。因此，教学设计者通常在选择和组织每层中的结构时采用**折衷的方法**。教学设计者可以从任何一层开始设计过程。然而，MCI 将内容层放在首位，其设计包含了 7 个规定性原则（参见 Gibbons，2008）。

MCI 内容层设计的规定性原则

1. 经验

学习者能最大限度地与一个或多个模式进行交互，这可能与环境、系统和/或专家表现有关。复杂系统内的过程模拟应给予特别重视。值得注意的是，模式形式多样，既可以基于计算机，也可以是非计算机形式。

2. 问题解决

与模拟系统或模式的交互应聚焦于用相应模式表征的精心选择的问题的解决方案。解决方案可以由学习者、同伴或外部参与者产生。

3. 改造属性

模式不是世界的副本，相反，它们必然会简化和改变原型。设计者必须把握改造的程度，以便符合学习者的已有知识和目标。

4. 排序

要解决的问题应该按照一个精心设计的顺序排列，可参照示例的解决方案。

5. 目标取向

要解决的问题应该以一种能够达到具体教学目标的方式来安排。

6. 资源充足

学习环境应该包含各种与教学目标和学习者的已有知识相称的信息资源、材料

面向学习的教学设计：理论基础

和工具。

7. 教学增强

学习者在解决问题的过程中，要对其以动态的、具体的、有计划的教学增强形式给予帮助。

由于 MCI 是一套指导教学设计者选择和安排设计结构的原则，所以也可以作为**设计理论**。它"偏爱"源自模式的设计，并将"以模式为中心"作为核心设计特征。

无独有偶，格拉维梅杰等人（Gravemeijer et al., 2000）提出了所谓的**涌现模式**（emergent model），并认为在个体学生的学习中起着核心作用。与数学学习有关，涌现模式的概念涵盖了一些探索法的内容，因为它鼓励学生发展他们自己的模式，但情境由教师设定，以便帮助他们实现预期的学习轨迹。因此，设计者有可能为课堂群体制定一个预期发展路线，让学生首先以非正式的方式为情境建构模式（这被称为**情境模式**），然后将非正式的建模活动"数学化"，从而建构一个数学推理**模式**。教学活动的目的是让学生进行独立而持续的思考。相应地，教学顺序由一些步骤组成，这些步骤应让学生慢慢远离所提供的材料，并通过增加学习任务的复杂性来提高学生思维的复杂性。建模过程被视为建构和修改情境模式的循环过程，以更好地理解情境和改进决策。MCI 与传统教学有所不同，传统教学本质上是演绎性的：以讲解开场，然后提供辅导和帮助。面向模式的学习和教学方法更具归纳性：以呈现具体观察、案例研究或问题的方式提出观点，然后帮助学生发现复杂问题的解决方案。

归纳教学的原则

很多研究者以数学中面向模式的学习为例阐述了归纳教学的思想（Doerr & English, 2003; Greer, 1997; Lesh & Doerr, 2003）。值得注意的是，教授数学**模式**和教授数学**建模**之间是有区别的。数学模式是作为需要学习的产品呈现的，而数学建模强调了解决数学问题的过程。在这种情况下，数学模式以数学形式来解释真实情况（English, 2011; Lesh, 2006）。建模本质上是一个社会交往性事件（Greer, 1997），鼓励学生主要基于自己的理解来解决问题。这种概念框架将建模方法整合到了基于问题的学习环境中，学生需要经历多个循环圈发展既定问题的数学模式。起点是要向学生提供一个复杂、真实又能促发模式建构的任务，它必须能够激发反思性思维和元认知思维，从而使学生经历迭代过程和决策过程（参见 Uden & Beaumont，2006）。陈（Chan，2008，2009）和康（Kang，2010）总结了建模过程中的一般特征，如表 4.3 所示。

表 4.3 数学课中的建模步骤

陈（Chan，2008，2009）的总结	康（Kang，2010）的总结
1. **描述**是指尝试理解问题并进行简化。	1. **审视**情境并确定要完成的目标（情境模式）。
2. **操控**指的是通过构建假设、检查情境信息、检索和组织信息，以及使用面向开发工作模式的策略来建立变量、概念和任务细节之间的关系。	2. **识别**情境中的变量并选择几个具有代表性特征的变量。 3. 通过建构能够描述变量之间关系的表征来**建构模式**。
3. **预测**是指对学生在分析设计或解决方案时所设想的模式进行仔细检查，以确保它们符合给定或建立的参数。	4. 对这些关系进行**分析和操作**后得出结论。 5. 根据原始情境**解释**操作结果。
4. **优化**指的是对模式进行改进或扩展，或者对模式可能具有的影响进行比较或说明，以证明其优化状态的合理性	6. 通过将其与实际情境进行比较，**验证**结论，然后改进模式，如果模式可以接受的话。 7. 将模式**应用**于类似的情况以进行评估和细化

为特定目的开发有效模式的过程通常涉及一系列迭代测试和修订循环。实际上，很多教学模式都包含**学习循环**，即学生参与一系列需要反思性思维和问题解决的活动。一个众所周知的学习循环模式是库伯（Kolb，1984）提出的体验式学习模式，该模式将不同的教学活动分配给不同的学习风格偏好（例如具体和抽象的、主动的和反思的，等等）。围绕这一模式的教学包括：①引入一个挑战，并将其与学生的兴趣和经验联系起来，从而激发解决问题的动机；②呈现相关事实、实验观察、原理和理论、解决问题的方法，并腾出学生反思的时间；③指导实际动手操作的方法和即将学习的思维类型；④允许和鼓励学生应用和探究新学材料的结果。

范德堡大学学习技术中心开发的 STAR Legacy Module（星际遗产模块，http://iris.peabody.vanderbilt.edu/module/hpl/）也很好地阐述了学习循环圈的概念。这个循环包括以下 5 个步骤（图 4.12）：

1. 向学生提出一个挑战（问题、案例、新闻事件或常见的错误观念），呈现实情境中的目标内容。这一步促使学生了解学习目标中规定的陈述性知识和技能。
2. 为了想出如何应对挑战的办法，学生根据已经掌握的关于挑战的信息构思自己的初步想法。
3. 提供对挑战的各方面的见解（如专家陈述）和资源（例如讲座、文本、视频、链接网站等），但不直接提供解决方案。
4. 开展评估，让学生在评估中运用已知信息，并确定他们还需要学习什么以便应对挑战。这可能包括自我评估和讨论、做作业、写报告，并参加在线测验或考试。为了解决挑战，步骤3和步骤4之间可能进行迭代。
5. 最后，在总结阶段，学生提交一份报告，表明他们成功地应对了挑战，也达成了学习目标；或者专家可以提供一个针对挑战的模式解决方案。

通常来说，归纳教学方法的运行是在各种学习环境中嵌入具有可比性的学习循环；设计时可参照基于案例、基于问题，或基于模式的学习的原则。为此，汉克（Hanke，2007，2008）开发了一种面向模式的归纳学习和教学方法。

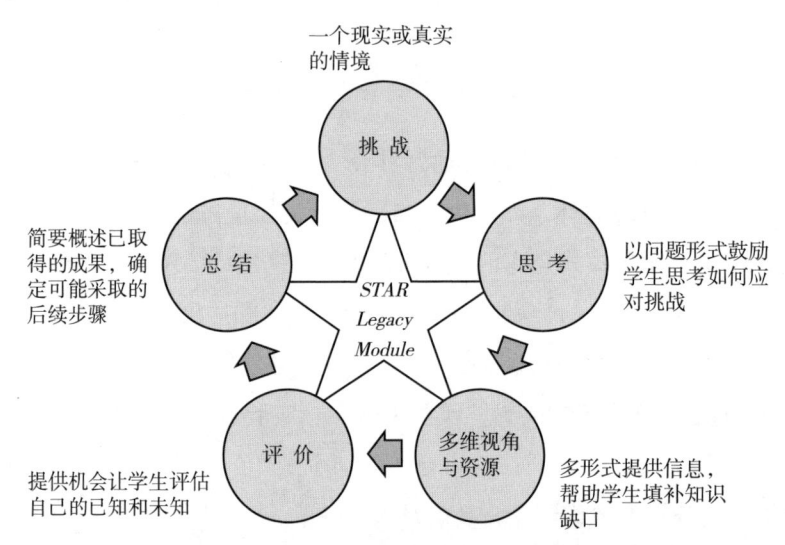

图 4.12　基于 STAR Legacy Module 的学习循环圈（http://iris.peabody.vanderbilt.edu/research-evaluation/iris-and-adult-learning-theory/）

汉克的**基于模式的教学模式**（Model of Model-based Instruction，MOMBI）是一种基于西尔（Seel，1991）的心智模式理论的教学方法。MOMBI规定了5个步骤的教学，以支持作为解决问题手段的建构和修正心智模式的特定学习过程。由特定的教学活动发起和支持的5个子学习过程是：①激发一种心智失衡，即认知失调或冲突；②激活已有知识；③探索更多信息；④将新信息整合到心智模式中；⑤图式化（表4.4）。

表 4.4　MOMBI 学习过程和教学活动

学习（子）过程	支持性教学活动
引发认知失调或冲突（心智失衡）	通过复杂的、真实的任务来**激发**反思性思维和元认知思维
激活已有知识	**激活**：鼓励学生引用先前的知识和观念
探索更多信息	**呈现**：提供更多信息
将新信息整合到心智模式中	**搭建脚手架**：协助同化过程
新知识的精细化（图式化）	**实践**：练习和维护

根据假设，心智模型的产生是以同化抵制为前提的（Seel，1991），MOMBI 的出发点在于引发认知冲突（Hanke，2008）。这与前面提到的**模式促发**任务吻合，都是为了激发反思性思维和元认知思维。一些研究表明，这种方法适用于语言学习、经济、医学、神学等多个学科领域（Baatz, Fausel, & Richter, 2014; Hanke, 2012; Hanke & Huber, 2010）。

上述方法都以归纳法的学习和教学为前提，但这并不意味着完全舍弃讲授和指导。这些方法所讨论的教学不是"放任自流"，而是通过引导、鼓励、澄清、协调，甚至讲授内容来促进学习。因此，之前描述的方法介于外部引导和发现学习之间。

基于探究的教学原则

在 20 世纪 60 年代，布鲁纳探讨教学时提出了发现学习，这与基于探究的教学方法异曲同工。这种教学方法鼓励学习者利用过去经验、直觉、想象力和创造力来发现事实及其关系和规律。从理论上讲，教育科学家似乎青睐发现学习，但在实践中，我们只能找到几个零星的探究式教学方法，相关研究也是屈指可数。显然，如何在课堂上使用发现学习存在一定的模糊性。这种模糊性在很多心理学研究中得到论证，这些研究基本上都对发现学习提出了质疑（例如，Alfieri et al., 2011; Cohen, 2008; Dean & Kuhn, 2006; Klahr & Nigam, 2004）。研究表明，发现学习并不优于直导教学。然而，通过对报告结果进行更仔细的检查，我们发现，直导教学和发现学习之间的差异通常不具有统计学意义："我们发现……（许多）接受直导教学的儿童和另外几个通过自己发现进行学习的学习者在实验中表现差不多"（Klahr & Nigam, 2004, p.661）。鉴于这样的观察，发现式学习的方法为什么会受到质疑，这是不太容易理解的。唯一值得怀疑的是发现学习优于直导教学的说法。实际上，不同的教学方法能取得相应的效果就足够了。因此，在这种情况下，发现学习肯定可以作为一种相对有效的教学方法（参见 Lorch et al., 2010; Seel & Dinter, 2005; Wilke & Straits, 2001）。此外，阿尔菲里等人（Alfieri et al., 2011）的元分析法也明显表明，引导性发现学习似乎比讲授更有效。

值得一提的是，一项更详细的分析表明，批评者批判的其实是作为**开放式探究**实现的发现学习。大量的研究表明，课堂上的开放式探究是无效的（Clark et al., 2012; Marzano, 2011; Mayer, 2004），尤其当学生是新手的时候。很明显，在基于探究的教学中，学生至少需要最低限度的指导（Kirschner et al., 2007）。然而，即使是在直导教学中，学生也经常发现自己很难捕捉到老师的意图，而所有发现情境都涉及最低限度的指导，即使只是告诉学生要努力理解情况。实际上，布伦斯坦、贝茨和安德森（Brunstein, Betts, & Anderson, 2009）认为，如果认知需求有限，学习者有足够的实践机会，那么只需给予最低限度的引导，发现学习就能取得成功。不管怎么说，大多数教育心理学家都认为需要对发现学习给予指导，并建议从一个相对结构化的探究形式开始，再逐渐转向更加自主的学习。根据斯塔韦尔和贝（Staver & Bay, 1987）的观点，（探究）应该区分：

1. **结构型探究**——给学生一个问题，并提供解决问题的大纲；
2. **指导型探究**——学生还必须想出解决方法；
3. **开放式探究**——学生必须自己确定并解决问题。

对教育学文献的分析表明，"纯探究"是一种神话，在教育实践中很少实现，而发现学习通常或多或少都要求提供一些指导——而且必须确保成功。

一般来说，发现学习在教学设计模式中有着重要作用，目的就是为了让学生参与到**自主探究**的学习过程中，从而深刻理解主题，提高元认知技能，提升学生的参与度和动机。"发现学习是一种学习者通过对某个领域进行实验来建构自己的知识，并从这些实验的结果推断出规则的学习方式"（Van Joolingen, 1999, p.386）。发现学习的成功依赖于学生必须具备一些认知技能，以便管理假设生成、实验设计、预测和数据分析。显然，规划和实验监测等调节技能也是发现学习所必需的（Njoo & De Jong, 1993）。

发现学习原理

布鲁纳（Bruner, 1961, 1966）基于皮亚杰的认识论，大力发展了建构性学习的理论基础。该理论强调：①不同的表征方式，即知识的编码和存储方式；②教与学"最优结构"的重要性;③螺旋式课程的导向;④发现学习的意义,包括"独立思考并以各种形式获得知识"(Bruner,1961,p.22)。

发现学习是以问题为导向的,目的不仅仅是获取事实。布鲁纳认为,教师必须引导和激励学习者通过扩展他们的已知知识和发明新的东西来寻求解决问题的方法。教师应该指导学习者如何将已有知识与新信息结合,并鼓励他们将自己的知识与现实世界联系起来。按照**螺旋式课程**的理念,学习过程应该从基本和简单的观念开始。教学的重点应该是学习者对这些基本思想的直观把握及其在学科早期教学中的运用。通过反复思考基本思想,学习者可以把基础观念逐步转换成更复杂的形式,从而不断深化知识理解(Bruner,1961,p.13)。一个基本的假设是,学习也能通过失败进行。因此,发现学习并不关注找到正确的最终结果,而是强调在解决问题的过程中发现新事物。教师的主要职责是提供反馈,以指导学习过程。基于探究的教学的另一个重要组成部分是对学习过程的适当管理:学习者可以单独或与他人一起工作,并且可以按自己的节奏学习。这种灵活性使发现学习与传统的以教师为中心的教学截然不同。

然而,实现发现学习的前提是教学事件设计良好,具有高度的体验性和交互性。由于缺乏能与发现学习明确匹配的教学设计模式,基于探究的学习环境的设计还不够明确。

佩帕特(Papert,1980)认为,教师的角色是在课堂上创设引导发现学习和发明的条件,而不是提供现成的知识。因此,基于探究的教学为学生设计的学习环境以复杂问题为中心,并为问题解决提供多种机会。教师的主要任务是引导学生发展问题解决的能力。

指导性发现学习

斯宾塞和乔丹(Spencer & Jordan,1999)认为,成功的指导性发现学习首先需要一个适当的环境和框架,让学生有自由、有责任地去探索内容。然而,定期地提供帮助来促进和指导学习过程依旧有必要。因此,德容和范·约林根(De Jong & Van Joolingen,1998)建议在设计探究性学习环境时使用一些脚手架。脚手架是认知工具,定义为"支持或执行学习者认知过程的工具,以支持学习,可以弥合与开放式学习环境(如发现学习环境和传统的支持性教学环境)之间的差异"(Van Joolingen, 1999, p.385)。教学脚手架不仅"及时"提供了有助于问题解决和知识转移的领域知识，而且还支持：①提供假设建构工具来生成假设；②通过提供面向过程和结果的提示和建议来设计实验；③通过用于描述预测的图形工具来生成预测。除了认知工具，德容和范·约林根还建议使用脚手架来协助发现学习的元认知调节。他们指的是模式进展（即一个工作模式的逐步扩展，其复杂性也逐步提升）、对规划的具体支持（如引导性问题）、实验监控（如显示模拟的结果），以及探究过程建设（如为学生提供顺序结构）。有趣的是，德容和范·约林根使用创作系统 SMISLE（多媒体综合模拟学习环境系统，Systems for Multimedia Integrated Simulation Learning Environments）来组织认知和元认知工具。

与 SMISLE 类似，不同类型的交互式学习环境为学习者提供了不同类型的支持。实际上，这些基于计算机的教学系统不仅提供了学习环境，还支持帮助学生掌握陈述性知识和程序性知识。埃里温（Aleven et al., 2003）最近的研究表明，尽管交互式学习环境中的有效求助同良好的学习结果有关，但学习者并没有有效地使用提供的帮助设施。不管怎么样，有一点似乎很明显，那就是求助与否依赖认知和元认知技能之间的相互作用，这些技能必须由适当的脚手架触发（Quintana et al., 2004）。张等人（Zhang et al., 2004）基于发现学习的内部条件提出了一种更综合的学习支持方法。

三重学习支持模式（triple learning support scheme）包括①**解释性支持**：帮助学习者获得相关知识，并促进问题理解；②**实验支持**：帮助学习者进行系统性实验活动；③**反思性支持**：增加学习者对发现过程的自我意识，并促进他们的反省抽象和整合。这种三重学习支持模式在很大程度上与模拟环境对发现学习支持效果的研究结果吻合（如 Chan et al., 2008; Reid, Zhang, & Chen, 2003; Zhang et al., 2000）。邓洛斯基（Dunlosky et al., 2013 年）对支持学习的教学方法开展了综述研究。

对探究式教学研究的分析表明，使用基于计算机的模拟环境来激发和改进发现学习是大势所趋（如 Rieber et al., 2004; Rutten et al., 2012）。虽然基于探究的教学受到教育界的高度重视，但其在课堂教学中的应用却较少受到关注。例如，美国国家科学院曾表示："各级学生和各个科学领域的学生都应该有机会利用科学探究，培养思考和探究能力"（《国家科学教育标准》，*National Science Education Standards*, 1996, p.105）。

发现学习在课堂中的应用

通常来说，以发现为导向的环境设计会将挑战作为学习的起点。然后，教学围绕问题指导学生的发现过程。教师记录学生对问题的回答，监督小组讨论中的互动情况。很显然，基于探究的教学将学习的责任赋予学生（Edelson，Gordin，& Pea，1999），因此，发现学习要求学生确定学习内容、学习过程和学习的评估。从根本上说，基于探究的教学设计与基于问题的学习相契合。

威尔逊（Wilson，1995，1996）提出了5个使发现学习更有效的教学策略。

1. 学习活动应该跟挑战关联，这个挑战可以是一个复杂任务或问题。
2. 教师需要在发现过程中搭建脚手架帮助学习者。脚手架的撤退要循序渐进，这样学习者可以慢慢形成自我责任感，成为问题的解决者。
3. 挑战应该是一个真实任务，使学习有助于迁移。
4. 学会反思学习内容和技能，促使学生建立和运用他们自己的启发式策略来解决问题。
5. 允许和鼓励学习者在不同情境以不同视角检验解决方案的适用性。

这个策略与**认知学徒制**中的"探究"相对应（见上文），其中也涵盖了威尔逊提到的其他策略。同样，埃德尔森等人（Edelson et al.，1999）也确定了4个支持发现学习的教学原则。①问题化：学习者在问题解决中体验到已有知识的局限性，并意识到与目标知识之间的差距。柏林尼（Berlyne，1966）认为，这种体验促发了好奇心和专注学习的动机。②**需求**：经过上一步骤，学习者需要获取更多知识以成功完成挑战。③**发现和完善**：提供学习者提炼问题答案的机会，以便使学习者通过探究发现新的原则并完善先前的概念。④**应用**：探究活动使学生有机会把新的理解应用到其他挑战中去。这可能需要重新组织新学的陈述性知识和程序性知识，但也有可能强化它，并丰富其与其他知识的联系。

大多数作者都认同一点，即在发现学习的过程中，学习在很大限度上取决于学生，也就是说学生必须积极理解概念和原则。教师鼓励学生进行实验，让他们自己发现原则。原则上，学习者可以单独或与他人一起工作，但个人学习更受重视，因为侧重于小组发现学习的研究屈指可数（如 Anderson et al.，1995；Brechting & Hirsch，1977；Cohen，2008；Lavine，2005；Simon，1986）。比起研究，"小组发现体验"的教学法看来更容易用在教育实践中。这种方法的一个典型的例子是 POGIL（面向过程的指导性探究学习，process-oriented guided-inquiry learning）。在这个过程中，学生在班级或实验室以小组形式进行教学模块的学习，教师提供信息或数据，然后以引导性问题的方式帮助他们解决问题。如果学生需要帮助，教师以协助者的身份参与小组合作（http://www.pogil.org）。

以小组形式解决问题可能是一个促进发现学习的有效教学策略，但其他教学策略似乎在这方面更有效。在课堂上培养探究能力的一个简单策略就是为学习者提供多种机会，让他们在实践中有更多发现学习的机会。简单地说，充分的练习增加了成功的可能性："水滴石穿"。还有一个更高级的教学策略是**基于类比的引导性发现学习**（analogy-based guided discovery learning，Mandrin & Preckel，2009）。

类比和发现学习

众所周知，类比可以促进概念学习，以及概念变化（Duit et al.，2001；Seel & Hoops，1993），而发现学习可促进有效迁移。我们假设通过结合发现学习和类比，就会出现一个新的有效的发现学习方法（参见 Mandrin & Preckel，2009）。值得注意的是，适当的结构类比可以改进概念理解和发现学习。

格林（Glynn，2004，2007）的**类比教学模式**（Teaching-with-Analogies Model）提供了合适的结构。基于认知任务分析，很多研究发现这个模式有助于提高学生对科学领域的学习和兴趣（如 Glynn，Duit & Thiele，1995）。它的核心思想是在课堂/基于互联网的教学中使用的类比应该旨在促进精细加工，即"任何信息的增强、澄清或详细阐述未知信息和其相关信息（如学习者的已有知识和经验或连续呈现的信息）的关系"（Hamilton，1997，p.299）。原则上，问题和例子可以促进精细加工，但是类比似乎更为合适，因为它们提供了一个成功进行精细加工的框架，这个框架基于越来越复杂的心智模式中的学习习得发展（Seel，1991）。

类比教学模式

格林所提出的、应用于探究教学中的类比教学模式指的是指导性发现学习。它意味着教师必须选择与目标概念有许多共同特征的适当类比。根据经验法则的说法，原始概念和目标概念之间共享的特征越多，类比就越恰当。它还意味着教师应事先确保学生没有形成稳定的错误概念。格林制定了一些在科学教学中设计类比的指导原则。

1. 设计人员必须识别目标领域的特征。如果目标相对简单直接，可能不需要精心准备类比，而当目标领域比较复杂，或者具有多个相互作用部分的难以可视化的系统时，精心设计的类比就会发挥作用。

2. 设计人员必须考虑到类比的特性。当然，一个好的类比是学生已经耳熟能详的，这样就不必从头开始教，只需要回忆即可。与目标领域共享的特征越多，类比越合适。

3. 设计人员应遵循"类比教学模式"中的以下6个步骤：

- 引入一个目标概念；
- 通过提示学生已经知道的东西，设计合适的类比；
- 识别类比和目标的相关特征；
- 连接（映射）相似特征；
- 指出类比不完善的细节；
- 得出关于目标领域的结论。

遵循这些步骤能帮助学生将相关知识从类比中迁移到目标领域，并得出有效结论。

4. 设计人员应该将精细的类比特征与相关的知识结构联系起来。由于学生的知识领域有所不同，因此设计师人员应该链接各种相关、准确而真实的资源。

5. 设计人员应该使用类比的视觉化和动画，从而引起学生的兴趣，并促进理解。动画可通过描绘时间或因果序列，以及不同阶段和状态之间发生的转换来帮助学生理解可视化动态的过程。

6. 设计人员应提供教师在使用类比时所展现的行为的交互式模拟，问题、提示、建议和反馈等行动应该被纳入一个有超链接、数据库驱动的网站中，这个网站收集、呈现学生的信息，并评估其理解。

格林的类比教学模式的应用以基于计算机的建模和模拟为基础。伦德里西纳（Landriscina，2013）为设计和使用模式，以及支持学习和提高表现的模拟提供了实用指南。该理论清楚地表明，模拟操作的前提是要应用心智模式。它既为用户提供待**模拟系统**的模式，也为用户提供**推理模式**，以便模拟系统的转换。这样一来，模拟就能用来展现各种条件和行动过程产生的可能影响。

基于类比的学习和推理（analogy-based learning and reasoning）在人工智能领域也起着重要的作用。例如，巴塔、戈埃尔和普拉巴卡尔（Bhatta，Goel & Prabhakar，1994）针对类比设计的创新和创意开发了一种基于模式的方法。该方法假设创新类比设计既包括从设计设备的过去经验中推理（以类比或案例的形式），也包括对这些设备如何工作的理解（以设备模式的形式）。有趣的是，这些作者还建议，要使用心智模式约束经验设计中基于类比的学习（Bhatta & Goel，1992）。显然，这种方法与教学设计无关，而是与基于案例推理的"智能"框架的设计有关。然而，教学设计人员有时可以学习其他学科领域的设计方法。实际上，巴塔和戈埃尔（Bhatta & Goel，1997）在自适应设计理论的基础上，开发了一种有趣方法，名为**"类比与学习的综合设计"**（Integrated Design by Analogy and Learning，IDeAL），并与基于探究的教学设计相关。作为一种人工智能工具，IDeAL 的目标是通过基于类比的**任务指导性学习**（依赖于精心设计的学习任务和学习者的领域特定知识）来实现对发现、问题重构和模式修正的约束。因此，学习任务的教学设计是 IDeAL 的核心，它鼓励学生开展基于类比的学习来建构设备设计（例如在电子领域），这种类比学习是指提取已知领域的相关知识。

史密斯和昂格尔（Smith & Unger，1997）强调**概念引导**是一种**基于类比的学习**和解决问题的概念，与教学设计类似，但与之关系更密切。在他们的研究中，史密斯和昂格尔通过连续两周使用综合模式的课程干预，探讨了学生在不同领域之间类比的能力。总而言之，这项研究表明概念引导涉及一个多步骤的映射过程，这可以通过课堂对话、问题解决和教学协助完成。

最后，我们要讨论的是西尔（Seel）及其同事在 2003 年开展的关于多媒体学习环境中的发现学习项目。总的说来，这个项目的设计基础是设计实验理念和布鲁纳的指导发现理论。曾有研究表明，学生不能自然而然地发展发现学习的关键标准（如 Erickson & Lehrer，1998），因而学习环境通过脚手架提供指导，便于学生从可用信息资源中提取关键概念和结构。可以说，学习环境的设计符合发现学习活动的一般原则（表 4.5）。

这种学习环境设计包含了几个支持自主发现学习的"工具"（Seel，2005）：①在**问题空间**中，要求学习者用他们已经知道的模式解释一个现象。已知模式是类比推理的基础模式，这意味着学生需要建立两个模式——一个关于来源领域，另一个关于目标领域。②**模式建构工具包**（Model-Building Kit，MoBuKi）引入一个导师来传授关于模式建构和类比推理的知识。类比推理包括 4 个阶段：理解要解释的现象——学生建立一个初始但不完整的源领域模式，然后构建目标领域的探索模式，接着对比两个模式，最后评估它们之间的相似性。此外，MoBuKi 还包含了一个实现类比的知识库，可对模式特征和功能进行解释。③**信息档案**包含不同领域的模式的文件、图片和录音，还包括了将要学习的课程单元。④**工具箱**可以实现对所用概念的绘图和记录。⑤最后，**课程单元**包含了掌握学习任务所需的领域信息。此外，它还运用了格林的"类比教学模式"原则。除了这些一般、非特定的原则，还融入了教学设计的参与式方法，以便更具体地管理学习任务的设计、选择和排序，以及如何通过支持性信息、材料、工具和合适的辅助手段来指导学生。图 4.13 提供了对西尔（Seel, 2005）的 MoBuKi 和格林的类比教学模式原理的综合视角概览。

表 4.5　基于类比的学习环境设计原则（Seel, 2005）

设计原则	学习活动
1. 多种表现形式 学生使用多媒体技术来展现和传达他们的知识。	**1. 元知识的建构** 学习环境提供发展探究学习和问题解决的**反思性思维的机会**。此外，必须提高元认知能力。
2. 语境固着 学习基于情境，并需要构建心智模式。	**2. 逐步发展脚手架** 在命题和例证的基础上生成问题空间模式。把简化和设想作为建模的主要功能。
3. 语义深层结构的解读 新手往往注重问题的表面特征，因此不理解其深层结构。这 3 个程序有助于深入理解： （1）识别抽象概念； （2）呈现如何应用基于案例的知识； （3）将深层结构可视化，例如通过因果图或概念图。	**3. 认知实验** 模拟是心智模式理论的核心概念。建议使用 3 种方法：思考实验、探究自制模式之间的差异、植入新的概念。
4. 搭建脚手架 根据科尔曼（Coleman, 1998）和里德尔（Riedel, 1973）的研究，向学生提供各种学习辅助工具。基本上，这种辅助可以以面向结果或面向过程的方式实现。	**4. 概念网络** 描述各种环境下的案例和问题之间的概念相关性，识别不同领域之间的类比。
5. 类比联网 为了促进领域内部和领域之间的类比，激发对同一领域内不同问题案例的联结，以及不同领域内类似案例的联结	

探究社区

由加里森、安德森和阿切尔（Garrison, Anderson, & Archer, 2000）提出的**探究社区**理论论述了相关思想的深度融合——即这些思想一旦结合起来——能有效促进合作学习环境的建构。一个社区是在师生之间的互动中发展起来的。当这些互动存在时，一个**学习社区，也可称为学习共同体**，可以建立在共同的知识追求之上，而不仅仅是社会互

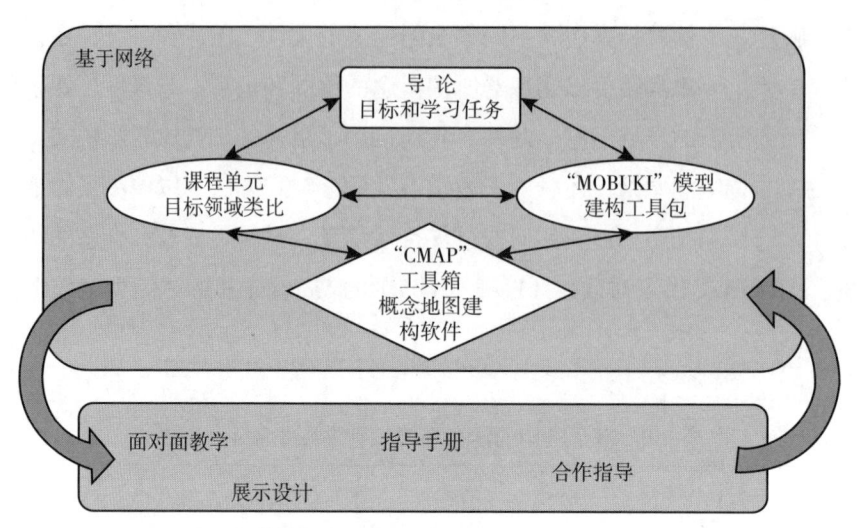

图 4.13 教学类比模式的基本构成（改编自 seel，2005）

动。因此，加里森和阿鲍尔（Garrison & Arbaugh，2007）提出了探究社区的概念，培育教师和学生对知识问题进行的批判性思考。**探究社区**（CoI）框架的结构由 3 个要素构成：**社会临场**、**认知临场**和**教学临场**。这 3 个要素在概念上有重叠，有利于促进课堂上更高层次的探究和有意义的合作。

社会临场指的是"一种学习者在社交和情感上投射自己的能力，从而在中介沟通中成为'真实的人'"（Garrison & Arbaugh，2007，p.159）。社会临场的概念来自肖特、威廉斯和克里斯蒂（Short，Williams，& Christie，1976）在社会心理学和沟通方面的研究。他们将社会临场定义为"互动中他者的显著性程度，及由此产生的人际关系的显著性"（p.65）。因此，社会临场包括情感表达、言语交际，尤其是团体凝聚力。社交活动无疑是一种复杂的结构，涉及了隐私、社会关系、各种沟通方式、需要完成的任务、反馈和即时性（York & Richardson，2012）。加里森等人（Garrison et al.，2000）认为，社会临场是教学临场和认知临场之间的中介变量："这个要素的关键作用在于它支撑着认知临场，间接促进了学习者群体进行批判性思维的过程"（p.89）。

认知临场描述了学习者通过持续反思和对话构建意义的程度。加里森和阿鲍尔（Garrison & Arbaugh，2007）开发了一个**实用探究模式**，以阐述认知临场的 4 个发展阶段。①**触发事件**：确定需要进一步探究的问题；②通过批判性反思和话语**探究**问题；③**整合**：学习者通过探究发展观点，再建构意义；④**应用**：学习者把新知应用到其他环境或情境（图 4.14）。

教学临场创造了探究学习的框架，旨在实现预期学习成果。研究发现，它是学生

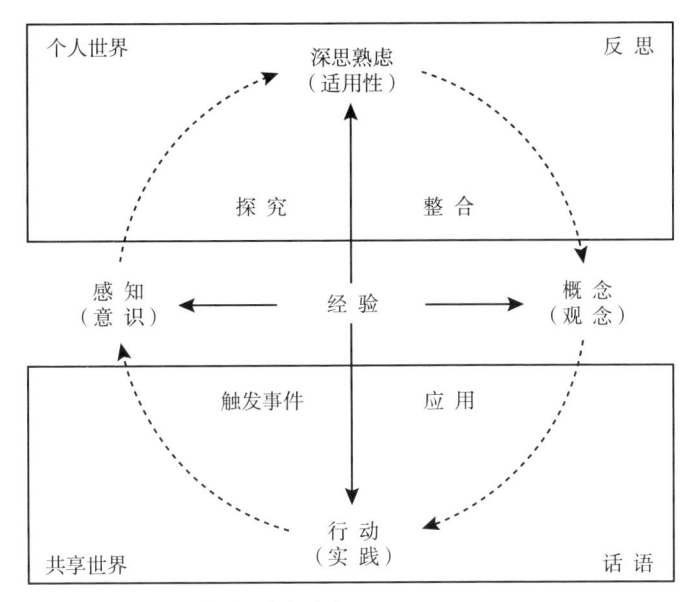

图 4.14 实用探究模式（改编自 Akyol & Garrison，2011b，p.235）

满意度、感知学习和共同体意识的重要决定因素（Garrison & Arbaugh，2007）。教学临场的相关变量是**课程设计、结构**和**领导力**。这些变量影响了学习者深度学习的程度。加里森和阿鲍尔列举了教学临场的 3 个维度：

课程和方法——学生学习的课程结构、学生学习过程、互动和评估的设计和组织。

话语促进——涉及学生参与交流和话语的方式。

直导教学——通过共享知识、促进反思和提供即时反馈的方式提供知识和学术领导。

3 个临场相互交织，生成了多种教学活动（图 4.15）。

社会临场和认知临场相交产生了**支持性对话**，社会临场和教学临场的交集生成了**课堂氛围**，而认知临场和教学临场交互则与**内容选择**有关。图 4.16 总结了**探究社区**内每种临场的类别和特征。

谢伊和彼得让诺（Shea & Bidjerano，2010，2012）认为，CoI 框架应该增加一个维度，即自我调节的学习（图 4.17）。这在加里森的 CoI 理论中没有得到明确的阐述。谢伊和彼得让诺将这个构成称为**"学习临场"**。它是探究模式中的调节者，反映了"学生在网络学习中采取的主动姿态，包括调节思想、情感、动机、行为和策略"（Shea et al.，2012，p.90）。

139

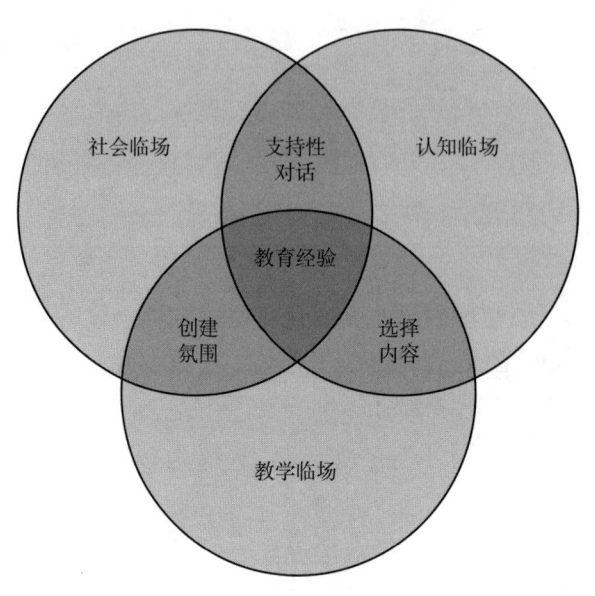

图 4.15　3 种临场的交集及相关教学活动

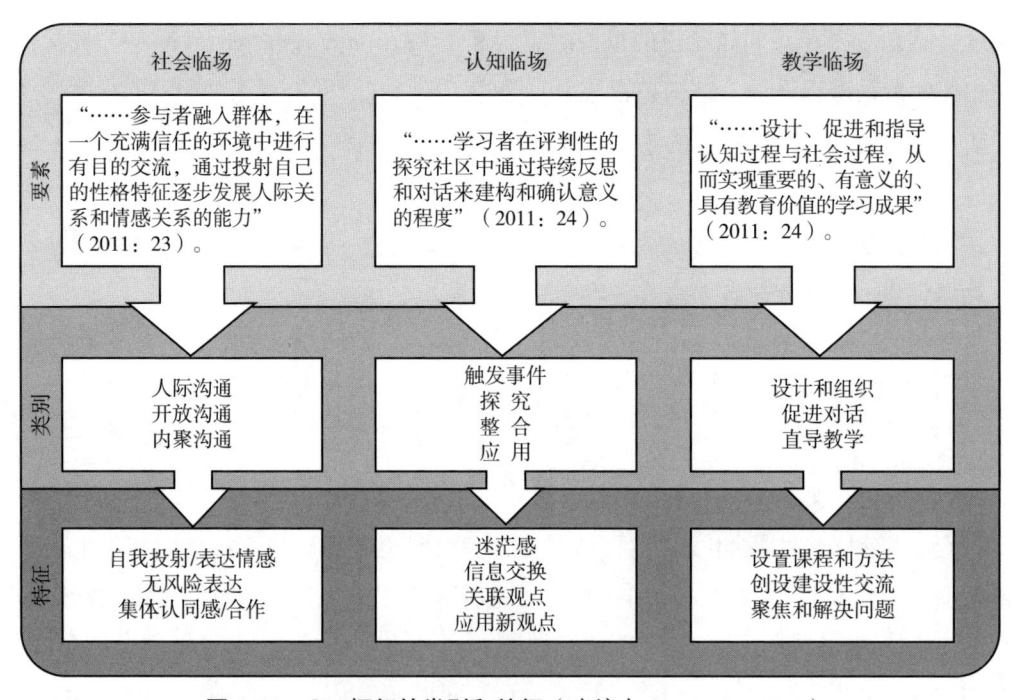

图 4.16　CoI 框架的类别和特征（改编自 Garrison，2011）

基于 2000 多名大学生的数据，他们认为，从"学习临场"角度来看，教学临场和社会临场对认知临场有着不同影响，这取决于学习者的自我调节认知和行为。有趣的是，谢伊和彼得让诺（2012）发现了一种补偿效应，即在缺乏教学临场和社会临场的情

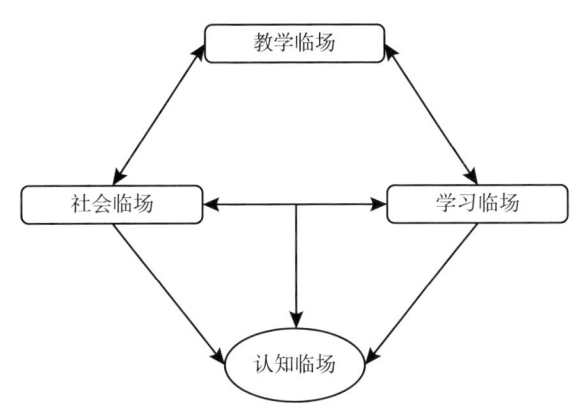

图 4.17　修订后的 CoI 框架，包括"学习临场"
（改编自 Shea et al., 2012, p.93）

况下，要达到认知临场，就需要更多的自我调节（参见里恩提斯等人的纵向研究结果，Rientis et al., 2013）。

　　CoI 框架激发了大量关于整个框架（如 Gutiérrez-Santiuste et al., 2015; Lambert & Fisher, 2013）或其构成的实证研究。例如，阿基尔和加里森（Akyol & Garrison, 2011b）使用 CoI 策略设计和组织了一门研究生课程，旨在调查在线和混合式合作探究社区中认知临场的发展。加里森和阿基尔（Garrison & Akyol, 2013）重点关注了 CoI 对学生元认知的影响，强调应该从互补自我，以及整合了个体调节和共享调节的协同调节的角度来考虑。在另一项研究中，他们调查了信息技术在高等教育转型中的作用（Garrison & Akyol, 2012）。类似地，怀特赛德（Whiteside, 2015）在所设计的为期 13 个月的研究生水平证书课程的两次迭代中探索了社会临场的水平。这个课程有助于 K-12 的学校领导在学区中进行技术整合。要想综合概览 CoI 的框架研究，可参考阿基尔和加里森 2013 年的研究成果（Akyol & Garrison, 2013）。他们不仅提供了大量 CoI 框架的研究实例，而且书中的多个章节探讨了如何应用框架进行混合式学习环境的有效教学设计（如 Aldane-Vargas et al., 2013; Goda & Yamada, 2013; Matthews et al., 2013）。

　　除了 CoI 框架与教学设计的整体相关性研究（如 Kumar & Ritzhaupt, 2014; Richardson et al., 2012; Pecka et al., 2014; Tolu, 2012），大部分论文侧重 CoI 框架的单一构成或方面的设计，如课程持续时间的影响（Akyol et al., 2011b）、交互的影响（Garrison & Cleveland-Innes, 2005）、教学即时性（Hutchins, 2003）、异步讨论（deNoyelles et al., 2014）、技术和视频的使用（Jones et al., 2008; Seale & Cann, 2000）、内容的重要作用（Rourke et al., 2001; Rourke et al., 2015）。CoI 框架中的分类策略可指导教师有

意识地选择和使用方法，以便激发高效、有效和有意义的讨论。纵观文献，我们发现很多策略可有效促发上述的 3 种临场，如提供即时又适度的反馈、同伴协助、协议讨论，以及提供音频反馈。

简而言之，多种教学策略和方法可有效促发 CoI 框架的 3 种临场。

促进 CoI 框架中多种临场的一般教学原则

社会临场
- 适合教学导入的空间（例如教师的温馨开场白）
- 明确参与者对维护学习环境的期望
- 提供正式和非正式合作的机会
- 鼓励终端用户的积极参与

认知存在
- 促进探究的个人项目和合作项目
- 选择具有挑战性但可胜任的内容，且要与当前和未来的实践有明确的联系
- 基于课程内容的讨论能促进批判性思考
- 促进批判性反思的作业（如写日记、自我评估）

教学临场
- 就目标、作业、提交过程等进行公开讨论
- 在讨论中和课堂活动中引入有意义、协作性的、适当的挑战
- 积极关注学生的参与度（及早发现并解决潜在问题）
- 鼓励和示范评判性反思
- 提供及时的作业反馈

针对谢伊等（Shea et al., 2012）修订的 CoI 框架，多种教学策略可有助于提高学习者的自律性、自主性、自立性和元认知能力。

学习临场
- 确定完成任务所需的方法和策略，给自己和其他人协调、委派和分配任务，从而鼓励学习者进行前瞻性思考和规划

- 确认理解并评论任务完成中的优点和缺点,发展表现监控(能力)
- 鼓励批判性思考,重点关注学习过程和/或结果相关的思维变化

在 CoI 框架下,学习环境的设计和开发是教师临场类别的"**设计和组织**"的任务课题,包括**设置课程、设计方法、建立时间参数的设计活动,和有效使用媒体、建立网络礼仪的组织活动,以及对课程内容进行宏观评价**。设计和组织对其他几种临场有着重要的影响(图 4.18)。

"我们认为,为了实现体验式学习和批判性反思……构建一个安全又充满信任的学习社区的关键在于……让学生相互见面,面对面地共同努力……从而建立信任基础,(以此)开始在线对话"(Wiesenberg & Stacey,2005,p.391)。

我们始终认为,在参与式设计和原型设计的基础上,我们可以有效完成基于 CoI 框架的学习社区配置:即通过"学生之间的互动、教师与学生之间的互动,以及这些互动引发的学习合作"来发展探究性学习社区(Paloff & Pratt,2007,p.4)。

设计与组织

类别
- 设计:设置课程
  这周我们会讨论
- 设计:设计方法
  我会将你们分成小组
- 设计:建立时间参数
  截至……前发布消息
- 组织:有效使用媒体
  试着解决其他人提出的问题
- 组织:建立互联网礼仪
  请确保消息言简意赅
- 组织:对课程内容做出宏观评价
  这次讨论将帮助你们……

社会临场

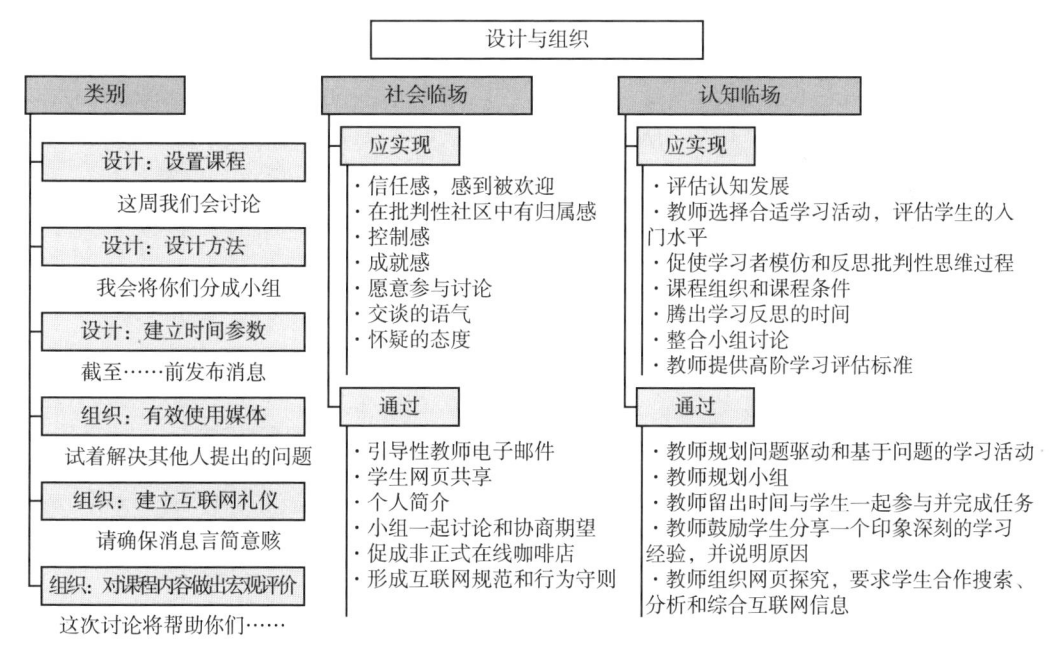

应实现
- 信任感,感到被欢迎
- 在批判性社区中有归属感
- 控制感
- 成就感
- 愿意参与讨论
- 交谈的语气
- 怀疑的态度

通过
- 引导性教师电子邮件
- 学生网页共享
- 个人简介
- 小组一起讨论和协商期望
- 促成非正式在线咖啡店
- 形成互联网规范和行为守则

认知临场

应实现
- 评估认知发展
- 教师选择合适学习活动,评估学生的入门水平
- 促使学习者模仿和反思批判性思维过程
- 课程组织和课程条件
- 腾出学习反思的时间
- 整合小组讨论
- 教师提供高阶学习评估标准

通过
- 教师规划问题驱动和基于问题的学习活动
- 教师规划小组
- 教师留出时间与学生一起参与并完成任务
- 教师鼓励学生分享一个印象深刻的学习经验,并说明原因
- 教师组织网页探究,要求学生合作搜索、分析和综合互联网信息

图 4.18 "设计和组织"对社会临场和认知临场的影响
(Garrison,2011,pp.56–58;pp.86–92)

总　结

　　学习环境应该提供反思性思维和发现学习的机会。为此，教学设计者有必要塑造一个环境，让学生在一起合作解决问题的基础上进行建模活动和相互挑战，从而走向自主发现学习。基本上，基于探究的教学与基于问题的学习相契合。有多种方法支持这种结构。吉本斯（Gibbons, 2001, 2014）根据西尔基于模式的学习和教学的概念（Seel, 2014）提出了不同层面（如内容、策略、信息）中的设计概念，以便引导学习者的模式建构活动。相反，列什和多尔（Lesh & Doerr, 2003）提出了归纳教学的概念，强调培养学生的建模过程，而非（教授）教学模式（例如在数学课上）。另外，"STAR Legacy Circle"学习循环圈（Sayeski et al., 2015）探讨了以学习者为中心的学习理念。很多研究结果也表明，纯探究的学习产出很低（Klahr & Nigam, 2004），所以结构化或指导性探究策略更有前景（Alfieri et al., 2011）。德容和范·约林根（De Jongand & Van Joolingen, 1998）建议使用脚手架来协助发现学习的元认知调节。基于类比的学习是探究性环境中另一种复杂的方法。最近，模拟在设计以学习者为中心的环境中起着重要的作用，因为它们提出了一个系统模式，并在系统内建立了推理模式。最后，同样值得我们重视的是，探究社区（CoI）更侧重人与人之间的互动，因为教师和学生都参与到了批判性思维过程中。总而言之，以探究为导向的学习，尤其是探究社区需要学生之间、学生与教师之间，以及与设计者之间的协作与互动。

附加问题

问题 4.13：解释数学课堂中的 Gravenmeyer 建模法。教学模式和教学建模有什么区别？

问题 4.14：有一些研究者对探究型学习进行了批判性的讨论，他们的论点是什么？

问题 4.15：哪些策略使发现学习更有效？

问题 4.16：参与式方法是如何支持自主发现学习？

用户为本的教学设计与开发

　　几年前，**参与式设计**（participatory design）的概念作为一个成熟的研究和实践领域出现在设计专业人员中，他们关注的是用户参与基于计算机的系统的设计条件（Berns，2004；Kensing & Blomberg，1998）。最初，这个概念被称为**合作设计**（co-operative design），因为它旨在让所有利益相关者参与设计过程，以确保设计产品满足用户的需求。参与式设计的概念与基于用户为本的设计方法一样，都"以用户的需求和兴趣为基础，以产品的可用性和可理解性为重点"（Norman，1988，p.188）。总的说来，这种方法与快速原型有关，试图将用户"带回设计图中"——不是作为接近完成的产品的接受者，而是作为开发产品的积极参与者，因为它总归要运用在实践中（Blomberg，Suchman，& Trigg，1996）。近年来，参与式（或合作式）设计的方法也被引入教学设计领域（如 Carr，1997；Corry，Frick，& Hansen，1997；Könings，Brand-Gruwel，& VanMerriënboer，2005，2010）。用户为本的教学设计旨在将学生的观点融入整个设计过程——从分析到评估。然而，学习者如何最好地参与教学设计过程，目前的研究还无明确定论。但可以确定的是，建构主义教学设计模式提供了教学设计的指导方针，强调递归的、非线性的和反思性的设计过程。

用户为本的设计和开发的特点

传统做法将学生视为设计产品的接受者和使用者（Cook-Sather，2001），与此相反，参与式设计使终端用户积极参与每一步设计过程及其决策过程。参与式设计通常与快速原型有关（如 Mitchell，1993；Reeves，1999）。然而，文献分析表明，参与式设计和快速原型只是最流行的**用户为本的设计和开发**（user-centered design and development，UCDD）的例子，其中还包含其他的一些方法，如用户友好设计（如 Corry et al.，1997；Sugar，2001）、合作探究（Druin，1999）、用户设计（Carr-Chellman & Savoy，2004）和 R2D2 模式（Willis & Wright，2000）。长久以来，UCDD 的这些变体一致认同，"计划只是过程的开始，但其主要任务不是按计划行事，而是随着整个项目周期的变化见机行事"（Baek et al.，2008，p.660）。

在 UCDD 设计中，用户参与是至关重要的，因而用户应该积极参与整个设计过程，而不是在开始阶段或形成性评价的测试阶段进行简单的进展查询。因此，教学设计者应该尽早与潜在的终端用户进行接触，然后持续关注他们对被设计的教学的要求。贝都因-拉弗和麦基（Beadouin-Lafon & Mackay，2003）建议为特定的设计问题创建一个**设计空间**。

创建设计空间

"设计师有必要为特定设计问题创建设计空间。他们仔细探索这个设计空间，随着观念的增加和放弃，设计空间也随之扩大和缩小。这个过程是迭代的：经历更多循环而非还原。也就是说，设计师并不是从一个粗略的想法开始，然后不断地添加更精确的细节，直至达成最终的解决方案。相反，她先选定一个设计问题，这个设计问题附加了一系列约束条件，由此产生了一系列想法而形成一个初始的设计空间。然后（最好与用户）仔细探索这个设计空间，并选择一个特定的设计方向进行细化。这会关闭部分设计空间，但也因此开辟了新的探索维度。设计师沿着这些维度产生更多的想法，探索扩展的设计空间，然后做出新的设计选择"（Beadouin-Lafon & Mackay，2003，p.1011）。

要想有效运行设计空间，就需要使用各种设计工具和技术。除了问卷调查、访谈和文档分析等最常用的技术，用户为本的设计还需要任务分析和原型设计、参与者的角色扮演活动、与专家和从业者进行广泛的个人交流、使用互联网和虚拟现实技术等（Baek et al.，2008；Beadouin-Lafon & Mackay，2003；Carroll，2000；Davies，2004；Ehn，1992）。基本上，目标用户应该在学习环境的设计和开发中发挥重要的作用。卡罗尔等人（Carroll et al.，2000）将参与式设计的这种模式描述为一个相互学习的过程，所有参与者（即教学设计者、教员、教师、学生、管理者）都参与了真实而重要的设计决策过程。当然，鉴于跟利益相关者的互动，以及设计过程的（时间）长度、范围和控制等因素，用户参与的程度会不尽相同（表4.6）。

表4.6 UCDD中用户参与的不同水平（Baek et al.，2008，p.663）

因 素	弱参与	强参与
互动	间接	直接
（时间）长度	短	长
范围	小	大
控制	很有限	很宽泛

马利亚罗和香博（Magliaro & Shambaugh，2005）曾描述了一个学习者（即最终用户）弱参与设计教学的例子。他们将参与式设计定义为设计师和教师之间的合作，但他们没有把学生当作参与者。

由于 UCDD 在计算机系统开发领域应运而生（Schuler & Namioka，1993），它在教学设计中的许多应用都与学习媒体的参与式设计有关（如 Cooper & Brna, 2000; Danielsson & Wiberg, 2006; Druin, 1998; Huang, 2015; Siozos et al., 2009）。看来这些和其他以技术为中心的参与式设计得以在课堂中得到应用，与科学、技术、工程和数学的（STEM）教育的推广有着千丝万缕的关系。例如，卡罗尔等人（Carroll et al., 2000）探讨了如何在虚拟学校的设计中应用参与式设计来支持中学和高中物理科学的合作学习。这个为期 5 年的项目叫作 LiNC（Learning in Networked Communities，互联网社区学习），算得上是 UCDD 发展的一个里程碑。它为参与者在项目过程中的角色转换提供了深刻见解。霍洛赫-埃尔特、克林格和费边（Holocher-Ertl, Kieslinger, & Fabian, 2012）探讨了与 STEM 教育相关的另一个参与式设计案例，柯宁斯等人（Könings Siozos et al., 2010）则在数学课堂展开了探索性研究。一般来说，STEM 教育强调反思（课堂上已经存在的内容），以及通过设计、建模、实验、学生参与解决问题和参与者合作的学习方式所进行的修正。因此，它在很大程度上与参与式设计的理念不谋而合。

"如果学校关注学生的知识、价值和兴趣，我们就需要知道学生的真实状态。我们需要倾听他们的心声，留意他们在我们面前展示的样子和讲述的内容……学生的心声帮助我们理解学习者需要和看重的东西"（Dahl, 1995, p.124）。根据这一教育理念，柯宁斯等人（Könings et al., 2010）为设计师、教师和学生创建了参与式设计课堂会议，旨在提高课程质量。会议由三部分组成：①针对先前的课堂经验进行头脑风暴；②讨论当前教育实践中比较突出的积极和消极方面；③为改进即将到来的课堂探讨可能的想法和可行性活动。这项探索性研究的结果表明，参与式设计在课堂上具有实用性，至少课堂氛围是令人舒适的。同样，肯尼和沃思（Kenny & Wirth, 2009）也探讨了一些行之有效的教学技巧，这有助于塑造一个基于探究的课堂。他们认为，参与式学习体验可以在交互性的数学或科学课的最佳实践中得到实施。

尽管有这些精选的例子，但对课堂参与式设计的研究还处于起步阶段。更多的研究可以在高等教育领域找到，这似乎也是参与式设计的未来发展前景。例如，科里等人（Corry et al., 1997）组建了一个由教师、研究生和工作人员组成的跨学科小组，对现有网站进行评估和改进。基于学生作为终端用户的需求分析，网站创建了一个新的信息结构，并对其可用性进行了测试。这个描述性案例研究说明了用户为本的设计的适用性。与高等教育中信息和通信技术（ICT）的使用密切相关的还有奈特等人（Knight et al., 2015 年）以及卢奥尤斯和维尔基（Luojus & Vilkki, 2013）的研究。在这两项研究中，终端用户参与整个设计和开发过程。研究表明，参与式设计提高了高等教育中学习分析以及作为高等教育 ICT 研究起点的实验室活动的质量。莫尔、沃伯顿和温特斯（Mor, Warburton, & Winters, 2012）认为，参与式研讨会可以很好地促进 ICT 在教学中的有效应用。在这样的研讨会上，与会者（包括终端用户）可以共享经验，创造设计模式，从而应对高等教育中 ICT 对教学提出的各种挑战。

这些研究侧重于通过参与式设计来提高 ICT 的可用性，而高等教育领域的其他研究则侧重课程改革，或改善基于问题和基于项目的学习。例如，巴尔兹塞等人（Balzhiser et al., 2015）采用了参与式设计方法调查研究了涉及专业写作、媒体新闻和公共关系方面的、为职场专业人员量身定制的跨学科硕士学位课程。案例研究的结果表明，这些研究者注重使用参与式设计开发研究生课程。戴蒙德等人（Dymond et al., 2006）也持相同观点，他们使用参与式方法创建了一门包容性强的高中科学课程。

更具体地说，董等人（Dong et al., 2015）重点关注课程重新设计的过程，以便改进大学课堂上基于项目的合作式学习。课程重新设计使用了一种参与式设计策略，使终端用户（即学生）参与到设计过程的每个阶段。以情境学习的理论方法为指导，教师和学生成为共同的设计师，从而可以重新审视现有的基于项目的合作式学习模式，并按照认知学徒制理论及其模块内容、方法、顺序和社会学来进行修改。修改后的模式允许学生定义自己的项目，并为学生提供更多的机会来反思他们的学习策略和表现。基于定量和定性数据的评价表明，基于项目的合作学习有了显著的改善。托伦斯和牛顿（Torrens & Newton, 2013）提供了高等教育中参与式设计的另一个例子，见表 4.7。在这个项目中，本科生和研究生与特殊学校的学生一起进行设计活动，该活动聚焦于评估个别学生对新辅助技术产品的需求和期待，以及概念产品的设计。托伦斯和牛顿把这个案例研究作为一个特定模块的一部分，这个模块教大学生如何为残疾人设计产品，使设计产品更具包容性。

表 4.8 是某一个学生的小组讨论（左）总结。学生在访谈和观察后进行小组讨论，讨论时使用视觉提示（右）。

基于定量和定性的数据，托伦斯和牛顿认为，案例研究中的参与式设计的理念和方法适用于所有参与者，又能给他们留下深刻非凡的体验。参与式设计在很大程度上与"**基于设计的学习**"（Learning by Design™）相契合，后者通常是 UCDD 的典型代表。

并非所有关于参与式设计的实施描述都如托伦斯和牛顿阐述得那样细致入微。通常情况下，这些描述仍然比较笼统，并没有涉及设计过程的细节。这个差距可以通过威利斯（Willis, 1995）的 R2D2 设计模式弥合。

表 4.7　托伦斯和牛顿的研究中参与式设计活动的顺序（Torrens & Newton，2013）

任　务	特殊学校/学院	高等教育机构
第一次实地调查 访谈和观察	需求讨论	半结构化访谈 设计说明 基于明确的需求和期望勾勒出概念
第二次实地调查 共同设计，使粗略的概念精细化	选择概念设计，并进一步讨论设计说明	找出深受喜爱的概念设计，并加入更多来自学生的信息
第三次实地调查 设计选择 精细展示	从 3 种设计中选择一个 向教师和邀请的学生观众呈现设计 基于学生展示的设计过程，开展课堂设计活动	记录学生的选择理由 协助学生展示 回顾学生的选择和偏好
方法反思	课堂问卷调查	在线调查

表 4.8　托伦斯和牛顿的研究中某一学生的讨论小结
（Torrens & Newton，2013，p.63）

第一次实地调查
使用视觉提示（右）开启讨论，讨论时做好笔记。 学生在视觉提示中标出自己的喜好。 基于第一次实地调查中所识别的某个学生的需求和期望，学生进行小组头脑风暴（见下文），之后写小组讨论总结。每个学生都需要完成这个练习

递归性、反思性设计和开发模式

威利斯在 20 世纪 90 年代开发的 R2D2 模式可以作为参与式 UCDD 的原型，因为设计和开发的整个过程是由利益相关者团队完成（即教师、学生、主题专家和教学设计师；Chen & Toh，2005）。UCDD 的过程被不断地改进，并逐渐接近团队所认为的可以接受的产品。因此，教学系统的设计和开发是一个递归和反思过程。总的来说，R2D2 模式基于以下建构主义观点：

1. 设计和开发的过程是递归的、非线性的、有时是"混乱的"。

2. 教学规划是动态的、进化的、反思的和协作的。
3. 合作设计团队首先从总体目标出发，然后在设计和开发过程中不断接近特定目标。
4. 没有也不需要教学设计专家。
5. 教学的重点是在有意义的环境中进行学习，即教学通常以终端用户的理解为目标。
6. 形成性评价至关重要。
7. 主观数据（例如学习者的目标和动机）对设计过程和设计成品有很大的促进作用。

R2D2 模式与传统的客观主义教学设计模式形成了鲜明对比。威利斯（Willis, 1995）并没有使用诸如阶段性或步骤（正如在 ADDIE 所采用的）之类的程序性术语，而是创造了"**焦点**"这个词来表示教学设计的主要组成部分。R2D2 模式界定了 3 个焦点：①**定义**（任务和概念分析）；②**设计和开发**；③**传播**。这些组成部分构成了"一个既不可预测也不可预先规定的间歇性递归模式。实质上，这些焦点是组织我们对工作的想法的一种便捷方式"（Willis & Wright, 2000, p.5）。联合设计团队继续做所有必要的工作，致力将教学想法的近似复制付诸现实（Colón, Taylor, & Willis, 2000）。按照 UCDD 的理念，学习者以全新的形象加入到共同设计师团队中。

传统的教学设计模式包括前端分析、学习者分析、任务分析、概念分析和明确教学目标，然而 R2D2 模式的第一个焦点（"定义"）包含持续的学习者分析，而教学目标从协同设计和开发的参与式过程中自然演化而来。R2D2 模式的第二个焦点包含了 4 方面：①材料和形式选择；②开发环境的选择；③第一个原型的设计；④形成性评价策略的选择。根据 UCDD 的"哲学"，R2D2 模式包括学生试用和专家评估。第三个焦点（"传播"）侧重教学系统的最终构成及其在实践中的应用。与传统的教学设计模式相反，R2D2 模式并不重视总结性评价。

R2D2 模式是递归迭代的。因此，开发过程并没有一个特定的起点。设计和开发是一个批判性反思和修改的连续过程，直至找到满意的解决方案为止。这个过程可能会显得多余，因为特定设计问题会一而再，再而三地出现，但是渐渐地，它们会变得越来越清晰，学习环境的脉络也变得越来越连贯。传统教学设计模式假定了规划步骤的完整性，与此不同的是，R2D2 模式采用**快速原型法**（rapid prototyping）。对需求和总体目标进行简短评估之后，就会创建一个产品原型，然后对产品进行测试、调整和修正，直到获得满意的成品。图 4.19 详细阐述了这个过程。

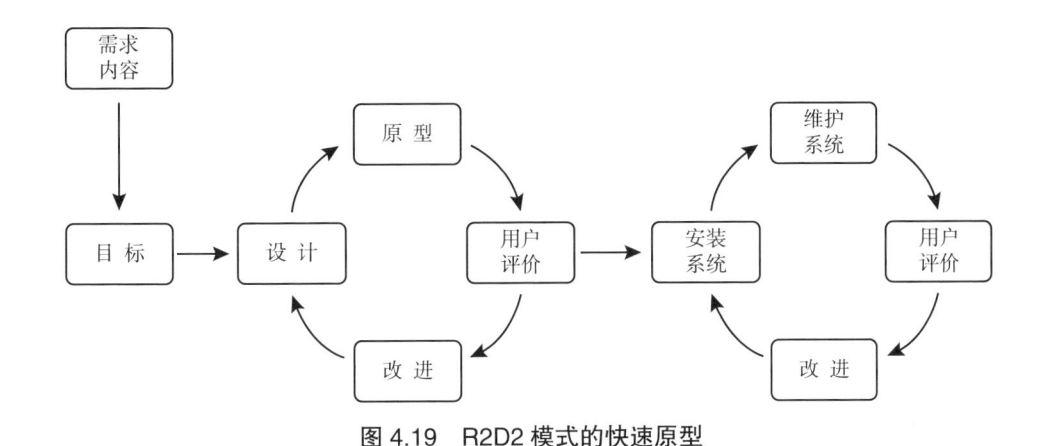

图 4.19 R2D2 模式的快速原型

博林（Boling，2010）将 UCDD 中创建的原型称为**设计案例**，用于描述有意生成的人工制品。一个设计案例可能是商业产品，或建筑物，或教室的单一图片，但也可以是全方位的，从始至终地追求某一想法，将其贯穿整个设计过程，直至其付诸应用为止。快速原型在教学设计中的应用基于这样一个假设，即学习环境的开发和设计是一个复杂而又开放的问题，需要付出巨大的努力才能解决。

快速原型法

快速原型作为迭代的、快节奏的开发方法，在 20 世纪 80 年代后期引入计算机辅助设计软件和计算机控制制造系统领域，用于快速生成、分析、制造和测试实体的复制品（Chelizde et al.，2002；Wright，2001）。它的基本思想在于创建一个最初的、典型的或初步的模式，从中发展或复制出其他更复杂或更精细的形式。渐渐地，快速原型开始应用于不同领域，例如在教学设计中（如 Tripp & Bichelmeyer，1990），指的是整个教学课程或项目按比例缩小版本的样本模式。

文献分析发现，针对快速原型在教学设计中的应用，存在两种相互矛盾的观点。一些作者（例如，Northrup，1995；Tessmer，1994）认为，快速原型仅仅是一般设计和开发阶段中形成性评价的替代方法。其他作者则认为这是教学设计方法的新范式（如 Dorsey et al.，1997；Jones & Richey，2000；Tripp & Bichemeyer，1990）。我们认为，"这不过是半斤八两而已"，因为快速原型的核心思想是在设计——利用——修改的循环过程中开发学习环境，这种循环贯穿项目的整个生命周期。这个循环应该是迭代的，即产

151

品不断地改进，直至达到令人满意的解决方案。与以线性顺序工作的传统教学设计模式相反，快速原型方法将设计过程视为一个行动反思的迭代过程（图4.20）。

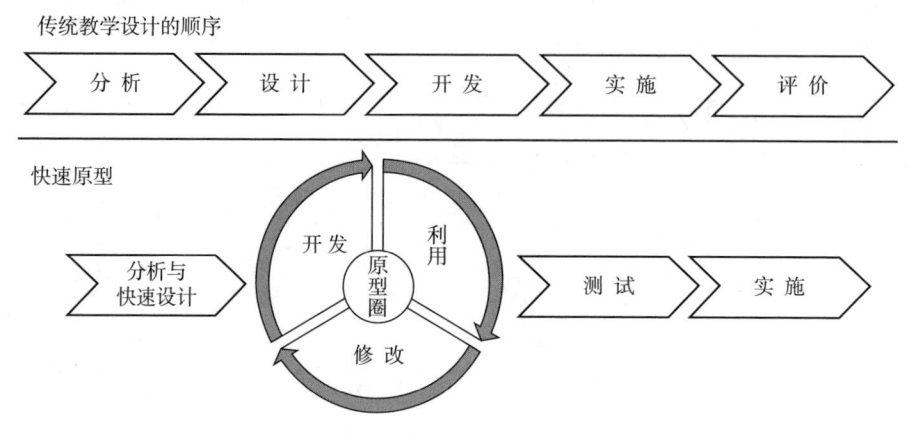

图4.20 快速原型与传统教学设计的顺序

快速原型的目的是通过快速建构一系列实物模式（即Seel在1991年所说的心智模式），为设计者提供早期的反馈以适应用户需求，从而促发各种教学活动。原型是指工作模型，或"展现产品预期外观的外壳"（Jones & Richey，2000，p.64）。从心智模型的角度来看，成品通常是不完整的。在快速原型中，设计计划并不是为了达成预先确定的既定目标，而是在整个过程中不断发展，即或多或少创造性地处理"不确定性，唯一性和价值冲突"（Schön，1987，p.6）。快速原型允许设计人员从低保真度的模式入手，随着时间的推移，模式慢慢转向更高保真度的版本。本质上，目前存在两种类型的原型（Nielsen，1993）：**水平原型**（horizontal prototypes）和**垂直原型**（vertical prototypes）。水平原型显示了各种各样的特征，但是并没有全部实现，而垂直原型只在仿真模式中实现一小部分特征。水平原型适合于理解更广泛的系统之间的关系，以显示能力的范围。因此，这种类型的原型适用于课程和讲座的中期教学规划。当一个系统的某个特征很难理解，有待探索时，垂直原型就有了用武之地。因此，它是具体教学材料和项目短期规划的首选。

图4.21中提到的"场景"与博林和弗里克（Boling & Frick，1997）提出的**整体原型**（holistic prototype）相呼应。这种原型是"表征了所有元素但都不具体的'水平原型'和表征了用户可能采用的唯一一条路径的详细功能的'垂直原型'的混合体"（Boling & Frick，1997，p.320）。例如，在网站设计中，整体原型包含了整个站点的顶层及其足够多的链接来举例说明其主要特性，如文档、搜索功能、不同的表征形式（地图、表

格、表单、列表等)。实际上,快速原型似乎是基于技术的教学设计的首选(如 Batane,2010;Foley & Luo,2011;Wakefield & Warren,2012)。通常来说,这些应用程序适合使用垂直原型进行操作。然而,快速原型并不局限于基于技术的教学设计,还被应用到了课堂教学的设计和开发中,尤其是在高等教育领域。柯林斯和德博尔(Collis & de Boer,1998)以及德鲁西尔(Desrosier,2011)的研究是(水平)快速原型应用的良好例证。德鲁西尔描述了加利福尼亚大学圣克鲁斯分校如何有效使用快速原型方法构建了一个全新的课程。整个新课程的设计和开发从观点酝酿到实际成型只花了36周的时间。然而,比起普通的教学应用(例如讲座、研讨会和大型教学),快速原型似乎更易于应用在基于技术的教学设计中,因为在传统的课堂教学中,原型循环圈的应用不太好实现。因此,特里普和比谢尔梅耶(Tripp and Bichelmeyer,1990)认为,虽然教学设计的快速原型模式可能并不适用于每一种情况,但在以下情况中却行之有效的。①涉及多种因素的复杂教学案例,因而无法成功预测结果;②当传统的教学设计方法可能产生不满意的结果时;③以往经验无法解决教学问题时。在教学设计中使用快速原型时,要注意:①需要准备有效建构原型的工具;②选择原型设计和修改的最佳方法;③最重要的是需要经验丰富的教学设计者。这意味着,一般来说,快速原型不适合新手使用。

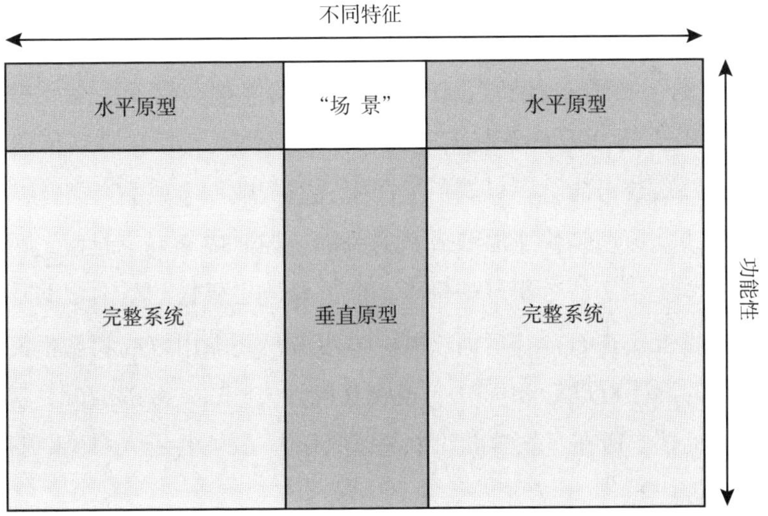

图 4.21 水平原型和垂直原型的特征

关于快速原型方法在教学设计中的应用,特里普和比谢尔梅耶(Tripp & Bichelmeyer,1990)的研究被引用次数最多。他们为高等教育领域的教学设计提出了一个快速原型模式（图 4.22）。在这个模式中，需求评估和内容分析有助于目标设定，但是原型的构建、使用和设计交错排列、互相重叠，在整个项目中不断进行调整和修正。

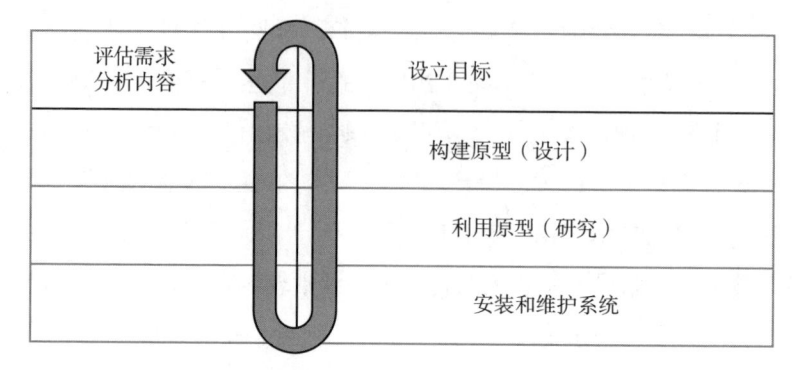

图 4.22　特里普和比谢尔梅耶的快速原型模式
（Tripp & Bichelmeyer, 1990, p.31）

这个模式在教学设计领域可作为一个一般参考点。但是，有时它也可以用附加的组件予以补充。例如，弗里克等人（Frick et al., 2005）在快速原型过程中增加了重要的前端和后端。尽管原始模式会有扩展，但研究者普遍认为，快速原型作为教学设计方法，应尽早地在设计过程中实现原型，以减少时间和成本。设计过程的起点不是教学设计理论，而是从一个模拟模式开始。该模式代表了设计师的最佳设计角度，从而生产出一个视觉上和感觉上都能面向预期发展的终端。接着，这个初步模式经历迭代的使用和修改，不断地重新制作来发展教学单元，直到它满足预期为止。照此方式，原型的连续更改可能会不可避免地产生一些失败的半成品。因此，对失败做出快速反应，彻底改造原型是快速原型成功的关键。如何快速响应原型失败，德鲁西尔（Desrosier, 2011）提供了一个很好的例子。原型修改必要性的基本依据是观察终端用户与产品的交互情况。在教育和培训领域，学习者是终端用户或利益相关者。满足这一点是用户为本的设计和开发（UCDD）或交互设计（Filippi & Barattin, 2012）的建构基础，是可用性的核心所在。教学设计中快速原型方法的另一个驱动原则是 WYSIWIG 输出（"所见即所得"）。

在教学设计领域，快速原型通常是参与式 UCDD 的最佳例子："所谓用户为本的设计，就是使用者在系统设计或者产品设计过程中参与一系列快速、迭代的试用和修改循环活动，直到创造出可接受的成品为止"（Baek et al., 2008, p.660）。基于设计的学习™方法很好地阐述了这个过程。与此相对应，**加速学习快速教学设计**（The Accelerated

Learning Rapid Instructional Design）模式的提出者迈耶（Meier，2000）也赞成使用参与式设计，使学习者为自己的学习负责，促进他们在同伴**学习社区**中的学习。迈耶的模式融合了加速学习策略，力求通过更多的实践、反馈和经验来设计学习环境。

快速教学设计

迈耶（Meier，2000）的快速教学设计模式旨在创建一个开放式设计过程。它基于活动，包含 4 个阶段：

准备——激发学习者的兴趣
- 讨论学习目标和收益
- 提高学习者的好奇心
- 消除任何可能妨碍学习的障碍

呈现——使学习者接触新知识和新技能
- 展现真实世界的例子
- 交互式演示
- 吸引所有不同学习风格的学习者
- 开展发现活动
- 开展问题解决练习

练习——确保学习者整合新知识和新技能
- 呈现需要动手操作的练习活动，提供反馈，促进反思，完善后重新练习
- 开展学习游戏
- 促进个人反思和表达
- 开展大量的技能发展练习

表现——让学习者将所学的新知识和新技能应用到实际工作中
- 将知识和技能运用到工作中
- 构建支持系统，加强工作中的学习
- 奖励成功使用新学技能者
- 腾出时间整合和应用新技能

此外，迈耶提出了**三七原则**（30/70 rule）：30%或更少的时间用于教师或媒体呈现，70%或更多的时间用于学习者操练和整合活动。

快速原型通常被认为是一种广泛应用于交互式学习环境设计的时间压缩技术。高等教育领域中的一些案例研究（如 Desrosier，2011；Filippi & Barattin，2012）表明，快速原型适合在短时间内产出学术产品，也能满足创新教育问题的需求，如混合学习。由于快速原型与参与式设计有关，它的关键点在于如何使个体融入参与式工作（尤其是在跨距跨时的大型项目中）以及如何协调参与式设计。费希尔等人（Fischer et al., 1992）提出了一个**设计即行动反思的模式**（model of design as reflection in action），以确定"群体记忆"如何与个人工作相关联，从而使设计人员做出有效设计，避免问题，并在过程中学习新事物。为了满足这些要求，他们建议将行动和反思，以及构建和论证结合起来。"情境必须跟个人设计师……'对话'，从而在当前行动中理解、处理和修复其与群体记忆之间的互动"（Fischer et al., 1992, p.287）。

一般而言，快速原型与参与式设计密切相关。然而，它并不局限于 UCDD 这个特定领域，也可与传统的教学设计方法结合使用。与此相对应，盖罗（Gero, 1990）将原型方法与常规设计，以及创新和创造性设计结合使用（图 4.23）。盖罗认为，**常规设计**可以看成一个持续的原型—实例改进。它的基本原则是将概念图式当作设计原型，记录了常规设计所需的所有知识。常规设计的基本前提是已有原型和已存储原型的可用性，将其视为提取和选择的图式或脚本，从而生成实例。图 4.23 从图式化的角度展现了如

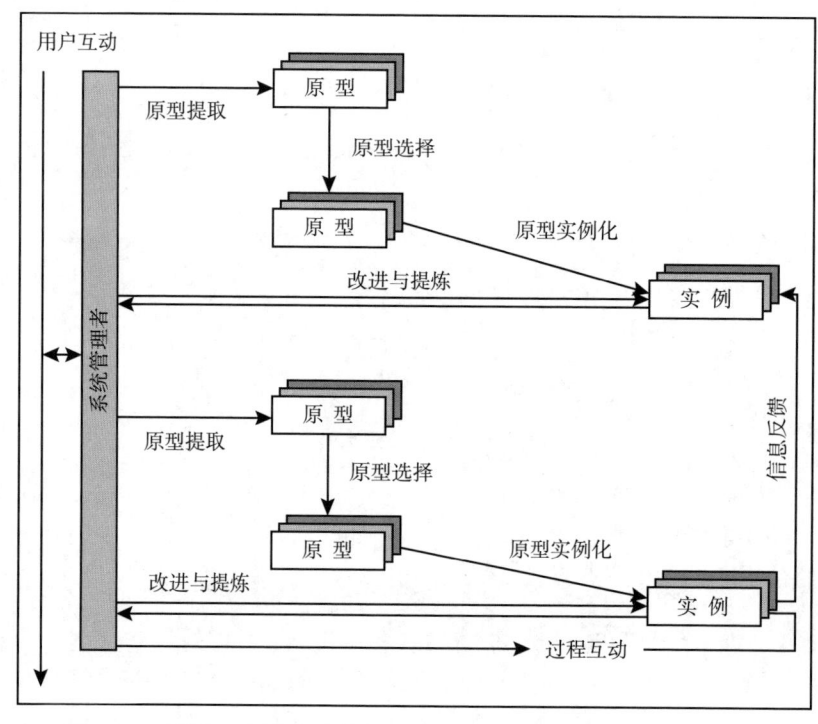

图 4.23 原型—实例改进的常规设计（改编自 Gero, 1990, p.35）

何运用原型进行常规设计的过程。

根据图式理论，原型—实例改进是对所提取的概念图式的添补、调整或重组。把原型作为图式最佳例子的解读，与特里普和比谢尔梅耶等人所提出的快速原型方法中对原型的理解完全不同。不过，这种原型设计倒是与盖罗的创造性设计理念不谋而合（参见 Mountford，1990）。这可以当成是新一代原型的产生。在大多数情况下，新的原型在旧原型的改变中产生。然而，偶尔也会产生一个没有先例的设计原型，尽管它的产生有一个明确的过程。在这种情况下，所处环境及设计者对它的感知起到了重要作用。

用户为本的设计和快速原型是过程复杂、要求严格的教学设计方法。达成最终设计产品并非一件易事。虽然皮斯库里奇（Piskurich，2006）试图展示如何快速完成教学设计，但他用了 500 多页的篇幅讲解了"教学设计过程中的所有步骤"。这里的关键是，快速原型的基本前提是要有一定的基本知识和能力对原型进行创建、迭代测试和修改。因此，教学设计新手肯定无法胜任。如果具备足够的专业知识，这可能是最有效的设计和开发方法，尤其适合基于技术的教学。最后一点，快速原型并不是建构主义教学设计方法，它应与传统的教学设计模式结合使用。因此，卡拉乔治和西米欧（Karagiorgi & Symeou，2005）以及皮斯库里奇（2006）认为，快速原型应该嵌入到而不是替代传统教学设计模式（VanMerriënboer，1997）。围绕 ADDIE 的 5 个维度，皮斯库里奇（Piskurich，2015）将快速原型描述为"一个持续的过程，在这个模式下每周都会增加和评估新的方面，直到你最终完成项目为止"（p.242）。中国台湾省的文藻外语大学的教师发展中心采用了 Triple-P 模式，将快速原型技术和 ADDIE 的 5 个维度整合成一个设计教学材料的螺旋模式（图 4.24）。

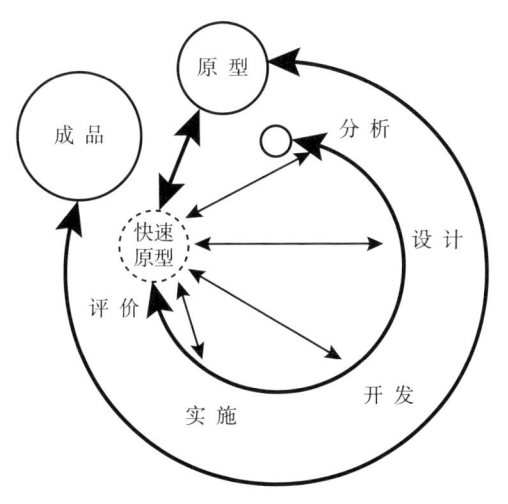

图 4.24 文藻外语大学教师发展中心的 Triple-P 教学设计模式
（http://cfd.wzu.edu.tw/cfd_en/triple_p_isd_model.html）

该模式演变出 3 个主要结果：快速原型、原型和成品。该项目从生成快速原型开始，在该快速原型上应用 ADDIE 维度以得到原型，这个原型还反映了对 ADDIE 每个阶段的反馈，直到生成最终产品。

总　　结

用户为本的教学设计假定终端用户积极参与设计过程和相关决策过程。由于其在计算机系统开发领域的出现，UCDD 在教学设计中的许多应用都与学习媒体的参与式设计有关，而且 UCDD 在课堂教学设计中也发挥着重要作用，尤其是在 STEM 方面。另一个应用领域是高等教育。UCDD 的教学理念可以在基于设计的学习™，以及在 R2D2 模式（**递归、反思、设计和开发**）中得到阐释。根据这个模式，设计和开发的整个过程由利益相关者团队开展实施，包括教师、学生、学科专家和教学设计者。

R2D2 模式关注 3 个焦点：①定义；②设计和开发；③传播。其中，第二个焦点与**快速原型**方法密切相关。

如同心智模式方法，快速原型的基本思想在于创建一个最初的、典型的或初步的模式，从中发展或复制出其他更复杂或更精细的形式。快速原型的目的是快速建构起一系列模拟模式，为设计者提供早期的反馈以适应用户需求，从而促发各种教学活动。

快速原型技术并不局限于 UCDD 这个特定领域，也可以与传统的教学设计方法结合使用。原型可以被认为是一种有用的"学习工具"，因此可能存在任何级别的分辨率——从非常粗糙到高度精细——并且可以在设计过程的任何阶段使用，以探索、发展和/或交流想法。

快速原型是一个过程复杂、要求严格的教学设计方法。因此，教学设计新手肯定无法胜任。如果具备足够的专业知识，这可能是最有效的设计和开发方法，尤其适合基于技术的教学。

附加问题

问题 4.17：R2D2 模式的 3 个焦点有哪些特点？

问题 4.18：R2D2 模式中哪个功能具备快速原型技术？

问题 4.19：如何区分水平快速原型和垂直快速原型？

问题 4.20：如何结合参与式教学设计和快速原型法？

问题 4.21：为什么快速原型法对新手来说太难？

第五章

应用领域：高等教育及学校教育

引　言

高等教育是推广参与式教学设计和快速原型技术的热门领域。几十年来，各高等院校投入了大量人力物力来提高教学水平。这些投入主要是为了相关利益方的需求，如学生为获得关键能力而就读高等教育机构的需求。高等教育机构"在各个方面都面临着新的教学问题——学生互动、课程内容设计和传递、多层次沟通、定义新型任务和表现预期、多样化评价和评估技术"（Moller, Foshay, & Huett, 2008, p.67）。总之，这些问题对教学设计提出了挑战，而参与能力导向的高等教育发展的学术教师则被期望扮演教学设计师的新角色。例如，他们关心的问题是将新课程转变为具体的学习任务，以及将新兴技术纳入课堂。几项研究（例如，Bennett, Dunne, & Carre, 2000; Brown, 2015; Gibbs & Coffey, 2000; Hoogveld et al., 2005; Postareff, Lindblom-Ylänne, & Nevgi, 2007）表明，高校教师可以通过培训有效地应用教学系统设计方法，以提高他们的教学质量。这也适用于学校的教师，他们在课程的规划和实施活动中也应被视为教学设计师（例如，Earle, 1985, 1992; Moallem, 1998）：

作为设计师的教师应认识到规划、结构化、供应和编排学习的重要性。虽然设计师的角色可能是最不受关注和认可的教师角色，但对学生学习机会创建的理性分析是塑造所有强大和有价值的 K-12 教育的基础……因此，教师是且应该成为教学设计师。他们必须理解自己作为教学设计师的身份，主动学习能指导他们进行创造性设计的理论和原则，从而为学生提供更多的学习机会（Norton et al., 2009, p.53）。

高等教育的教学设计

一段时间以来，随着教师专业水平提升，学术教学的策略和实践发生了变化，因此，学生越来越多地参与到协作和合作学习、基于技术的学习和学习社区之中（King & Kitchener，1994；Macke et al.，2012；McAleese et al.，2014；Yakovleva & Yakovlev，2014）。为满足高等教育对优秀教学的要求，越来越多的教学设计新策略和新方法发展起来。在这种情况下，考弗兰、苏瑞和卡纳莱斯（Coughlan，Suri，& Canales，2007）认为，在教学设计的任何阶段均可利用原型（技术）作为学习工具，以探索、发展和/或交流想法。因此，原型可以作为高等教育领域中任何层次的行为和组织变革的**学习工具**。

这也适用于在线课程的发展，它被认为是高等教育教学设计的一个特殊挑战（例如，Allen & Seman，2013；Bichsel，2013）。尼斯和吉洛–威尔斯（Niess & Gillow-Wiles，2013）认为，在高等教育领域开发在线课程需要回答3个问题：①哪些教学策略对发展功能齐全的学习社区至关重要？②社会、认知和教学临场是如何支持深度学习方法的？③学习者的教学策略之一，在线社区，以何种方式让参与者参与到更高层次的学习中？

尼斯和吉洛–威尔斯应用了与布朗（Brown，1992）的设计实验概念相对应的基于设计的研究方法，通过设计和细化分析来生成和改进多种教学策略。专注于设计和探索整个创新范围，作者在高等教育领域开发了一个由研究人员设计、有实证支持的学习轨迹的**情境化理论**。

根据尼斯和吉洛–威尔斯所述（Niess & Gillow-Wiles，2013），59位研究生参与了一项研究。该研究旨在在社会元认知建构主义学习环境中识别有效的教学策略。在5年的时间里，作者在研究生数学教育和科学教育方面设计、讲授、修改了6门必修课程和9门选修课程。每门课程的内容都侧重培养和扩展学生对多媒体技术的理解和技能。按照参与式设计的理念，学生积极参与设计材料，借助ICT支持数学和科学的学习。通过探索参与者在小型合作或协作小组中的互动情况，可确定共享和个人知识的互动特征。为了建构学生探究活动的框架，尼斯和吉洛–威尔斯应用了拜比（Bybee，2009）的5E（参与、探索、解释、阐述、评估）教学模式。

该模式将参与者置于学习中心，并让教师担任任务设计者和促进者的角色。相关的最佳实践的例子来源于在顶点研究中观察到的课程，它验证了学习轨迹的各个组成部分及其交互动态。

图5.1说明了这一学习轨迹有3个主要组成部分：①**学习工具**；②**学习过程**；③**学习内容**或结果。

最后一年的迭代、跨课程分析产生了4个主要结果：学习轨迹中的支持性社区结

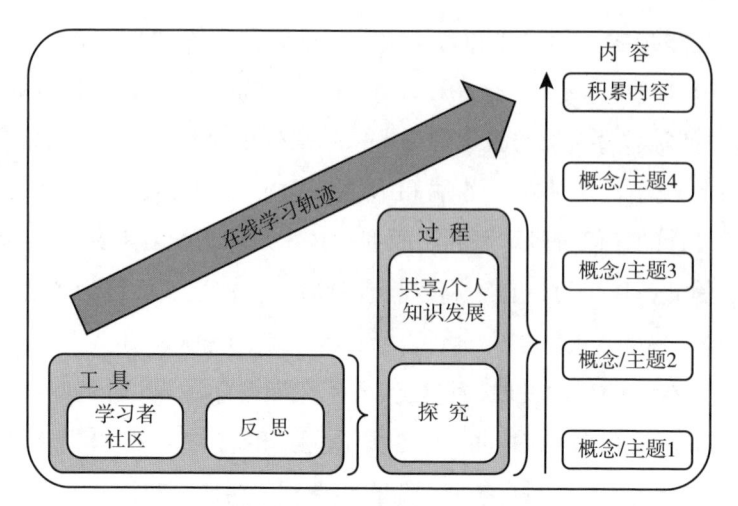

图 5.1 研究者推测、实证支持的在线学习轨迹

构是学生取得成就的重要因素。这个社区结构可以促进个人知识，以及共享知识的逐步发展。一个支持性学习者社区需要教师在课程设计和学习活动的促进上采取有目的的行动。信息和通信技术应该在课程的早期引入。它既应该成为合作的工具，也应该成为教与学的工具。最初的课程侧重于提高参与者使用 ICT 进行沟通和协作的能力，而后来发展的课程则应将重点放在技术上，将其作为教学和学习课程概念的工具。创建学习者社区和发展共享内容知识既不是单独的构建活动，也不是仅凭一己之力就能完成的。它需要创建另一个学习者社区并与其进行动态交互。

类似地，萨里和兰德（Surry & Land，2000）描述了一个通过促进教师个人使用技术的积极性而将 ICT 注入学术教学的框架。基于凯勒（Keller）的 ARCS 模式，作者提出了 4 个策略：注意力策略、相关性策略、自信心策略和满足感策略。近年，有不少研究都聚焦于教师在教学中对教育技术的应用（例如，Gautreau，2011；Garrison & Hanuka，2004；Sugar et al.，2011；Zayim et al.，2006）。总的来说，这些研究认为，教学技术的传播在早期采用者中已经达到了饱和点，但在主流教师中仍然有限。苏尔（Soule，2008）基于教学设计的"融合模式"开展了两项研究，研究的核心是对教学设计中的早期（技术）采用者和随后的剩余教员进行递归培训。

教学设计融合模式

苏尔（2008）的融合模式整合了参与式设计、快速原型设计，以及凯勒的 ARCS 动机模式。该模式被创建为一个独立的框架，用于设计、开发和实施技术集成方面的教员工作坊（另见 Anderson et al.，2001）。早期（技术）采用者被鼓励参与研习班的设计和开发，然后参与对其余教员的培训。

苏尔的融合模式（图5.2）的主要特征是参与式设计，快速原型和动机（激励）设计的协同应用。该模式是递归的、结果驱动的。这意味着，为了实现目标，每个步骤都必须在必要的时间内重复进行。苏尔称，这一特征，加上头脑风暴和讨论作为形成性评价手段，可以预防教学对象的不满，使教师的培训更加有效。该模式鼓励教师将所学知识应用于自己的课程设计中。基于早期（技术）采用者会参与培训课程的设计、开发和实施，所以该模式的这种结果驱动的方面与**参与式设计**是紧密相连的。他们关于应该教什么和怎么教以满足部门的需求的相关知识为其他教师提供了支持。根据埃利斯和库尼亚万（Ellis & Kurniawan，2000）提出的6个步骤，终端用户的参与流程为：①建立桥梁；②开发用户模式；③描绘可能性；④开发原型；⑤引出和整合反馈；⑥重复以上步骤直至实现目标。

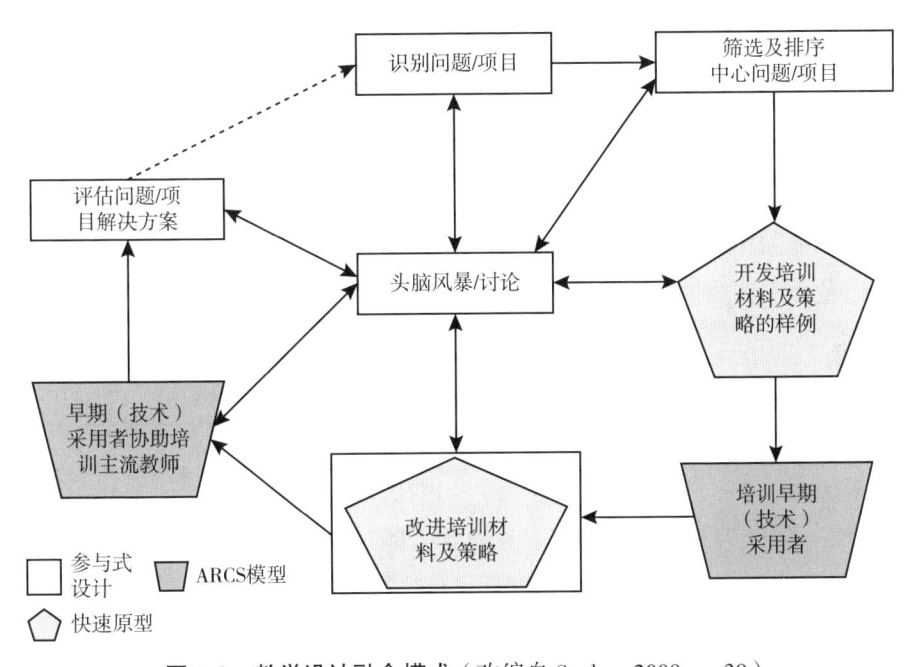

图5.2　教学设计融合模式（改编自 Soule，2008，p.39）

融合模式的第二个组成部分——快速原型是基于特里普和比谢尔梅耶（Tripp & Bichelmeyer，1990）的方法构建的。它指的是在教学单元和课程设计、开发和实施中使用的一种的合作开发模式。有趣的是，这个融合模式将凯勒的ARCS动机设计模式作为第三大要素，旨在提高教师在教学中使用教育技术的积极性。相应地，集中注意力策略被用于激发和维持参与者在整个培训过程中的好奇心和兴趣。相关性策略将学生的需求、兴趣和动机联系起来。自信心策略帮助学习者掌握完成学习任务所必需的技能，而满足感策略则使学习者能从学习经验中获得成就感和满意度。

为了测试该融合模式的可用性，苏尔（Soule，2008）进行了两项研究。来自护理系和历史与社会科学系教师参加了研究1，该研究为混合型案例研究。根据研究1的结果，为更清楚地了解模式实施效果，研究人员修改了数据收集程序。研究2的参与者是来自交流障碍综合健康科学部和大学学院的教师。表5.1提供了两项研究中所实现的模式的组成部分的概述。

两项研究的数据显示，苏尔的教学设计融合模式能有效设计和开发高等教育领域内的教员工作坊，可满足教师的需求，并有助于增强参与培训课程的教师，尤其是年长教师的信心。总之，该模式似乎提供了一个可行且可用的程序，促进了教师在技术整合方面的发展。但是，由于只有一名教学设计师同时参与了两项研究，专业的教学设计师在高等教育背景下的具体作用尚不清楚。

休格等人（Sugar et al.，2011）实行了一项德尔菲研究，以追踪教学设计师在高等教育环境中的作用。特别地，他们对高校教师教学设计所需的多媒体制作知识和技能感兴趣。

由此，参加研究的11位专家小组成员识别了高等教育领域中的教学设计新手所需要具备的多媒体制作技能和知识。其中包括通用的多媒体制作知识和技能，强调在线学习技能，以及多媒体制作和教学设计技能之间的相互关系。

表 5.1 苏尔融合模式的组成部分及其描述

模式组成部分	描 述
确定问题/项目	确定学习中包括哪些部门的活动。
选择和排序中心问题/项目	与各部门的早期（技术）采用者会面，确定培训兴趣和目标。
开发培训材料及策略的样本	使用以往培训课程中使用过的培训材料；在初次会议上向早期采用者展示的材料。
培训早期（技术）采用者	为早期（技术）采用者举办多次培训课程
改进培训材料及策略	培训材料不变，改变培训课程
早期（技术）采用者参与对主流教师的培训	为其他教师组织多次培训；早期（技术）采用者协助培训
评估问题/项目解决方案	全体教师参与调研；抽选部分教师访谈
头脑风暴/讨论	讨论大学技术推动者与研究者的研究

然而，在高等教育中，教学设计师的作用当然不限于设计和开发技术增强的学习

环境，而是涵盖了整个教学范围，包括传统的课堂和课程，以及对教学设计提出了很高要求的混合学习环境。

混合学习环境的教学设计

自 21 世纪初以来，**混合学习**这一术语在学术界和工业界的使用频率越来越高（Bersin & Associates, 2003; Garrison & Vaughan, 2008; West, 2004）。但是，什么是混合学习？对这个问题的回答是，混合学习既是一个新的也是一个旧的教育概念。文献中最常提到的观点有 3 个（Graham, 2005）：①混合学习结合了教学模式或教学媒介；②混合学习结合了教学方法；③混合学习结合了面对面的教学和基于技术的学习。显然，第三个观点最符合当前文献中对混合学习的定义。

混合学习不仅仅是在传统课堂教学中加入 ICT。它旨在将面对面的教学和基于技术的学习结合起来。混合学习既可以简单，也可以复杂，这取决于这两个基本组成部分的有效整合。乍一看，将面对面的学习体验与在线学习体验巧妙地结合起来似乎很简单，但由于几乎无限的设计可能性和对许多环境的适用性，混合学习可能相当复杂。混合学习的两个组成部分都有自己的优劣势。如图 5.3 所示，混合学习面临的挑战是如何充分发挥学习环境的优势而避开其劣势。

图 5.3　混合学习的挑战（改编自 Graham, 2005, p.17）

对于教学设计者来说，一个简单的问题是：什么样的媒体和工具与面对面教学的结合会对学习产生最大的影响？因为目前还没有设计混合学习的标准方法，所以这个简单的问题就会转移到一个大问题上。不仅面对面教学的多样性使人们难以找到问题的解决方案，而且技术也不像人们通常认为的那样简单或无处不在。当然，相比教学媒介和工具的多样性，面对面教学方法的多样性会受到更多限制。但是，对于混合式学习环境来说，选择合适的面对面学习方法仍然是一个挑战。

混合学习环境的挑战

传统上，教学方法是根据结构和互动性的程度来区分的。讲解式教学方法将内容的准备和学习环境的设计分配给教师或教员，包括讲课、学徒、示范、解释、举例和讲故事，学生则作为接受者。教学的编制方法表现出适度的结构化，执行流程固定，但同时会留有部分开放给不同的学生活动。这种编译式教学的特点是师生之间的交流，如对话和讨论，以及问答游戏。最后，以发现为导向的教学方法旨在让学生主导教学，即学生独立解决问题，教师只提供过程性指导。霍顿和韦斯特福尔（Holden & Westfall, 2010, p.12）总结了与远程教学和混合学习相关的教学策略，如表5.2所示。

根据教学方法的选择，可能会产生互动性和教学策略的不同（水平）对称性。对那些需要大量数据的内容，应该进行不对称的传递（图5.4）。

除了教学方法的选择，长期以来，研究者广泛地讨论了教学设计中传递媒介的选择（例如 Reiser & Gagné, 1983; Reynolds & Anderson, 1992; Tosti & Ball, 1969）。这是混合学习的另一个挑战。最近，有学者就媒体选择，尤其是关于混合学习中的媒体选择给出了一些建议（例如 Hirumi et al., 2011; Holden & Westfall, 2010; Lee & Owens, 2004）。

这些建议区分了混合学习的多种教学传递方式，如印刷媒体、异步和同步网络教学、音频和视频会议、音像和电子白板、录制的音频或视频（磁带、数字广播）。在此基础上，这些建议进一步将不同的教学传递方式映射到教学系统中，如图5.5中的同步媒体所示

此外，平美等人（Hirumi et al., 2011）以及霍顿和韦斯特福尔（Holden & Westfall, 2010）提供了同步和异步混合学习环境下的媒体选择流程图。

同步学习环境与更传统的在线教学方法相对应，师生在同一时间和地点参与教学活动。同步环境对应于**教师主导教学**的现实课堂，该教学通常面对面地进行。但是，互联网也为异地的学生提供了同步学习的机会。如果要讲授复杂的、程序化或新的知识，且需要进行即时的沟通、反馈及专家观察等高效学习方式，那么采用多媒体的实时课堂显然是最佳选择。

表 5.2　混合学习的教学策略（Holden & Westfall，2010，p.12）

教学策略	描　述
叙述/讲解（讲解）	允许通过陈述和知识解释来迁移学习。当互动发生时，它允许强化行为、自发提问、对话和即时反馈的社会互动。
示证	通过描述程序性任务、事件、过程进行技能迁移。
角色扮演	参与者扮演各种角色，再现与问题相关的真实情况，以便理解他人的立场和态度，用于判断和解决问题。学生可扮演特定人物、组织、专业职业等角色。
引导性讨论	通过自发、自由的信息交流，提供同步的辩证学习环境，鼓励通过对话传递知识的积极参与式学习。学生可以深入讨论材料，分享见解和经验，并回答问题。
模拟	重现或模拟真实事件，并进行持续性观察。根据实际情况或环境创建现实模式。
例证	用有共鸣的、现实的例子来描绘抽象概念。
图像化	图像化是在脑海中将事物、事件等可视化。它能使内化的视觉图像与将要学习的信息建立关联，有助于创造或重建经验。
建模	事物或概念的简化版，包含其主要特征。
头脑风暴	头脑风暴是解决问题的一种有效的方法。该方法禁止批评、鼓励有想象力的理解、追寻尽可能多的解决方案，然后对这些方案进行组合和改进。其形式是一个人或一群人沉浸在问题中进行思想碰撞，产生大量的想法，然后找到问题的有效解决办法。
案例分析	一种类似于模拟的问题解决策略。通过呈现真实情境，要求学习者做出反应并探索可能的解决方案。
练习与实践	重复任务或行为，直到达到预期的学习成果。练习能将知识从工作记忆转移到长期记忆

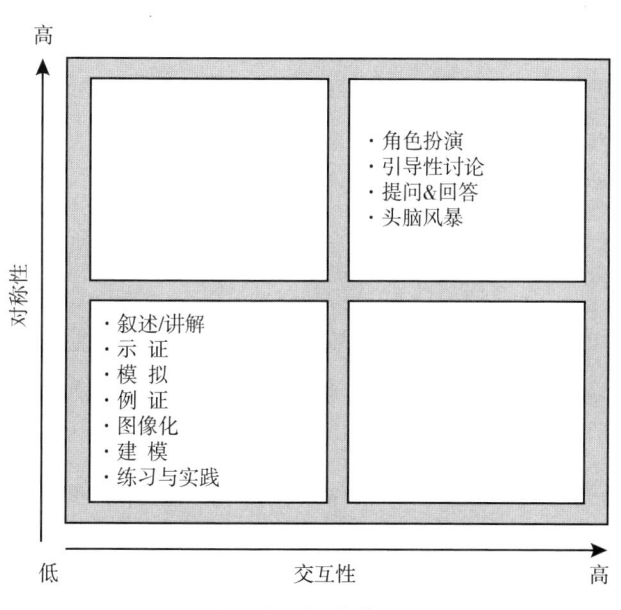

图 5.4　交互性和教学策略的对称性

（改编自 Holden & Westfall，2010，p.35）

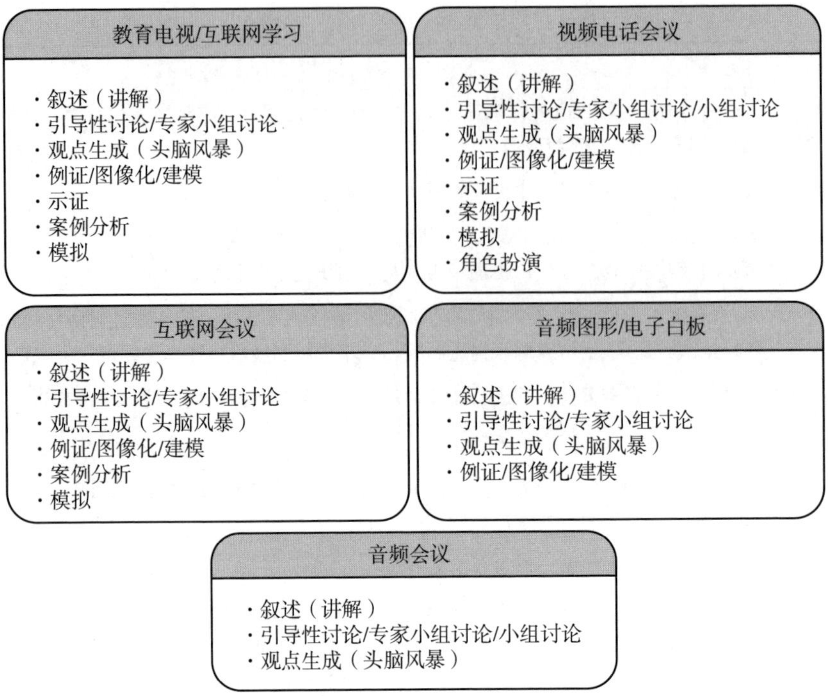

```
┌─────────────────────────────────┐  ┌─────────────────────────────────┐
│      教育电视/互联网学习        │  │         视频电话会议            │
│ ·叙述（讲解）                   │  │ ·叙述（讲解）                   │
│ ·引导性讨论/专家小组讨论        │  │ ·引导性讨论/专家小组讨论/小组讨论│
│ ·观点生成（头脑风暴）           │  │ ·观点生成（头脑风暴）           │
│ ·例证/图像化/建模               │  │ ·例证/图像化/建模               │
│ ·示证                           │  │ ·示证                           │
│ ·案例分析                       │  │ ·案例分析                       │
│ ·模拟                           │  │ ·模拟                           │
│                                 │  │ ·角色扮演                       │
└─────────────────────────────────┘  └─────────────────────────────────┘

┌─────────────────────────────────┐  ┌─────────────────────────────────┐
│          互联网会议             │  │      音频图形/电子白板          │
│ ·叙述（讲解）                   │  │ ·叙述（讲解）                   │
│ ·引导性讨论/专家小组讨论        │  │ ·引导性讨论/专家小组讨论        │
│ ·观点生成（头脑风暴）           │  │ ·观点生成（头脑风暴）           │
│ ·例证/图像化/建模               │  │ ·例证/图像化/建模               │
│ ·案例分析                       │  │                                 │
│ ·模拟                           │  │                                 │
└─────────────────────────────────┘  └─────────────────────────────────┘

          ┌─────────────────────────────────┐
          │           音频会议              │
          │ ·叙述（讲解）                   │
          │ ·引导性讨论/专家小组讨论/小组讨论│
          │ ·观点生成（头脑风暴）           │
          └─────────────────────────────────┘
```

图 5.5　同步媒体在教学策略中的应用（Holden & Westfall, 2010, p.28）

在异步学习环境中，师生间的交流通常不是实时的。举个异步教学的例子：通过阅读分析文本材料（印刷或电子版），学生在互联网讨论平台回答教师或其他学生提出的问题。异步学习是虚拟课堂的基础，不受时间或地点的限制，为反思和内容的传递提供了更多的机会。然而，与此同时，它可能会延迟学生学习的强化。支持点对点交互的社交媒体，如讨论板、维基和博客，有时并不被视为教学传递工具，而是被视为支持混合学习环境中其他教学媒体的实现技术或协作工具（参见 Retta，2012）。

基于技术的学习取代了面对面教学？信息和通信技术的进步以及创新的教学解决方案为学术环境中的学习者提供了有意义的学习体验。但是，有研究表明，当学生完全沉浸于基于技术的教学中时，学习的质量和数量可能会受到抑制。这可以用缺乏面对面的互动、反馈延迟、拖延、低（水平）独立学习动机来解释（Lim & Kim，2003；Lim & Morris，2009）。相反地，关于混合学习环境的有效性的研究表明，混合学习能提高知识共享、促进社交互动（Osguthorpe & Graham，2003）。此外，混合学习使学生在学习进度、教学流程、信息资源选择和时间管理方面有更大的控制权（Chung & Davis，1995）。

什么使混合学习有效？一般来说，这个问题可以参考教学设计的类别来回答。根据这些类别，面授教学的质量、学习活动和学习支持的质量，以及工作量的大小对混合学习环境的有效性有很大影响。关于面对面的教学质量，对学科主题和内容的掌握，以及教师理解内容的能力显然是教学取得成功的决定性因素（Lim，2002）。学习活动的质量依赖于学习经验之前的目标设定，以及纳入的各种教学方法，如在各种情境下应用示例、使用类比和计算机模拟（Lim & Morris，2009）。学生对教学计划和方法的满意度及自身的动机决定了他们在混合学习中会投入多少时间，从而影响学习效果。

建立探究社区。加里森（如 Garrison & Vaughan，2008）和其他作者（如 Lambert & Fisher，2013；Stenbom et al.，2012）认为，使混合学习有效的最重要的因素是它能促进**探究社区**的建立与发展。"社区提供了一个稳定、有凝聚力的环境，平衡了互联网开放式沟通和无限访问信息之间的关系。社区也为自由、公开的对话、批判性辩论、谈判和达成共识提供了条件——这是高等教育的标志"（Garrison & Kanuka，2004，p.97）。同样，帕洛夫和普拉特（Paloff & Pratt，2007）指出，远程学习中最重要的因素是"形成一个学习社区，在社区内传授知识、共创意义"（p.4）。

探究社区（CoI）框架（如第四章所述）最初是在高等教育领域中诞生的。不少学者致力于研究 CoI 对学生学习有效性的影响。这些研究表明，社会临场对学生的互动、学习坚持、满意度、学习进步和动机有显著影响（例如，Gunawardena & Zittle，1997；Jusoff & Khodabandelou，2009；Richardson & Swan，2003；Tu，2002）。索和布拉什（So & Brush，2008）对混合学习环境中学生感知的合作学习水平、社交临场和整体满意度之间的关系进行了研究，结果表明，感知到高水平的合作学习的学生往往比感知到低水平的合作学习的学生对课程更满意。访谈数据显示，课程结构、情感支持和沟通媒介是影响学生对合作学习、社交临场和满意度感知的关键因素。

从我们的观点来看，在参与式设计和原型的基础上，按 CoI 框架能最有效地建构学习社区。通过"学生互动、师生互动，以及由这些互动产生的合作学习"，产生了一个学习和探究的社区（Paloff & Pratt，2007，p.4）。事实上，不少研究表明，参与式设计策略对混合式学习环境的开发是有用且有效的。例如，马克里等人（Makri et al.，2014）将 CoI 框架与参与式设计的一种特殊变体——基于设计的学习方法相结合。马修斯等人（Matthews et al.，2013 年）进行了一项基于设计的研究项目，目的是根据 CoI 框架对伊利诺伊大学教师领导力项目的一门硕士课程进行持续的重新设计。经历 4 个学期的迭代重新设计后，所获的初步结果表明，参与式设计能显著提高学习成效。在该项目的后期，各部门教师使用类似的方法重新设计了所有核心课程。

然而，由于缺乏教学设计方面的专业知识，对大学教师来说，混合式学习环境和探究社区的参与式设计困难重重。由于大学需要"为更广泛、更多样化的人口群体服务，迎合新兴教育模式，促进终身学习，并将教育技术纳入课程"（Hicks, Reid, & George, 2001, p.143），这一缺陷就变得更为严重。因此，专业教学设计师是高等教育机构理想的领导候选人，因为他们有能力将技术和概念技能结合起来，同时进行合作（Sasse et al., 2008; Shaw, 2012; Wang & Berger, 2010）。

在高等教育中，教学设计师需要哪些知识和技能才能在他们的角色中获得成功？ 以在高等教育中最常被引用的领导力研究之一为例，该研究的作者科特（Kotter, 2001）指出，领导力本质上包括准备和协助组织进行变革。他认为有3种能力是领导力的先决条件：①**确定方向**的能力，即使用适当的策略来产生实现愿景所需的变化；②**协调人员**的能力，即创建理解愿景并致力于实现愿景的人员网络；③**激励和鼓舞**的能力，即让人们在可能面临的障碍中继续朝着所希望的新方向前进（另见 Russell & Stone, 2002）。除了这些领导力的一般先决条件，高等教育的教学设计师必须在教学设计和学习理论方面有坚实的基础，具备软技能和技术技能，他们必须有在工作中学习的意愿，还必须跟上新兴的信息和通信技术（Ritzhaupt & Kumar, 2015）。根据瑞安等人（Ryan et al., 2015）的研究，在线教学领域的专家指出了融洽、设计、参与、反馈、研究、课程改进，特别是课程内容是高校教学成功的决定性因素。然而，案例研究（如，Hardré, Ge, & Thomas, 2006）的结果表明，不是单一的因素，而是各种因素的相互作用影响着教学设计专业知识的发展。基于对隶属于**卓越教学中心**的学者的访谈，布鲁托和克鲁明斯（Bluteau & Krumins, 2008）发现，给学者提供空间，让他们在开发教学材料时充分发挥创造力，可以大大提高学生学习体验的质量。另外，对寻找新的教与学方法的热情，以及一个支持性团队和工作环境的存在，对于成功培养教师的教学能力以改善学习具有重要意义。类似地，谢尔曼等人（Sherman et al., 1987）概述了优秀教师的5个特征：热情、思路清晰、有准备和组织、善于激励和热爱知识。在高等教育领域，成功教学的要求往往与卓越教学的原则相联系。

促进卓越的学术教学

多年前，政治家和高等教育机构发现了卓越的概念。但是，这一概念在不同的语境中有不同的意思。通常情况下，卓越被等同于机构的公众声誉，但同样地，这在很大程度上取决于公众对学生经历和表现的看法。在公共场合，卓越与质量管理密切相关。这一点在1988年**马尔科姆·鲍德里奇奖**（Malcolm Baldrige Award）的推出后得到了显著推进。自推出以来，鲍德里奇模式在美国被广泛采用。随后，欧洲质量管理基金会于1992年开发了一个类似的模式，并使之成为**欧洲质量奖项**（European Quality Award）的框架。今天，世界上大多数国家都有数百个基于系统性评价方法的卓越表现质量奖。与欧洲质量奖相比，马尔科姆·鲍德里奇奖的范围更广，适用于教育机构。由此，为响应教育界的需求，**鲍德里奇教育标准**（Baldrige Education Criteria）应运而生，以评估教育机构日益提高的工作质量。1995年试行的"**教育标准**"的目标是：①不断提高教育价值，促进学生全面发展、提高学生幸福感；②提高学校整体效率，有效使用资源和提升工作效率（Karathanos & Karathanos，1996）。

鲍德里奇教育标准将学生视为关键的利益相关者，同时认识到教育组织的不同使命、作用和计划。鲍德里奇的卓越概念包括3个部分：①精心设计和执行良好的评估策略；②各项关键措施和绩效指标的逐年改善，尤其是学生学习方面；③相对于类似的组织和适当的基准，在绩效和绩效改进方面具有可衡量的领导能力（美国质量协会，American Society for Quality，2010；Furst-Bow & Bauer，2007）。显然，**教育标准**尤其重视教学，并建议利用国家认证系统来提高教学水平，这是教育战略发展的核心部分。

"战略发展是指机构为未来做准备的一套方法与规划……。它可能涉及关键供应商、合作伙伴、学生和利益相关者的参与。'战略'一词应作广义的解释，可围绕或导向所述的任何或全部内容：增加或终止服务和项目；重新定位资源；修改教学设计；应用技术；改变测试或采用标准；为新入学的、不断发展的，以及特殊的学生群体提供服务；新的核心竞争力"（American Society for Quality，2010，p.11）。

同样，麦克勒斯等人（McAleese et al.，2014）在向欧盟委员会提交的高等教育质量报告中提出了如下若干建议，以提高高等教育质量。

建议1

欧盟委员会应支持成员国制定和实施全面的国家框架，以使教学多样化，并在整个高等教育系统中整合新的学习和教学模式。该框架应促进相互学习以及其他关键方面，如技能开发、基础设施、法律框架、质量保证和资金支持，尤其是利用"伊拉斯谟"（Erasmus+）项目的潜力。

面向学习的教学设计：理论基础

> **建议 3**
> 数字技术与教学方法的融合应成为高等教育机构教学策略的一个组成部分。应明确目标。
>
> **建议 5**
> 高等教育机构全体教职员工应进行数字技术和教学的相关培训，并将其作为入职培训和专业持续发展的一部分。
>
> **建议 7**
> 国家部门应引入专项资金，支持在高等教育中为整合新的学习和教学模式所付出的努力。资金应鼓励对基础设施需求、教学培训和教学项目执行的合作性回应。
>
> **建议 9**
> 有关部门应制定指导方针，确保开放和在线学习的质量，并促进信息和通信技术在高等教育中的应用，以期达成卓越表现。

教育标准和麦克勒斯的建议都没有明确地阐述卓越教学的理念，但核心内容明确提到了卓越教学的基本组成部分。

卓越教学是一个广泛的概念，文献中可查定义较多（Skelton，2007）。但是，研究者就教学中常见的卓越教学模式达成了一些意义深远的共识（Gibbs，2008）：

- 重点关注学生、学生的学习和对学生的支持及其发展，而不是正式教学；
- 应在宏观上关注更广泛的学习环境和课程开发，而不是微观上关注教学；
- 传统上，强调教师本身，学生对教师的反馈评价，教师的研究记录和学科知识，以及外界对教师的认可，较少关注学生、学习、学习环境或教学开发过程；
- 强调努力发展教学，尤其应通过创新、影响他人和教学引领来发展教学；
- 强调"教学学术"作为一种特别受重视的教学发展形式。

如何理解卓越教学，取决于大学的使命和愿景、高等教育的学科方法，以及教师对学术教学需求的认同。通过比较大学的晋升标准，帕克（Paker，2008）强调了学术角色的多样性及其对卓越教学认知的影响。关于学术工作的 3 个传统类别，即研究、教学和服务管理，帕克（Paker，2008）区分了6种不同角色：①三类工作均能胜任的**全才**；②**有一技之长的高才**，同时担任三类工作时表现不出优异才能，但在承担任一类工作时表现优异；③在一至两个类别表现出色的**专家**；④**全面发展的教师**，教学工作成绩突出，其他工作表现良好；⑤专注于研究的**研究人员**，同时在其他领域有一定成就；⑥**纯粹的研究者**，因与学生相处时间较少，取得卓越教学成就的可能性较低。这对教学意味着什么尚不清楚，但它表明，卓越教学需要与其他学术责任一起发展。因此，古恩和菲斯克（Gunn & Fisk，2013）认为，必须平衡卓越教学中的不同观点：①在内容和过程方面有卓越表现，促进与学科相关的思维和行为方式的成熟；②在教学过程以及教学策略和方法的应用方面有卓越表现；③在支持新手专业人员方面有卓越表现；④在提供发展关键能力和职业机会的总体环境方面有卓越表现，包括适当的社会文化和伦理态度。

学术教学的教育需求是多方面的。当参考考夫曼（Kaufman，1988）关于**需求评估和战略规划**的方法时，我们可以假设，利益相关者（客户—个人），学术机构（客户—组织）、政府和雇主（客户—社会）的需求、教育目标、动机和社会价值观不一定等同。如何看待和强调教学卓越，不仅取决于相关机构的使命和愿景，而且在很大程度上取决于师生如何看待教学。古恩和菲斯克（Gunn & Fisk，2013）根据教学对学生需求的影响——学生对掌握适当的学科知识并能迁移，以及专业发展的需求——来定义教学的优越性。此外，卓越教学还能让学生意识到并参与与本地和全球知识经济、社会正义或政治需求相关的问题。以学术专业和未来发展为维度，古恩和菲斯克区分了4个领域的卓越教学（图5.6）。

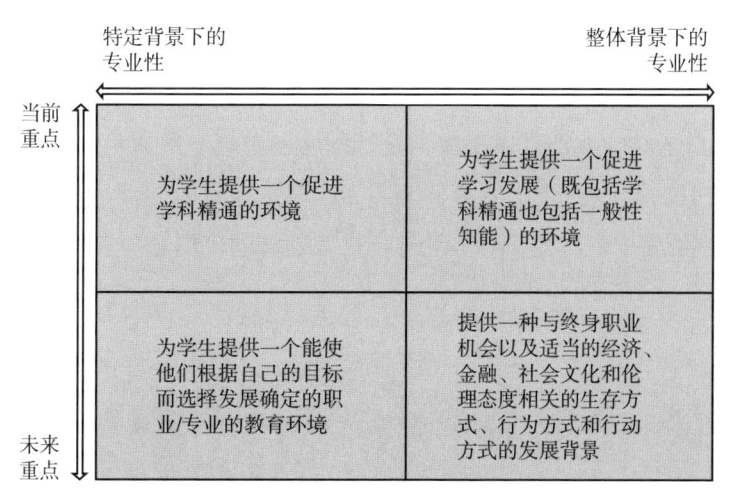

	特定背景下的专业性 ←————————→ 整体背景下的专业性
当前重点	为学生提供一个促进学科精通的环境 / 为学生提供一个促进学习发展（既包括学科精通也包括一般性知能）的环境
未来重点	为学生提供一个能使他们根据自己的目标而选择发展确定的职业/专业的教育环境 / 提供一种与终身职业机会以及适当的经济、金融、社会文化和伦理态度相关的生存方式、行为方式和行动方式的发展背景

图 5.6 卓越教学的维度和领域（改编自 Gunn & Fisk，2013，p.14）

对于新加坡国立大学而言,"一位卓越的教师不仅仅是一个擅长沟通、有学科意识、热爱教学、关心学生或对学生需求敏感的人;卓越也不是由他或她所使用的教学方法来决定的。卓越教学的核心在于教师有能力培养和加强诸如独立学习、思考和探究等智力素质的能力;批判性思维,创造性解决问题,求知欲,怀疑精神,做出明智的判断和表达能力"(引自 Gunn & Fisk,2013,p.28)。

许多大学认为**奖励**是提高学术教学质量的有效手段。许多奖项仅仅是为了表彰优秀教师(Thornton,2014),而另一些奖项则致力于促进卓越教学和传播优秀教学实践(Layton & Brown,2011)。因此,分析教学奖项对了解教学评估类型无疑是很有启发性的。古恩和菲斯克(Gunn & Fisk,2013)分析了几所大学的教学奖励标准,如表 5.3 所示。

表 5.3 卓越教学奖中所描述的卓越教学实践(Gunn & Fisk,2013,p.34)

教学实践	教学评价与评估
教学规划与实施 • 课程设计 • 课程知识 • 激励和鼓励的能力 • 尊重、关心和爱护学生 • 积极的小组学习 • 批判性和学术性	**评价** • 谨慎使用形成性反馈 • 富有创造力的和创新的反馈方法 • 运用一系列评价来评估学生的知识掌握情况
为行业做出贡献 • 在授课、评价、反馈、评估、教学技术方面创新 • 对课程重建和改革做出重大贡献 • 教学研究 • 参加研究卓越教学的正式团体 • 更广泛的教学领导力	**反思和评估** • 反思自己的教学不足之处 • 积极参与和回应学生反馈、同行反馈和评估的程度

所有这些卓越教学类别都属于教学设计的主题范畴,所以可以经由系统培训而提升相关能力。在我们看来,用户为本的设计和开发可能是改进学术教学最有效的方式,它可以满足学生的需求。然而,对 UCDD 在这一领域的应用的探索还不够充分。

总 结

高等教育似乎是参与式教学设计和快速原型的流行领域。随着教师专业发展,学术教学的策略和实践发生了变化,因此,学生越来越多地参与到协作和合作学习、基于技术的学习和学习社区中。对于在线学习来说,有 3 个"如何"问题十分关键:

如何支持并建立一个学习者社区/共同体，如何利用社会、认知和教学临场来支持深度学习，以及教学策略如何让参与者参与高水平的学习。积极且熟练运用教学技术的教师是混合学习和互联网学习成功的关键（Surry & Land，2000）。苏尔（Soule，2008）的融合模式提供了一个整合动机、参与式设计和快速原型的框架，以在高等教育中创建成功的学习环境。休格（Sugar，2011）的一项研究确定了高等教育领域的教学设计新手所需具备的多媒体制作技能和知识。

混合式学习在高等教育中运用广泛。但是有研究表明，当学生完全沉浸于基于技术的教学中时，学习的质量和数量可能会受到抑制。学习活动的质量是成功学习和面对面教学合理实施的关键。探究社区似乎是最适合高等教育的混合学习方法，它能最大限度地提高学习质量。大学将卓越教学作为实现这些学习方面的新要求的一个重要因素。

附加问题

问题 5.1：根据尼斯和吉洛－威尔斯所述（Niess & Gillow-Wiles，2013），在高等教育领域内开发在线课程时需要回答的 3 个问题是什么？

问题 5.2：讨论苏尔的融合模式的优势，包括参与式设计、快速原型和动机设计。

问题 5.3：建构探究社区如何成为使混合式学习有效的一个重要因素？

问题 5.4：在高等教育中，教学设计师需要哪些知识和技能才能在他们的角色中获得成功？

问题 5.5：如何定义高等教育中的卓越教学？

学校教育的教学设计

正如本书的导论部分所指出的，教学设计在北美洲国家得到了发展，而在一些欧洲国家，教学规划、学习环境的设计和开发，及其实施和评价传统上都属于**教学法**，即教学科学。

从原则上说，教学设计与教学法的核心和范围并无区别，且这两个研究领域开发的大多数模式都是类似的。事实上，传统的教学设计模式在很大程度上与学习导向教学法和系统教学法的模式是一致的。这种一致性可以追溯到相似的历史发展，以及对**教学是学习的一部分**的类似理解（Willmann，1906）。然而，教学设计与教学法也有很大的不同。乍看起来，教学法似乎是明确面向学校教育的，而教学设计则更多地与学校以外的教学有关。

在教学设计领域，有时会对指导和教学进行区分：教学一词指的是"那些由人来促成的学习经历——不是录像带、教科书或计算器程序，而是一位活生生的老师"；指导包括所有通过教学或其他中介手段传递教学支持的经验（Smith & Ragan，1999，p.3）。因此，**远程教学**这个术语其实是个矛盾体。史密斯和拉根的观点是，指导涵盖的范围更广，包括教学和培训，其中培训专注于获得特定技能（例如，在职业教育领域）的经验。与同样适用于教学和培训的教学设计相比，**教学法**在大多数情况下都侧重于教师在面对面的学习环境中的教学。在世界范围内，在不同的学科领域和学校教育水平中，教师普遍拥有类似的关于教学的认知信念（表 5.4）。

表 5.4 教师关于教学的认知信念（Boulton-Lewis et al.，2001，p.42）

教学信念	描 述
传授知识/技能（聚焦教师/内容）	**教学**指通过讲述/给予/重复来传授知识或技能
培养技能/理解能力（教师关注学生）	**教学**指通过提供/构建/指导/强化/建立/说明/示范来培养学生的技能/理解能力
促进学生作为学习者的理解（聚焦教师/学生互动）	**教学**指通过合作/帮助/刺激/提问/探究/讨论来促进学生的学习和理解
学习者的转变（聚焦成长）	**教学**指通过提供机会/体验/活动来发展/扩展学生的认知/行为/情感

同样，其他作者（例如 Anderson & Krogh，2010；Gao & Watkins，2002；Mamoura，2013；Tacconi & Hunde，2013；Yilmaz & Sahin，2011）报告称，教师认为自己的使命是传递对一门学科的理解，发展学生对知识的理解，以及培养学生的智力和社会能力。教师对内容传递的重视程度与他们对课程覆盖面的体验有关（Waeytens，Lens，& Vandenberghe，2002）。

由于明确地以学科的具体内容为导向进行教与学，**一般教学法**的几种方法在很大程度上与教师对教学的认知信念一致，但如果认为教学设计是内容中立的，那就是一种误解。在大多数教学设计模式中，通常是将一个主题领域的主题转换为与教学目标，特别是与学习者的情况和特征相吻合的**教学内容**（Psillos & Koumaras，1992；Tait，1992）和**学习任务**（Seel，1981）。**可学习内容**和**学习任务**影响了学科的"知识结构"。因此，虽然教学设计模式可能偏重教学方法，但它们并没有忽视这样一个事实，即学习是在特定知识领域的背景下通过概念性和程序性知识的实践而发生的（Glaser，1984）。然而，一般教学法通常更强调以教学内容为中心的教学规划。考虑到一般教学法和教学设计之间的异同，我们随后将探讨一般教学方法在教学设计中的附加价值。

教学法和教学设计这两门学科都认为，教师必须为教学内容提供不同的方法和技术，以便为学生创设最大的学习机会。众所周知，学生的学习方式（在偏好方面）和学习能力千差万别。因此，教学应满足学生的个性化需求。

让所有学生都能通达课堂是**通用学习设计**（Universal Design for Learning，UDL）的核心目标。最初，这种教育方法侧重让残疾学生接受教育，但与此同时，它已经发展为一个普遍的学校教育项目，聚焦于教师如何有效地满足所有学生的多样化学习需求（参见 Edyburn，2005；Jiménez，Graf，& Rose，2007；Rose & Meyer，2002）。**通用**并不意味着为每个学生创造一个单一的最佳解决方案，而是强调利用灵活的教学方法以满足不同类型的学习者的需求，并创造独特的学习体验。虽然 UDL 的方法也被应用于高等教育领域（Pliner & Johnson，2004），但通常被认为是学校教育领域的创新。事实上，作为教学设计师的教师必须认识到学生的个体差异，并带着这种意识设计课程和教学材料。UDL 和一般教学法都同样有这样的要求，即教师应具备设计和开发学习环境的能力，使学生在建构特定领域的知识、自我发展和社会责任方面得到支持。

当教学设计遇上一般教学法

从历史的角度来看，一般教学法和教学设计在起源和发展过程中称得上是"双胞胎"。但现在，两者像是分属于两个关联甚少的平行世界（Seel & Hanke，2011；Zierer & Seel，2012）。不过，这两个学科都赞同一点，"教育规划意味着在概念上预期未来将要实现的教学形式"（König & Riedel，1973，p.13）。

与一些教学设计模式相比，柯尼希和里德尔（Konig & Riedel，1973）从建构的角度创建了一个教学规划的教学法模式：建构教学意味着"不是要做出一个死板的教学产品，而是要根据一系列有意义的、必要的、协调的过程做出决策，在这些过程实现之前，不能无条件地改变"（p.2）。这种方法的主要目标是通过一系列活动实现教学规划的可靠性（图 5.7）。除了关于教学建构和形成的不同概念，柯尼希和里德尔的方法与基于系统论的传统教学设计模式也有共通之处。他们的教学法可能是最详尽的教学规划模式，但包含了许多细节和互相关联的决策，以致在实践中几乎无法应用——至少在一个可论证的时间框架内无法应用。因此，该方法没有在科学的发展演变中存活下来，仅能视为教学法历史的一部分。

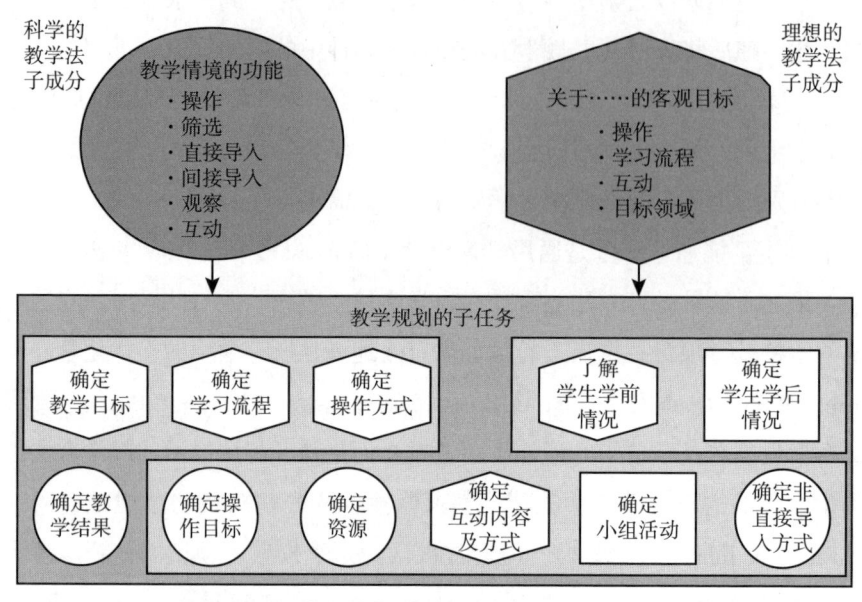

图 5.7　柯尼希和里德尔的教学规划步骤（Konig & Riedel，1973）

就教学设计领域而言，柯尼希和里德尔的方法几乎没有附加价值。几年前，另外两位德国学者，克拉夫基（Klafki）和海曼（Heimann）开发了另一种教学规划方法。1958年，克拉夫基根据**"教养"**（bildung）的概念发表了一篇关于《作为备课核心的教学分析》的文章，而海曼（Heimann，1962）则建立了一个以学习为中心的教学模式。直到今天，这两种方法都被视为一般教学法的中心理论。它们主导了近40年来关于教学法和教学规划的讨论，且仍在流行。

例如，**柏林教学法模式**（Berlin model）是海曼、奥托（Otto）和舒尔茨（Schulz）合作开发的（1967）。它的主要目标是帮助教师在不同条件和情境下对教学中的**"为什么""去哪里""做什么"**和**"怎么做"**做出有意义的决策。该模式为单个步骤的分析和规划，以及后续对教学的反思和评价提供了帮助。最初的模式包含了课堂教学的6个常量，可以归结为①条件领域，或②决策领域：关于条件领域有两个常量，即ⓐ学习者的人类学前提，ⓑ所有参与者的社会文化前提；关于决策领域有4个常量，即ⓐ意图/目标，ⓑ内容，ⓒ方法和ⓓ媒体和资源。所有因素相互关联（图5.8）。也就是说，它们之间有很强的相互依赖性，每个因素（的设计）都必须考虑到其他因素。总之，该模式构成了一个高度相互关联的决策体系，即一个领域的决策总是对其他领域的决策产生影响。因此，教师做出决策后，必须仔细考虑所有其他决策，并检查它们的相互作用。

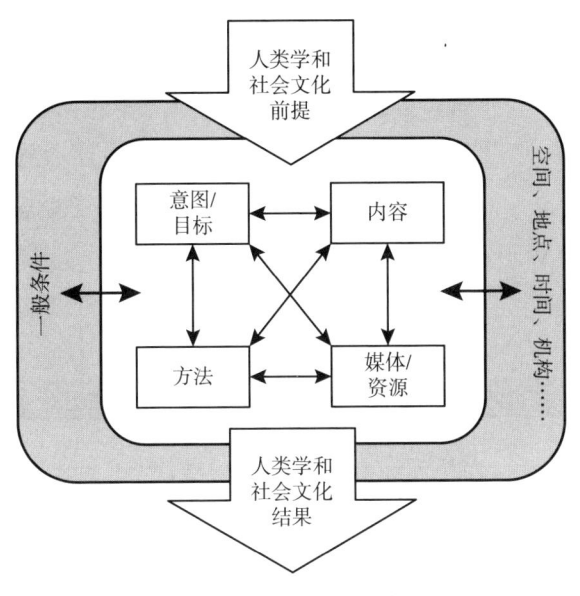

图 5.8　柏林教学法模式

1980年，舒尔茨对**柏林教学法模式**进行了改进，修改后的版本，即所谓的**汉堡模式**，成了**解放性专业教学**的行动指南。这种方法也被称为针对学习者自主行为的**批判性教学的规范模式**。它在很大程度上与克拉夫基的**批判—建构—教学**理论相一致，这一理论可被视为德国一般教学法理论的标志。

如上所述，克拉夫基的**批判性建构教学法**是基于"教养"的概念，即**对有教养的心灵的培育或教育**（参见 Bruford，1975）。从克拉夫基（Klafki，1958，1995）的观点来看，教学规划预设了3个分析层次（表5.5）。

根据这些分析，教学规划如图5.9所示。

表 5.5　克拉夫基教学法的分析层次

类　别	分析层次
情境分析	分析学习前提和条件
内容分析	分析课程内容，获取学科内容的能力
教学法分析	评估"培养内容"，选择要学习的内容

因此，教学规划首先从分析参与者（即学生、教师、机构）的社会和文化背景开始，并强调所学内容对未来的重要性，所教学科主题的结构及其范例的相关性和可实现性（图5.10）。

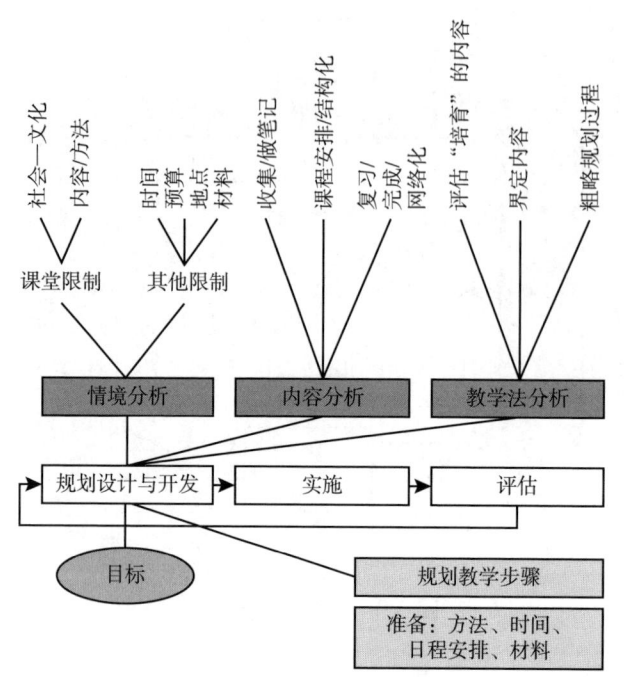

图 5.9　克拉夫基批判性建构教学法

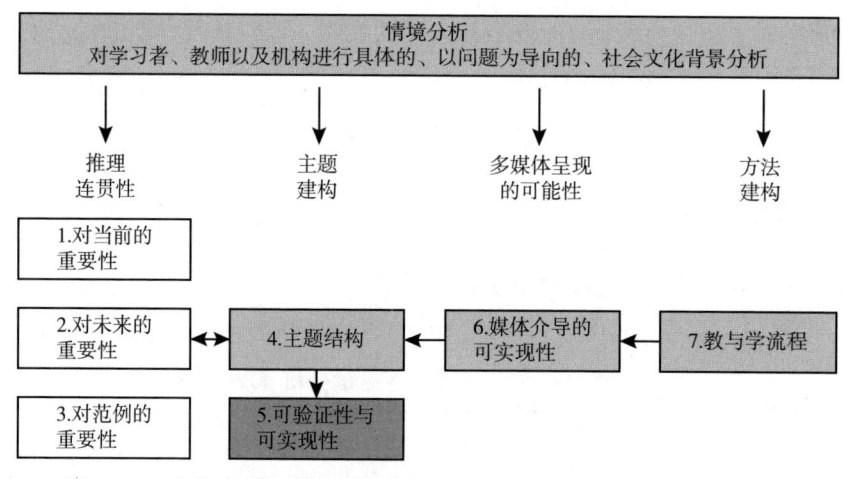

图 5.10　克拉夫基课程规划的概要图（Zierer & Seel，2012，p.8/22）

克拉夫基模式不是一个僵硬的模板，而是可作为教师反思教学和相关问题的一般指南（Klafki，1995）。与其他教学法模式以及教学设计模式相比，**批判性建构教学法**（critical constructive didactics，CCD）是独一无二的，它为该领域做出了真正的贡献。其独特之处在于，CCD 是**批判性**的，符合法兰克福哲学学派的**批判理论**。该学派受黑格尔（Hegel）、马克思（Marx）和弗洛伊德（Freud）启发产生，并与霍克海默（Horkheimer）、阿多诺（Adorno）和哈贝马斯（Habermas）有关（详见 Gur-Ze'ev，2005；Tyson，2006）。克拉夫基（Klafki，1985）认为，教学法必须考虑学校和社会的现实会以多种方式限制目标的实现。但教学法不应该简单地接受这种约束，而应该致力于消除这些社会障碍。

CCD 是**建构性**的，因为它不满足于继续在课程的限制下为教学规划提供建议，相反地，志在设计一个类似于具体的乌托邦的东西（Klafki，1985）。教学的目标是培养学生自主和团结能力，教会学生辩护和反思自己的行为。此外，它还注重发展学生的情感，帮助学生树立合理目标，对社会产生积极影响。这符合阿多诺（Adoron，1969）的通向成熟的教育理念。因此，学生应掌握大量**关于自然和社会的知识**，以及获得**判断、评估和行动的能力**，提高独立自主的能力。要实现这些目标，学习必须是有意义的、探索性的。教学不应以单纯的复制和接收信息为目标，而应为学生提供自主发现学习的机会。

CCD 的程序和教学设计的建构主义方法很相似。事实上，CCD 和教学设计的建构主义法具有相同的教学"哲学"，并与教学设计和教学法的客观主义方法相反。CCD 与教学设计的建构主义方法的不同之处在于它对批判理论的明确引用，而批判理论在北美洲国家教育中并没有建立起来。一般来说，CCD 在很大程度上符合参与式设计的方法，因为它强调将学习者纳入教学的规划和设计中。CCD 将合理的批评和"关于教学的教学"作为课堂教学的核心组成部分，目的是在民主教育的精神下促进社会学习。根据参与式设计，CCD 要求学生和教师的参与，并考虑到个性、态度和行动。此外，给定的社会条件，以及可能的冲突被认为是教学规划的核心部分。然而，CCD 超越了教学设计的建构主义和参与式方法，因为它基于这样的一个假设：教学分析必须包括对当前、未来和教学目标或项目的示范重要性的**论证背景**。在教学设计领域，只有考夫曼的"大型规划"理念在教育目标正当化的需求方面与 CCD 相对应（Kaufman，1988；Kaufman & Herman，1997）。教学设计也可以借鉴 CCD，更加强调**主题结构**，即主题的结构以及它们的可确认性和可验证性。另一个重要的方面是关于主题的可访问性和可呈现性（通过媒体）。最后，教学和学习的结构应该被理解为一个为组织和实现学习（包括连续序列）的必要和可能形式，以及提供适当的学习辅助的可变概念。这也随之带来了这样的观点，即教学必须被理解为是社会交往和社会学习过程的媒介。

虽然目前存在 40 多种不同的教学法模式（引自 Kron，2008），但克拉夫基的**批判性建构教学法**显然是其中最有影响力的。扬克和迈耶（Jank & Meyer，2002）通过一个奇怪的问题表达了教学法的核心:"谁应该学习什么?向谁学?何时学?和谁学?在哪里学?如何学?学什么和为了什么目的学?"以这个问题为中心,一般教学法不断发展。据齐勒(Zierer,2010)所述,有两种方法可推动教学模式的进一步发展。

其中包括一群教育心理学家,他们试图根据学习和教学研究的实证结果开发新的教学模式。一个流行的模式是汉姆克(Helmke,2009)的**供给—使用模式**:学校教育和教学提供了学习的机会,学习者应该根据他们的能力来使用和建设性地组织学习。关于教学的**供给方**,可以分为4个主要因素:①**教学质量**,包括清晰度、匹配、方法的多样性、动机、学习者的欣赏、反馈;②**教师的个性和专业知识**,包括期望、教育方向和目标、学科专业知识、诊断能力、自我效能、参与和反思能力;③**教学的数量**,包括时间表、缺勤、可利用的时间;④**教学材料的质量**。在**教学的用户**方面,学习者的个人潜力构成了教学成功的最重要的因素。"教学使用"的术语意味着将学习理解为一种积极的、自我引导的、最终受主观学习策略和活动影响的个人过程。汉姆克认为学习者的个人潜力依赖家庭。总的来说,教学的供给和使用模式可以用图5.11表示。

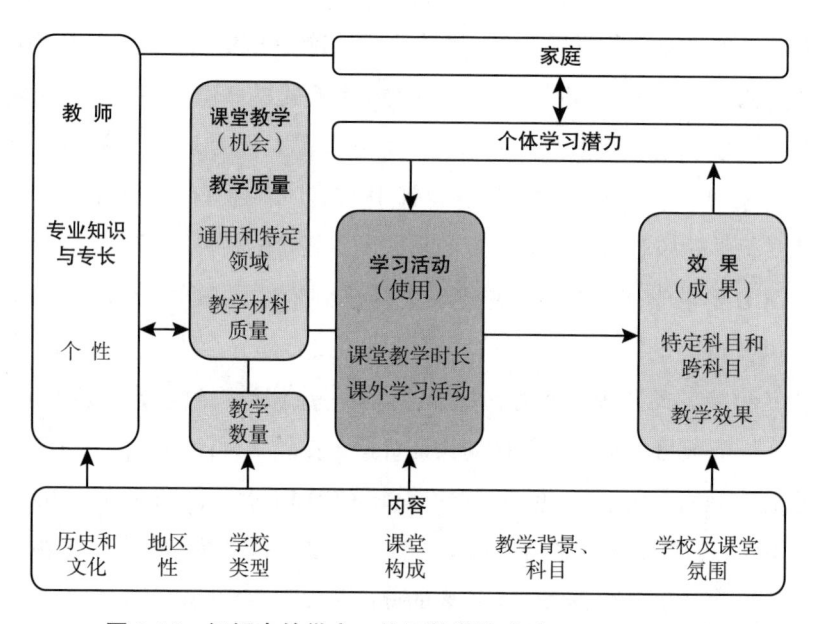

图5.11 汉姆克的供应—使用教学模式(Helmke,2009)

该模式遵循了学校学习模式的传统,例如,布卢姆(Bloom,1974)、卡罗尔(Carrol,1963)、哈尼施费格尔和威利(Harnischfeger & Wiley,1977)所提出的模式。这些模式的特点在于强调了教与学的复杂性,但它们对教学规划的实践意义不大。这是发展教学法模式的第二种方法的主要目的。

这种方法考虑了各种不同的教学模式，旨在发展一种对综合的、全面的教学规划观（例如，Kiper & Mischke，2009；Meyer，2014）。其中，齐勒（Zierer，2010）提出了一种折衷教学法的概念，可以作为众多教学模式的参考框架。基于**"仔细检查一切，保留最好的"**的理念，齐勒建构了一个教学规划的图式。这一图式在很大程度上与ADDIE相适应（图5.12）。按照"柏林教学法模式"来区分的话，它与ADDIE的唯一区别是它将设计和开发融入**规划**中。

齐勒的折衷教学方与教学设计领域建立了联系，填补了欧洲教学法长期以来的空白（图5.12）。根据齐勒的说法，教师是教学设计师，应认识到在课堂上规划、建构、配置和编排学习的重要性。在实践中，教学法和教学设计模式都以广泛的规划技能和"教学专家知识"为前提（Shulman，1986），这整合了要教授的内容，以及广泛的具体内容的教学策略和方法。当然，它也要求对不同年龄的学习者的社会背景、认知和社会情感发展有实质性的理解（参见Podolskiy，1997）。这意味着，教师应该意识到学生学

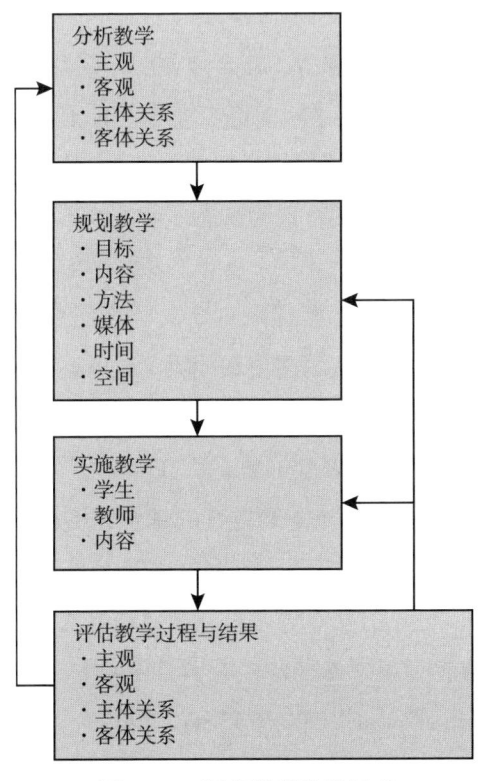

图 5.12 折衷教学法的图式
（Zierer & Seel，2012，p.16）

习能力的个体差异，并在这种意识的基础上规划和实现教学。此外，教师还应该知道如何帮助学生学习，并获得自我责任和自主权（Isman et al., 2002）。因此，使教学策略和方法适应学生个体差异是通用教学设计的课题之一。

通用学习设计

通用学习设计（Universal Design for Learning，UDL）一词由罗斯（Rose）、迈耶（Meyer）和应用特殊技术中心（Center for Applied Special Technology，CAST）的研究人员提出。

最初，通用设计的概念可以追溯到梅斯（Mace，1988）。他在建筑领域率先使用了这个术语，意思为使物理空间对所有人来说都是可访问和可使用的，特别是残疾人（参见 Mase, Hardie, & Plaice, 1991）。随后，通用设计的概念也被应用于教育领域，并影响了特定的教育举措，如**全纳教育**。

2001年，美国国会通过了《**不让一个孩子掉队**》法案，要求所有儿童，包括残疾儿童，都必须达到州成绩标准和评估中所规定的熟练水平（20 U.S.C. § 6301）。几年前，联合国教科文组织的《**萨拉曼卡宣言**》（1994年）制定了一项基本原则，即学校必须向**所有**儿童开放，无论他们的心理、智力、社会地位、情感状况、语言和其他能力如何。这一原则明确包括残疾儿童和天才儿童，也包括那些可能有特定文化背景或少数民族的儿童。2009年，联合国最终确定了《残疾人权利公约》，并责成签署国建立全纳教育体系，使残疾和非残疾学生共同接受教育成为常态。然而，不少国家在立法和实践之间仍存在差距。

例如，《俄罗斯联邦宪法》第43条保障每个人受教育的权利。《俄罗斯联邦残疾人社会保护法》明文，根据每个残疾人的需要和能力，政府必须为所有残疾人提供获得基本的初级、中级或高等职业教育的必要条件。残疾儿童和年轻人有权与同龄人一起在主流学校接受教育（Iarskaia-Smirnova & Romanov，2006）。

实际上，**通用学习设计**法似乎与全纳教育的理念完美契合。罗斯和迈耶（Rose & Meyer，2002）认为 UDL 是教学、学习和评估的一种新范式。它要求积极主动地设计可访问与可用的标准、课程、教学方法、教学材料及评估方法，以使背景、学习风格、能力各异或有残疾的个人均能参与到各种各样的学习环境中。虽然 UDL 最初是针对补充和特殊教育领域（参见 Artiles et al., 2007；Pisha, 2001），但它逐渐发展成为一种字面意义上的普遍方法，即"万能的，在任何地方和任何情况下都适用。"

在当今充满活力、多样化的教室中，通用学习设计（UDL）为所有教育者和学生提供了一个令人兴奋的机会来使用策略和技术，以弥合学习者技能、兴趣和需求方面的差距。通过适应学生不同的学习风格，UDL 能够将教学转变为一个更吸引人、更有意义的体验。（Van Roekel，2008，p.1）

UDL 框架通过积极主动的包容性课程设计来强调多样性，从而消除或减少学术成功的障碍。然而，普及教育并不是偶然发生的，而是以学习环境的组织为前提，在这种环境中，每个人同时平等地获得教育。UDL 框架以与全纳教育项目相关的一般教学原则为基础。

> **UDL 教学法原则**
>
> 1. 创建一个受欢迎的课堂；
> 2. 确定课程的基本组成部分；
> 3. 传达明确的预期；
> 4. 提供建设性反馈意见；
> 5. 探索使用自然的学习支持，包括技术，以增加所有学习者的机会；
> 6. 设计教学方法，要考虑不同的学习风格、能力、学习方式，以及学生的已有经验和背景知识；
> 7. 为学生创造多种方式来展示所学；
> 8. 促进师生互动。
>
> （Higbee，Chung，& Hsu，2004，p.14）

从教学设计的角度来看，特别是多种教学方法和材料的设计与开发构成了 UDL 的基本基础。有人认为，学生可以从多种材料学习的机会中获益。许多学生更喜欢通过视觉和互动的方式学习，而不是通过听课和阅读文本（Higbee，Ginter，& Taylor，1991）。事实上，UDL 的支持者经常建议将不同的教学风格与学生的学习风格相匹配。这可以用 CAST 的 UDL 哲学来说明，它强调如下 3 个核心原则。

- 原则 1：提供多种展示方式，为学习者提供各种获取信息和知识的方法。
- 原则 2：提供多种表达方式，为学习者提供展示他们所知道的内容的替代选择。
- 原则 3：提供多种参与方式，挖掘学习者的兴趣，给予适当的挑战并激励他们学习。

面向学习的教学设计：理论基础

根据这三项 UDL 原则，学校课程的各方面都应为学习者表征、表达和参与提供多种多样、灵活的选择。这可以通过不同的教学方法来完成，这些方法补充了 UDL 原则（表 5.6）。

表 5.6　补充 UDL 原则的教学方法（Jiménez et al.，2007，p.47）

UDL 原则	方法和定义	举　例
多种表达、展示和参与方式	差异教学 区分内容：学生学到什么；过程：学生如何学习；成果：如何展示他们的知识。	教学生写作时，教师使用图形组织者作为脚手架给予学生指导和帮助。
多种表达和参与方式	合作学习 学生在小组内合作学习，互相借鉴。	学生组成小组选择一颗行星并进行研究，并形成一篇简短论文、制作模式并用演示文稿软件展示。
多种展示和表达方式	互惠教学 师生围绕课本进行小组对话；回顾理解策略。	在参与小组对话之前，学生使用思维朗读器（Thinking Reader）阅读指定文本。思维朗读器有调整字体大小、超链接定义、文本音频功能，并提供计算机辅助以帮助学生学习理解策略。
多种表达、展示和参与方式	主题教学 课程教学以一个特定的主题为中心，跨越多内容领域。	学生在学习《我们很久以前的世界》单元时，成立科学小组，使用工具和文物复原法对恐龙化石进行考古挖掘。学生应写/画出自己的体验和/或进行口头报告。
多种展示和参与方式	基于社区的教学 在社区中应用课堂中学到的概念或技能	学生在学习"社区助手"时，参观当地医院、警局或消防站

注：每个方法都能不同程度地反映 UDL 的三个原则

在其网站（http://www.udlcenter.org/aboutudl/whatisudl）上，国家通用学习设计中心明确指出，UDL 课程的目的不仅仅是帮助学生掌握特定的知识体系或特定的技能集合，而是帮助他们掌握学习本身——简而言之，成为专家学习者。从 UDL 的角度来看，专家学习者是足智多谋、知识渊博的，讲策略、目标导向、有目的和有动机的——换句话说：专家学习者能够评估他们自己的学习需求，监控学习进度，并调节和维持自己在完成学习任务时的兴趣、努力和坚持。使用 UDL 原则设计课程能帮助教师克服阻碍学生成功学习的潜在困难。从 UDL 核心来看，必须考虑到 4 个相关的课程设计要素：目标、方法、材料和评估。

- 课程设计**目标**与学习期望相一致，即学生获得的知识和技能。根据 UDL 的补充，目标和期望应与个性化教育项目关联。
- **方法**被定义为教师用来支持学生学习的教学策略。它们既要有依据，又要有灵活性和适应性，以应对学习者的多样性。教学策略和方法的必要调整以持续监测学生的学习进度和教师在脚手架方面的互动决策为前提。
- **材料**用于呈现内容和学习任务。UDL 的支持者强调多种媒体选择和数字技术的应用，以促进学习的个性化。这些技术应该包含支持、脚手架和挑战，以帮助学习者理解、导航和参与学习环境。然而，所设计的教学材料必须独立地满足所有学习者对技术使用与否的需求。
- **评估**是指努力收集有关学生学习活动的过程和结果的信息。根据 UDL 的使命，评估特别关注于衡量学习者的知识、技能和动机。

总体而言，UDL 领域课程设计的这 4 个组成部分与传统的教学设计模式相对应，如迪克—凯瑞模式（如图 3.2 所示）以及**柏林教学法模式**（如图 5.8 所示）。到目前为止，UDL 应用非常**普遍**，以致它可能渐失最初对全纳和补充教育积极声援的初心。

总　结

从原则上讲，教学设计和教学法的核心和范围没有区别，在这两个领域开发的大多数模式是相似的。实际上，传统的教学设计模式在很大程度上与学习导向，以及系统教学法的模式相对应。与同样适用于教学和培训的教学设计相比，在大多数情况下，教学法关注的是教师在面对面的学习环境中进行的教学。教师的认知信念解释了他们对教学的理解，并将其作为内容传递给学生。众所周知，学生有不同的学习风格和学习能力。因此，教学应满足学生的个性化需求。

德国教育的传统教学法模式已经发展为关于教学设计的最佳指导，用以培训教育工作者。克拉夫基（Klafki, 1958）由教养理论发展而来的批判—建构教学法模式以及海曼（Heimann, 1962）的柏林教学法模式是影响最为深远的模式。其中，前者侧重所教内容的价值，后者重视如何利用教学法和媒介来改变教学目标和内容，以最好地满足学生的需求。最近，齐勒（Zierer, 2012）提出了一种折衷教学模式，它与 ADDIE 及其他的几个教学法模式存在一定程度的相似。

罗斯和迈耶（Rose & Meyer, 2002）认为 UDL 是教学、学习和评估的新范式。它要求主动设计可访问和可用的标准、课程、教学方法、教学材料及评估方法，使

> 背景、学习风格、能力各异或有残疾的个人均能参与到各种各样的学习环境中。UDL课程设计的4个组成部分（目标、方法、材料和评估）与传统的教学设计模式（如迪克—凯瑞模式），以及德国传统的教学法模式相吻合。

附加问题

问题5.6：教学设计是否应用于学校的教学和规划？

问题5.7：解释克拉夫基的批判—建构教学法。

问题5.8：讨论克拉夫基的批判—建构教学法和海曼的柏林模式的区别。

问题5.9：根据汉姆克（Helmke，2009）的供给—使用模式，你认为成功的学校教学的根本原因是什么？

问题5.10：UDL的3个核心原则是什么？

参考文献

Abrahamson, D., & Wilensky, U. (2002). *ProbLab. The center for connected learning and computer-based modeling.* Evanston, IL: Northwestern University.

Abrahamson, D., & Wilensky, U. (2005). ProbLab goes to school: Design, teaching, and learning of probability with multi-agent interactive computer models. In M. Bosch (Ed.), *Proceedings of the fourth congress of the European society for research in mathematics education* (pp.570–579). Barcelona: FUNDEMI IQS, Universitat Ramon Llull.

Abrahamson, D., & Wilensky, U. (2007). Learning axes and bridging tools in a technology-based design for statistics. *International Journal of Computers for Mathematical Learning*, *12*, 23–55.

Abrams, J.P. (2001). Teaching mathematical modeling and the skills of representation. In A. A. Cuoco & F. R. Curcio (Eds.), *The roles of representation in school mathematics* (NCTM 2001 Yearbook, pp.269–282). Reston, VA: NCTM.

Adorno, T. W. (1969). Erziehung nach Auschwitz. In T. W. Adorno (Eds.), *Kritische Modelle 2*. Frankfurt/M: Diesterweg.

Aebli, H. (1963). *Psychologische Didaktik–Didaktische Auswertung der Psychologie J. Piagets*. Stuttgart: Klett.

Akyol, Z., & Garrison, D. R. (2011a). Assessing metacognition in an online community of inquiry. *Internet & Higher Education*, *14*(3), 183–190.

Akyol, Z., & Garrison, D. R. (2011b). Understanding cognitive presence in an online and blended community of inquiry: Assessing outcomes and processes for deep approaches to learning. *British Journal of Educational Technology*, *42*(2), 233–250. doi: 10.1111/j.1467-8535.2009.01029.x.

Akyol, Z., & Garrison, D. R. (Eds.). (2013). *Educational communities of inquiry: Theoretical framework, research, and practice*. Hershey, PA: IGI Global.

Akyol, Z., Vaughan, N., & Garrison, D. R. (2011). The impact of course duration in the development of a community of inquiry. *Interactive Learning Environments*, *19*(3), 231–246.

Aldana-Vargas, M. F. Gras-Marti, A., Montoya, J., & Osoria, L.A. (2013). Pedagogical counseling program development through an adapted community of inquiry framework. In Z. Akyol & R. D. Garrison (Eds.), *Educational communities of inquiry: Theoretical framework, research, and practice* (pp.350–373). Hershey, PA: IGI Global.

Al-Diban, S. (2008). Progress in the diagnostics of mental models. In D. Ifenthaler, P. Pirnay-Dummer, & J. M. Spector (Eds.), *Understanding models for learning and instruction: Essays in honor of Norbert M. Seel* (pp.81–101). New York, NY: Springer.

Alehina, S. V., Cote, D., Howell, E. J., Jones, V., & Pierson, M. (2014). Trends toward the integration and inclusion of students with disabilities in Russia. *Review of Disability Studies: An International Journal*, *10*(1–2), 95.

Aleven, V., Stahl, E., Schworm, S., Fischer, F., & Wallace, R. (2003). Help seeking and help design in interactive learning environments. *Review of Educational Research*, *73*(7), 277–320.

Alfieri, L., Brooks, P. J., Aldrich, N. J., & Tenenbaum, H. R. (2011). Does discovery-based instruction enhance learning? *Journal of Educational Psychology*, *103*（1）, 1–18.

Allen, J. E., & Seaman, J.（2013）. *Changing course: Ten years of tracking online education in the United States*. Upper Saddle River, NJ: Pearson.

American Society for Quality.（2010）. *2011–2012 Baldrige performance excellence program. Education criteria for performance excellence*. Milwaukee, WI: American Society for Quality.

Anderson, A., Mayes, T., & Kibby, M. R.（1995）. Small group collaborative discovery learning from hypertext. In C. O'Malley（Ed.）, *Computer supported collaborative learning*（pp.23–36）. Berlin: Springer.

Anderson, H. M., & Krogh, L. B.（2010）. Science and mathematics teachers' core teaching conceptions and their implications for engaging in cross-curricular innovations. *Nordic Studies in Science Education*, *6*（1）, 61–79.

Anderson, J., Ashraf, N., Douther, C., & Jack, M. A.（2001）. Presence and usability in shared space virtual conferencing: A participatory design study. *CyberPsychology & Behavior*, *4*（2）, 287–305.

Anderson, R. C.（1984）. Some reflections on the acquisition of knowledge. *Educational Researcher*, *13*（9）, 5–10.

Anderson, T., & Shattuck, J.（2012）. Design-based research: A decade of progress in education research. *Educational Researcher*, *41*（1）, 16–25.

Andrews, D. H., & Goodson, L. A.（1980）. A comparative analysis of models of instructional design. *Journal of Instructional Development*, *3*（4）, 2–16.

Artiles, A., Kozleski, E. B., Dorn, S., & Christensen, C.（2007）. Learning in inclusive education research: Remediating theory and methods with a transformative agenda. *Review of Research in Education*, *30*, 1–30.

Atkinson, R. K., Derry, S. J., Renkl, A., & Wortham, D. W.（2000）. Learning from examples: Instructional principles from the worked examples research. *Review of Educational Research*, *70*, 181–214.

Ausubel, D. P.（1960）. The use of advanced organizers in the learning and retention of meaningful verbal material. *Journal of Educational Psychology*, *51*, 267–272.

Ausubel, D. P.（1968）. *Educational psychology: A cognitive view*. New York, NY: Holt, Rinehart and Winston.

Ausubel, D. P., & Robinson, F. G.（1969）. *School learning: An introduction to educational psychology*. New York, NY: Holt.

Aziz, D. M.（2013）. What's in a name? A comparison of instructional systems design, organizational development, and human performance technology/improvement and their contributions to performance improvement. *Performance Improvement*, *52*（6）, 28–35.

Baatz, C., Fausel, A., & Richter, R.（Eds.）.（2014）. *Tübinger Beiträge zur Hochschuldidaktik*（Vol.10/2）. Tübingen: Universität. Retrieved from http://hdl.handle.net/10900/53782

Baek, E. O., Cagiltay, K., Boling, E., & Frick, T.（2008）. User-centered design and development. In J. M. Spector, M. D. Merrill, J. J van Merrienboer, & M. F. Driscoll（Eds.）, *Handbook of research on educational communications and technology*（3rd ed., pp.659–670）. New York, NY: Erlbaum.

Balzhiser, D., Sawyer, P., Womack-Smith, S., & Smith, J. A.（2015）. Participatory design research for curriulum development of graduate programs for workplace professionals. *Programmatic Perspectives*, *7*（2）, 79–133.

Bannert, M.（2009）. Promoting self-regulated learning through prompts. *Zeitschrift für Pädagogische Psychologie*, *23*（2）, 139–145.

Barab, S., Hay, K. E., Barnett, M., & Keating, T.（2000）. Virtual solar system project: Building understanding through model building. *Journal of Research in Science Teaching*, *37*（7）, 719–756.

Barker, P., & Banerji, A.（1995）. Designing electronic performance support systems. *Innovations in Education and Training International*, *32*（1）, 4–12.

Bastiaens, T. J., & Martens, R. L.（2007）. *The perception of 4C/ID based learning materials. Two studies into the motivational effects of learning with complex tasks*. Paper presented at the annual meeting of the American Educational Research Association, Chicago, IL.

Batane, T.（2010）. Rapid prototyping for designing and delivering technology-based lessons. In M. Orey, S. A. Jones, & R. M. Branch（Eds.）, *Educational media and technology yearbook*（Vol.35, pp.45–55）. New York,

NY：Springer.

Bates, A.（1995）. *Technology, open learning and distance education*. London：Routledge.

Baumert, J., & Kunter, M.（2006）. Stichwort：Professionelle Kompetenz von Lehrkräften. *Zeitschrift für Erziehungswissenschaft*, *9*（4）, 496–520. doi：10. 1007/s11618-006-0165-2.

Baylor, A. L.（2002）. Expanding preservice teachers' metacognitive awareness of instructional planning through pedagogical agents. *Educational Technology Research and Development*, *50*（2）, 5–22.

Beadouin-Lafon, M., & Mackay, W.（2003）. Prototyping tools and techniques. In J. Jacko & A. Sears（Eds.）, *The human–computer interaction handbook：Fundamentals, evolving technologies, and emerging applications*（pp.1006–1031）. Mahwah, NJ：Erlbaum.

Bennett, N., Dunne, E., & Carre, C.（2000）. *Skills development in higer education and employment*. Florence：Taylor & Francis.

Bereiter, C.（1980）. The development in writing. In L. W. Gregg & E. R. Steinberg（Eds.）, *Cognitive processes in writing*（pp.73–93）. Hillsdale, NJ：Lawrence Erlbaum.

Berger, P. L., & Luckmann, T.（1966）. *The social construction of reality：A treatise in the sociology of knowledge*. Garden City, NY：Anchor Books.

Bergman, R., & Moore, T.（1990）. *Managing interactive video/multimedia projects*. Englewood Cliffs, NJ：Educational Technology Publications.

Berliner, D. C.（2001）. Learning about and learning from expert teachers. *Educational Research*, *35*（5）, 463–482. doi：10.1016/S0883-0355（02）00004-6

Berliner, D. C.（2004）. Describing the behavior and documenting the accomplishments of expert teachers. *Bulletin of Science, Technology & Society*, *24*（3）, 200–212. doi：10.1177/0270467604265535

Berlyne, D. E.（1966）. Curiosity and exploration. *Science*, *153*（3731）, 25–33.

Berlyne, D. E.（1971）. *Aesthetics and psychobiology*. New York, NY：Appleton-Century-Crofts.

Berns, T.（2004）. Usability and user-centred design, a necessity for efficient e-learning! *International Journal of the Computer, the Internet and Management*, *12*, 20–25.

Bersin & Associates.（2003）. *Blended learning：What works? An industry study of the strategy, implementation, and impact of blended learning*. Oakland, CA：Bersin & Associates.

Bhatta, S., & Goel, A.（1992）. Use of mental models for constraining index learning in experience-based design. In M. des Jardins（Ed.）, *Proceedings of the AAAI workshop on constraining learning with prior knowledge*（pp.1–10）. Menlo Park, CA：AAAI.

Bhatta, S. R., & Goel, A.（1997）. Learning generic mechanisms for innovative strategies in adaptive design. *The Journal of the Learning Sciences*, *6*（4）, 367–396.

Bhatta, S., Goel, A., & Prabhakar, S.（1994, August 15–18）. Innovation in analogical design：A model-based approach. In J. S. Gero & F. Sudweeks（Eds.）, *Proceedings of the third international conference on Artificial Intelligence in Design*（AID-94）（pp.67–74）. Lausanne, Switzerland. Dordrecht：Kluwer.

Bichelmeyer, B.（2004）. Instructional theory and instructional design theory：What's the difference and why should we care?（AECT 2004 IDT Futures Group Presentations）. *IDT record*. Retrieved from http://www.indiana.edu/%7Eidt/ articles/documents/ID_theory. Bichelmeyer.html.

Bichsel, J.（2013）. *The state of E-learning in higher education：An eye toward growth and increased access*（Research Report）. Louisville, CO：EDUCAUSE. Center for Analysis and Research. Retrieved from http://www.educause.edu/ecar

Black, J. B., & McClintock, R. O.（1995）. An interpretation construction approach to constructivist design. In B. Wilson（Ed.）, *Constructivist learning environments*（pp.25–32）. Englewood Cliffs, NJ：Educational Technology Publications.

Blomberg, J., Suchman, L., & Trigg, R. H.（1996）. Reflections on a work-oriented design project. *Human-Computer Interaction*, *11*, 237–265.

Bloom, B.S.（1974）. Time and learning. *American Psychologist*, *29*, 682–688.

Bluteau, P., & Krumins, M.（2008）. Engaging academics in developing excellence：Releasing creativity through reward and recognition. *Journal of Further & Higher Education*, *32*（4）, 415–426.

Boling, E.（2010）. The need for design cases：Disseminating design knowledge. *International Journal of*

Designs for Learning, *1*（1）, 1–8.

Boling, E., & Frick, T. W.（1997）. Holistic rapid prototyping for web design: Early usability testing is essential. In B. H. Khan（Ed.）, *Web-based instruction*（pp.319–328）. Englewood Cliffs, NJ: Educational Technology Publication.

Bortz, J., & Döring, N.（2002）. *Forschungsmethoden und Evaluation für Human-und Sozialwissenschaftler*（3. Aufl.）. Berlin: Springer.

Bossel, H.（1994）. *Modeling and simulation*. Wiesbaden: Springer.

Boud, D., & Feletti, G. I.（Eds.）.（1997）. *The challenge of problem-based learning*（2nd ed.）. London: Kogan Page.

Boulton-Lewis, G. M., Smith, D. J. H., McCrindle, A. R., Burnett, P. C., & Campbell, K. H.（2001）. Secondary teachers' conceptions of teaching and learning. *Learning and Instruction*, *11*（1）, 35–51.

Bourdeau, J., & Bates, A.（1997）. Instructional design for distance learning. In S. Dijkstra, N. M. Seel, F. Schott, & R. D. Tennyson（Eds.）, *Instructional design: International perspectives. Vol.2: Solving instructional design problems*（pp.369–397）. Mahwah, NJ: Lawrence Erlbaum.

Branch, R. M.（2009）. *Instructional design: The ADDIE approach*. New York, NY: Springer.

Branch, R. C., Darwazeh, A. N., & El-Hindi, A. E.（1992）. *Instructional design practices and teacher planning routines*. Paper presented at the annual meeting of the Association for Educational Communications and Technology, Washington, DC.

Bransford, J. D.（1984）. Schema activation versus schema acquisition. In R. C. Anderson, J. Osborn, & R. Tierney（Eds.）, *Learning to read in American schools: Basal readers and content text*s（pp.259–272）. Hillsdale, NJ: Lawrence.

Bransford, J. D., Brown, A. L., & Cocking, R. R.（Eds.）.（2000）. *How people learn: Brain, mind, experience, and school*. Washington, DC: National Academy Press. Retrieved from http://www.nap.edu/books/0309070368/html/

Branson, R. K., & Grow, G.（1987）. Instructional systems development. In R. M. Gagné（Ed.）, *Instructional technology: Foundations*. Hillsdale, NJ: Erlbaum.

Branson, R. K., Rayner, G. T., Cox, J. L., Furman, J. P., King, F. J., & Hannum, W. H.（1975）. *Interservice procedures for instructional systems development*（Vol. 5, TRADOC Pam 350-30 NAVEDTRA 106A）. Ft. Monroe, VA: US Army Training and Doctrine Command.

Brechting, S. M. C., & Hirsch, C. R.（1977）. The effects of small group-discovery learning on student achievement and attitudes in calculus. *MATYC Journal*, *11*（2）, 77–82.

Broadbent, D. E.（1958）. *Perception and communication*. New York, NY: Oxford University Press.

Bromme, R.（1981）*Das Denken von Lehrern bei der Unterrichtsvorbereitung. Eine empirische Untersuchung zu kognitiven Prozessen von Mathematiklehrern* [The thinking of teachers while lesson planning: An empirical study on cognitive processes of math teachers]. Weinheim: Beltz.

Bromme, R.（1997）. Kompetenzen, Funktionen und unterrichtliches Handeln des Lehrers. In F. E. Weinert（Ed.）, *Encyklopädie der Psychologie. Pädagogische Psychologie. Bd. 3: Psychologie des Unterrichts und der Schule*（pp.177–212）. Göttingen: Hogrefe.

Brown, A. L.（1992）. Design experiments: Theoretical and methodological challenges in creating complex interventions in classroom settings. *The Journal of the Learning Sciences*, *2*（2）, 141–178.

Brown, A. L., & Campione, J. C.（1994）. Guided discovery in a community of learners. In K. McGilley（Ed.）, *Classroom lessons: Integrating cognitive theory and classroom practice*（pp.229–270）. Cambridge, MA: MIT Press/ Bradford Books.

Brown, C., Rawley, C., & Jatoi, H.（1997）. *Educational policy simulation. EPICS: Investing in basic education for development. Coordinator's manual*（2nd ed.）. Cambridge, MA: Harvard Institute for International Development.

Brown, J. S., Collins, A., & Duguid, P.（1989）. Situated cognition and the culture of learning. *Educational Researcher*, *18*（1）, 32–42.

Brown, S.（2015）. *Learning, teaching, and assessment in higher education. Global perspectives*. London, UK: Palgrave Teaching & Learning.

Bruer, J. T. (1993). The mind's journey from novice to expert. *American Educator*, *17*(2), 6–46.

Bruford, W. H. (1975). *The German tradition of self-cultivation: Bildung from Humboldt to Thomas Mann*. Cambridge: Cambridge University Press.

Bruner, J. S. (1961). The act of discovery. *Harvard Educational Review*, *31*, 21–32.

Bruner, J. S. (1966). *Toward a theory of instruction*. Cambridge, MA: Harvard University Press.

Bruner, J. S. (1990). *Acts of meaning*. Cambridge, MA: Harvard University Press.

Brunstein, A., Betts, S., & Anderson, J. R. (2009). Practice enables successful learning under minimal guidance. *Journal of Educational Psychology*, *101*(4), 790–802.

Brusoni, M., Damian, R., Sauri, J. G., Jackson, S., Kömürcügil, H., Malmedy, M., Matveeva, O., Motova, G., Pisarz, S., Pol, P., Rostlund A., Soboleva E., Tavares O., & Zob, L. (2014). *The concept of excellence in higher education*. Brussels, Belgium: European Association for Quality Assurance in Higher Education.

Buckley, B. C. (2012). Model-based learning. In N. M. Seel (Ed.), *Encyclopedia of the sciences of learning* (Vol. 5, pp.2300–2303). New York, NY: Springer.

Bybee, R. (2009). *The BSCS 5E instructional model and 21st century skills*. Colorado Springs, CO: BSCS. Retrieved from http://citeseerx.ist.psu.edu/ viewdoc/download? doi=10.1.1.674.6559&rep= rep1&type=pdf.

Cannon-Bowers, J. A., & Bowers, C. A. (2008). Synthetic learning environments. In J. M. Spector, M. D. Merrill, J. van Merrienboer, & M. P. Driscoll (Eds.), *Handbook of research on educational communications and technology* (3rd ed., pp.317–327). Mahwah, NJ: Lawrence Erlbaum.

Carlson, H. L. (1991). Learning style and program design in interactive multimedia. *Educational Technology Research and Development*, *39*(3), 41–48.

Carr, A. A. (1997). User-design in the creation of human learning systems. *Educational Technology Research and Development*, *45*(3), 5–22.

Carr-Chellman, A. A., & Savoy, M. (2004). User-design research. In D. H. Jonassen (Ed.), *Handbook of research for education, communications, and technology* (2nd ed., pp.701–716). Mahwah, NJ: Erlbaum.

Carroll, J. B. (1963). A model for school learning. *Teachers College Record*, *64*, 723–733.

Carroll, J. M. (2000). *Making use: Scenario-based design of human–computer interactions*. Cambridge, MA: MIT Press.

Carroll, J. M., Chin, G., Rosson, M. B., & Neale, D. C. (2000, August 17–19). The development of cooperation: Five years of participatory design in the virtual school. In D. Boyarski & W. Kellogg (Eds.), *Proceedings of DIS'2000: Designing interactive systems* (pp.239–251). Brooklyn, NY: Association for Computing Machinery.

Casey, C. (1996). Incorporating cognitive apprenticeship in multi-media. *Educational Technology Research and Development*, *44*(1), 71–84.

Catrambone, R. (1998). The subgoal learning model: Creating better examples so that students can solve novel problems. *Journal of Experimental Psychology: General*, *127*(4), 355–376.

Center for Applied Special Technology. (2001). *Universal design for learning*. Retrieved from http://www.cast.org/udl.

Chan, C. M. E. (2008). Mathematical modelling experiences for mathematical development in children. *Thinking Classroom*, *9*(2), 37–45.

Chan, C. M. E. (2009). Mathematical modelling as problem solving for children in the Singapore mathematics classrooms. *Journal of Science and Mathematics Education in Southeast Asia*, *32*(1), 36–61.

Chandler, P., & Sweller, J. (1991). Cognitive load theory and the format of instruction. *Cognition and Instruction*, *8*(4), 293–332.

Chang, K. E., Chen, Y. L., Lin, H. Y., & Sung, Y. T. (2008). Effects of learning support in simulation-based physics learning. *Computers and Education*, *51*, 1486–1498.

Chapman, B. L. (1994). Enhancing interactivity and productivity through object-oriented authoring: An instructional designer's perspective. *Journal of Interactive Instruction Development*, *7*(2). 3–11.

Chapman, B. L. (1995). Accelerating the design process: A tool for instructional designers. *Journal of Interactive Instruction Development*, *8*(2), 8–15.

Chapman, B. L. (2008). Tools for design and development of online instruction. In J. M. Spector, M. D. Merrill, J. V. Merrienboer, & M. P. Driscoll (Eds.), *Handbook of research on educational communications and technology* (pp.671–684). New York, NY: Erlbaum.

Chelidze, D., Taggart, D., Keggler, T., Stucker, B., & Palm, W. (2002), *Integration of mechanical design and prototyping activities*. Paper presented at 2002 Annual Conference, Montreal, Canada. Retrieved from https://peer.asee.org/10694.

Chen, C. J., & Toh, S. C. (2005). A feasible constructivist instructional development model for virtual reality (VR)-based learning environments: Its efficacy in the novice car driver instruction of Malaysia. *Educational Technology Research and Development*, 53 (1), 111–123.

Chi, M. T. H., Feltovich, P. J., & Glaser, R. (1981). Categorization and representation of physics problems by experts and novices. *Cognitive Science*, 5, 121–152.

Chung, J., & Davis, I. K. (1995). An instructional theory for learner control: Revisited. In M. R. Simonson (Ed.), *Proceedings of the 1995 annual national convention of the association for educational communications and technology* (pp.72–86). Anaheim, CA: AACE.

Clark, C., & Peterson, P. L. (2001). Teachers' thought processes. In V. Richardson (Ed.), *Handbook of research on teaching* (4th ed., pp.255–295). Washington, DC: American Educational Research Association.

Clark, R. E., & Estes, F. (1998). Technology or craft: What are we doing? *Educational Technology*, 38 (5), 5–11.

Clark, R. E., Kischner, P. A., & Sweller, J. (2012). Putting students on the path to learning. *American Educator*, (Spring), 6–11.

Clinton, G., & Hokanson, B. (2011). Creativity in the training and practice of instructional designers: The design/creativity loops model. *Educational Technology Research and Development*, 60 (1), 111–130. doi: 10.1007/s11423-011-9216-3.

Cognition and Technology Group at Vanderbilt (CTGV). (1990). Anchored instruction and its relationships to situated cognition. *Educational Researcher*, 19 (3), 2–10.

Cognition and Technology Group at Vanderbilt (CTGV). (1997). *The Jasper project. Lessons in curriculum, instruction, assessment, and professional development*. Hillsdale, NJ: Lawrence Erlbaum.

Cohen, M. T. (2008). The effect of direct instruction versus discovery learning on the understanding of science lessons by secon grade students. *NERA Conference Proceedings*, Paper 30. Retrieved from http://digitalcommons.uconn.edu/nera_2008/30.

Coleman, E. B. (1998). Using explanatory knowledge during collaborative problem solving in science. *The Journal of the Learning Sciences*, 7 (3 & 4), 387–427.

Collins, A. (1992). Towards a design science of education. In E. Scanlon & T. O'Shea (Eds.), *New directions in educational technology* (pp.15–22). Berlin: Springer.

Collins, A., Brown, J. S., & Newman, S. E. (1989). Cognitive apprenticeship: Teaching the crafts of reading, writing, and mathematics. In L. B. Resnick (Ed.), *Knowing, learning, and instruction* (pp.453–494). Hillsdale, NJ: Erlbaum.

Collins, A., Brown, J. S., & Holum, A. (1991). Cognitive apprenticeship: Making things visible. *American Educator*, 6 (11), 38–46.

Collins, A., Greeno, J. G., & Resnick, L. B. (1994). Learning environments. In T. Husén & T. N. Postlethwaite (Eds.), *The international encyclopedia of education* (2nd ed., Vol. 6, pp.3297–3302). Oxford, UK: Pergamon.

Collins, A., Joseph, D., & Bielaczyc, K. (2004). Design research: Theoretical and methodological issues. *The Journal of Learning Sciences*, 13 (1), 15–52.

Collis, B., & de Boer, W. (1998). Rapid prototyping as a faculty-wide activity: An innovative approach to the redesign of courses and instructional methods at the University of Twente. *Educational Media International*, 35 (2), 117–121.

Colón, B., Taylor, K. A., & Willis, J. (2000). Constructivist instructional design: Creating a multimedia package for teaching critical qualitative research. *The Qualitative Report*, 5 (1–2). Retrieved from http://www.nova.edu/ssss/QR/QR5-1/colon.html.

Conn, A. C (2003). *A study investigating how human performance technology competencies are integrated into educational technology master's degree programs* (Published Doctor of Philosophy dissertation). University of Northern Colorado, Greeley, CO. (Dissertation Abstract International, 64/11, 4017).

Conole, G., Brasher, A., Cross, S., Weller, M., Clark, P., & Culver, J. (2008). Visualizing learning design to foster and support good practice and creativity. *Educational Media International*, *45*(3), 177–194. doi: 10.1080/09523980802284168.

Cook-Sather, A. (2001). Unrolling roles in techno-pedagogy: Toward new forms of collaboration in traditional college settings. *Innovative Higher Education*, *26*, 121–139.

Cooper, B., & Brna, P. (2000). Classroom conundrums: The use of a participant design methodology. *Journal of Educational Technology & Society*, *3*(4), 85–100.

Cooper, G., & Sweller, J. (1987). Effects of schema acquisition and rule automation on mathematical problem-solving transfer. *Journal of Educational Psychology*, *79*(4), 347–362.

Corbalan, G., Kester, L., & Van Merriënboer, J. J. G. (2008). Selecting learning tasks: Effects of adaptation and shared control on efficiency and task involvement. *Contemporary Educational Psychology*, *33*(4), 733–756.

Corry, M. D., Frick, T. W., & Hansen, L. (1997). User-centered design and usability testing of a web site: An illustrative case study. *Educational Technology Research and Development*, *45*(4), 65–76.

Coughlan, P., Suri, J. F., & Canales, K. (2007). Prototypes as (design) tools for behavioral and organizational change. *The Journal of Applied Behavioral Science*, *43*(1), 1–13.

Covey, S. R. (2004). *The seven habits of highly effective people*. New York, NY: Free Press.

Cronjé, J. (2000). Paradigms regained: Toward integrating objectivism and constructivism in instructional design and the learning sciences. *Educational Technology Research and Development*, *54*(4), 387–416. doi: 10.1007/s11423-006-9605-1.

Cross, N. (1982). Designerly ways of knowing. *Design Studies*, *3*(4), 221–227. doi: 10.1016/0142-694X(82)90040-0.

Dahl, K. L. (1995). Challenges in understanding the learner's perspective. *Theory into Practice*, *34*, 124–130.

Dalziel, J, Conole, G., Wills, S., Walker, S., Bennett, S., Dobozy, E., Cameron, L., Badilescu-Buga, E., & Bower, M. (2013). *The larnaca declaration on learning design – 2013*. Retrieved from www.larnacadeclaration.org.

Danielsson, K., & Wiberg, C. (2006). Participatory design of learning media: Designing educational computer games with and for teenagers. *Interactive Technology and Smart Education*, *3*(4), 275–291.

Darabi, A. A., Nelson, D. W., & Seel, N. M. (2009). Progression of mental models throughout the phases of a computer-based instructional simulation: Supportive information, practice, and performance. *Computers in Human Behavior*, *25*, 723–730.

Davies, R. C. (2004). Adapting virtual reality for the participatory design of work environments. *Computer Supported Cooperaive Work*, *13*(1), 1–33.

Dean, D., & Kuhn, D. (2006). Direct instruction vs. discovery: The long view. *Science Education*, *91*, 385–397.

De Jong, T. (2010). Cognitive load theory, educational research, and instructional design: Some food for thought. *Instructional Science*, *38*, 105–134.

De Jong, T., & van Joolingen, W. R. (1998). Scientific discovery learning with computer simulations of conceptual domains. *Review of Educational Research*, *68*(2), 179–201.

Dennen, V. P. (2008). Cognitive apprenticeship in educational practice: Research on scaffolding, modeling, mentoring, coaching as instructional strategies. In J. M. Spector, M. D. Merrill, J. Van Merrienboer, & M. P. Driscoll. (Eds.), *Handbook of research on educational communications and technology* (3rd ed., pp.813–828). Mahwah, NJ: Erlbaum.

deNoyelles, A., Zydney, J. M., & Chen, B. (2014). Strategies for creating a community of inquiry through online asynchronous discussions. *MERLOT Journal of Online Learning and Teaching*, *10*(1), 153–165.

Desrosier, J. (2011). Rapid prototyping reconsidered. *The Journal of Continuing Higher Education*, *59*,

135–145.

Diamond, R. M. (1980/81). The Syracuse model for course and curriculum design, implementation, and evaluation. *Journal of Instructional Development*, *4* (2), 19–23.

Diamond, R. M. (1989). *Designing and improving courses and curricula in higher education.* San Francisco, CA: Jossey-Bass.

Dick, W. (1986/87). Instructional design and the curriculum development process. *Educational Leadership*, *44* (4), 54–56.

Dick, W. (1987). A history of instructional design and its impact on educational psychology. In J. Glover & R. Roning (Eds.), *Historical foundations of educational psychology* (pp.183–202). New York, NY: Plenum.

Dick, W. (1992). An instructional designer's view of constructivism. In T. M. Duffy & D. H. Jonassen (Eds.), *Constructivism and the technology of instruction: A conversation* (pp.91–98). Hillsdale, NJ: Erlbaum.

Dick, W. (1993). Enhanced ISD: A response to changing environments for learning and performance. *Educational Technology*, *33* (2), 12–16.

Dick, W. (1995). Instructional design and creativity: A response to the critics. *Educational Technology*, *35* (4), 5–11.

Dick, W., & Reiser, R. A. (1989). *Planning effective instruction.* Englewood Cliffs, NJ: Prentice Hall.

Dick, W., Carey, L., & Carey, J. O. (2009). *The systematic design of instruction* (7th ed.). Upper Saddle River, NJ: Merrill/Pearson.

Dijkstra, S. (2001). The design space for solving instructional-design problems. *Instructional Science*, *29* (4–5), 275–290.

Dijkstra, S., Seel, N. M., Schott, F., & Tennyson, R. D. (Eds.). (1997). *Instructional design: International perspectives. Volume ii: Solving of instructional design problems.* Mahwah, NJ: Erlbaum.

Dinkelbach, W. (1982). *Entscheidungsmodelle.* Berlin: de Gruyter.

Doerr, H. M. (1996). Integrating the study of trigonometry, vectors, and force through modeling. *School Science and Mathematics*, *96* (8), 407–418.

Doerr, H. M., & English, L. D. (2003). A modeling perspective on students' mathematical reasoning about data. *Journal for Research in Mathematics Education*, *34*, 110–136.

Dolmans, D. H. J. M, Snellen-Balendong, H., Wolfhagen, I. H. A. P., & van der Vleuten, C. P. M. (1997). Seven principles of effective case design for a problem-based curriculum. *Medical Teacher*, *19*, 185–189.

Dolch, J. (1965). *Grundbegriffe der pädagogischen Fachsprache* (6th ed.). München: Ehrenwirth.

Dong, J., Chen, P., & Hernandez, A. (2015, June 14–17). *Designing effective project-based learning experience using participatory design approach.* Paper presented at 122nd ASEE Annual Conference & Exposition, Seattle, WA.

Doran, G. T. (1981). There's a S.M.A.R.T. way to write management's goals and objectives. *Management Review*, *70* (11), 35–36.

Dornisch, M. M. (2012). Adjunct questions: Effects on learning. In *Encyclopedia of the sciences of learning* (pp.128–129). New York, NY: Springer.

Dorsey, L., Goodrum, D., & Schwen, T. (1997). Rapid collaborative prototyping as an instructional development paradigm. In C. Dills & A. Romiszowski (Eds.), *Instructional development paradigms* (pp.445–465). Englewood Cliffs, NJ: Educational Technology Publication.

Dossey, J. A., McCrone, S., Giordano, F. R., & Weir, M. D. (2002). *Mathematics methods and modeling for today's mathematics classroom: A contemporary approach to teaching grades 7–12.* Pacific Grove, CA: Books/Cole.

Druin, A. (1999). *Cooperative inquiry: Developing new technologies for children with children* (Human Computer Interaction Lab, No. 99–14). New York, NY: ACM Press. Retrieved from http://www.cs.umd.edu/hcil

Duchastel, P. (1999, May 17–28). *Instructional design in the information age.* Paper presented as a prediscussion paper for the IFETS Forum. Retrieved from http://ifets.ieee.org/discussions/discuss_may99.html.

Duchastel, P. C. (1990). Cognitive design for instructional design. *Instructional Science*, *19* (6), 437–444.

Duit, R., Roth, W.-M., Komorek, M., & Wilbers, J. (2001). Fostering conceptual change by analogies – between scylla and carybdis. *Learning and Instruction*, *11*(4), 283–303.

Dunlosky, J., Rawson, K. A., Marsh, E. J., Nathan, M. J., & Willingham, D. T. (2013). Improving students' learning with effective learning techniques: Promising directions from cognitive and educational psychology. *Psychological Science in the Public Interest*, *14*(1), 4–58.

Dunn, T. G., & Shriner, C. (1999). Deliberate practice in teaching: What teachers do for self-improvement. *Teacher and Teacher Education*, *15*(6), 631–651.

Dymond, S. K., Renzaglia, A., Rosenstein, A., Chun, E. J., Banks, R. A., Niswander, V., & Gilson, C. L. (2006). Using a participatory action research approach to create a universally designed inclusive high school science course: A case study. *Research and Practice with Severe Disabilities*, *31*(4), 293–308.

Earle, R. S. (1985). Teachers as instructional designers. *Educational Technology*, *15*(8), 15–18.

Earle, R. S. (1992). The use of instructional design skills in the mental and written planning process of teachers. In M. R. Simonson & J. Jurasek (Eds.), *Proceedings of selected research and development presentations at the convention of the Association for Educational Communications and Technology* (pp.204–218). Washington, DC: AECT Publications.

Ebbinghaus, H. (1885/1962). *Memory: A contribution to experimental psychology*. New York, NY: Dover.

Edelson, D. C., Gordin, D. N., & Pea, R. D. (1999). Addressing the challenges of inquiry-based learning through technology an curriculum design. *The Journal of the Learning Sciences*, *8*(3–4), 391–450.

Edyburn, D. L. (2005). Universal design for learning. *Special Education Technology Practice*, *7*(5), 16–22.

Ehn, P. (1992). Scandinavian design: On participation and skill. In S. Brown & P. Duguid (Eds.), *Usability: Turning technologies into tools* (pp.96–132). New York, NY: Oxford University Press.

Eigler, G. (1998). Zum Stand der Textproduktionsforschung. *Unterrichtswissenschaft*, *26*(1), 3–14.

Eigler, G., Jechle, T., Merziger, G., & Winter, A. (1987). Über Beziehungen von Wissen und Textproduzieren. *Unterrichtswissenschaft*, *15*(4), 382–395.

Ellington, H., & Aris, B. (2000). *A practical guide to instructional design*. Kuala Lumpur, Malaysia: Penerbit.

Ellis, R. D., & Kurniawan, S. J. (2000). Increasing the usability of online information for older users: A case study in participatory design. *International Journal of Human-Computer Interaction*, *12*(2), 263–276.

English, L. D. (2011). Complex learning through cognitively demanding tasks. *The Mathematics Enthusiast*, *8*(3), Article 4. Retrieved from http://scholar works.umt.edu/tme/vol8/iss3/4.

Ericsson, K. A.(1996). The acquisition of expert performance: An introduction to some of the issues. In K. A. Ericsson (Ed.), *The road to excellence: The acquisition of expert performance in the arts and sciences, sports, and games* (pp.1–50). Mahwah, NJ: Erlbaum.

Ericsson, K. A., Krampe, R. Th., & Tesch-Römer, C. (1993). The role of deliberate practice in the acquisition of expert performance. *Psychological Review*, *100*(3), 363–406.

Errey, C., Ginns, P., & Pitts, C. (2006). Cognitive load theory and user interface design. Making software easy to learn and use (Part 1). *PTG Global*. (Copyright © The Performance Technologies Group Pty Ltd (T/A PTG Global) ABN 27 089 738 205, Sidney) Retrieved from www.ptg-global.com.

Ertmer, P. A., & Stepich, D. A. (2005). Instructional design expertise: How will we know it when we see it? *Educational Technology*, *45*(6), 38–43.

Ertmer, P. A., Stepich, D. A., York, C. S, Stickman, A., Wu, X., Zurek, S., & Goktas, Y.(2008). How instructional design experts use knowledge and experience to solve ill-structured problems. *Performance Improvement Quarterly*, *21*(1), 17–42.

Ertmer, P. A., Parisio, M. L., & Wardak, D. (2013). The practice of educational/instructional design. In R. Luckin, P. Goodyear, B. Grabowski, S. Puntambekar, N. Winters, & J. Underwood (Eds.), *Handbook of design in educational technology* (pp.5–19). New York, NY: Routledge.

Fadde, P. J. (2009). Instructional design for advanced learners: Training recognition skills to hasten expertise. *Educational Technology Research and Development*, *57*, 359–376.

Farmer, J. A., Buckmaster, A., & Legrand, A. (1992). Cognitive apprenticeship: Implications for continuing professional education. *New Directions for Adult and Continuing Education*, *55*, 41–49.

Farnham-Diggory, S. (1972). *Cognitive processes in education: A psychological preparation for teaching and curriculum development*. New York, NY: Harper & Row.

Fessakis, G., Tatsis, K., & Dimitracopoulou, A. (2008). Supporting "learning by design" activities using group blogs. *Educational Technology & Society*, *11*(4), 199–212.

Filippi, S., & Barattin, D. (2012). Classification and selection of prototyping activities for interaction design. *Intelligent Information Management*, *4*, 147–156.

Fischer, G., Grudin, J., Lemke, A., McCall, R., Ostwald, J., Reeves, B., & Shipman, F. (1992). Supporting indirect collaborative design with integrated knowledge-based design environments. *Human-Computer Interaction*, *7*, 281–314.

Fisher, R. (2004). What is creativity? In R. Fisher & M. Williams (Eds.), *Unlocking creativity. Teaching across the curriculum* (pp.6–20). New York, NY: David Fulton.

Flechsig, K.H. (1987). *Didaktisches Design: neue Mode oder neues Entwicklungsstadium der Didaktik?* Göttingen: Institut für Interkulturelle Didaktik.

Flechsig, K. H. (1990). *Einführung in CEDID. Ein tätigkeitsunterstützendes und wissensbasiertes System für computerergänztes didaktisches Design*. Göttingen: CEDID GmbH.

Florida Commission on Education and Accountability. (1992). *Blueprint 2000: A system of school improvement and accountability*. Tallahassee, FL: State of Florida, Department of State.

Foley, A., & Luo, H. (2011). Prototype development in mobile-learning design research. In T. Bastiaens & M. Ebner (Eds.), *Proceedings of edmedia: World conference on educational media and technology 2011* (pp.376–383). Waynesville, NC: Association for the Advancement of Computing in Education (AACE). Retrieved from http://www.editlib.org/p/37894.

Foshay, W. R., & Preese, F. (2005). Do we need authoring systems? A commercial perspective. *Technology, Instruction and Cognitive Learning*, *2*(3), 249–260.

Foshay, W. R., & Preese, F. (2006). Can we really halve development time? – reaction to Scandura's commentary. *Technology, Instruction, Cognition and Learning*, *3*(1–2), 191–193.

Foshay, W., Silber, K., & Westgaard, O. (1986). *Instructional design competencies: The standards*. Iowa City, IA: International Board of Standards for Training, Performance, and Instruction.

Frank, H. (1962). *Kybernetische Grundlagen der Pädagogik*. Baden-Baden: Agis-Verlag.

Fretwell, D. H., Lewis, M. V., & Deij, A. (2001). *A framework for defining and assessing occupational and training standards in developing countries*. Washington, DC: World Bank.

Frick, T., Su, B., & An, Y. J. (2005). Building a large, successful website efficiently through inquiry-based design and content management tools. *TechTrends*, *49*(4), 20–31. Retrieved from http://education.indiana.edu/practical.html.

Funke, J. (1992). Solving complex problems: Exploration and control of complex systems. In R. J. Sternberg & P. A. Frensch (Eds.), *Complex problem solving: Principles and mechanisms* (pp.185–222). Hillsdale, NJ: Lawrence Erlbaum.

Funke, J. (2000). Psychologie der Kreativität. In R. M. Holm-Hadulla (Ed.), *Kreativität* (pp.283–300). Berlin: Springer.

Furst-Bowe, J. A., & Bauer, R. A. (2007). Application of the Baldrige model for innovation in higher education. *New Directions for Higher Education*, *137*, 5–14.

Furtak, E. M. (2006). The problem with answers: An exploration of guided scientific inquiry teaching. *Science Education*, *90*(3), 453–467.

Gage, N. L. (1989). The paradigm wars and their aftermath: A "historical" sketch of research on teaching since 1989. *Educational Researcher*, *18*(7), 4–10.

Gagné, R. M. (1965). *The conditions of learning and theory of instruction*. New York, NY: Holt, Rinehart & Winston.

Gagné, R. M. (1985). *The conditions of learning* (4th ed.). New York, NY: Holt, Rinehart and Winston.

Gagné, R. M., & Briggs, L. J. (1974). *The principles of instructional design*. New York, NY: Holt,

Rinehart & Winston.

Gagné, R. M., Briggs, L. J., & Wager, W. W. (1992). *Principles of instructional design* (4th ed.). Fort Worth, TX: Harcourt.

Gagné, R. M., Wager, W. W., Golas, K., & Keller, J. (2005). *Principles of instructional design* (5th ed.). Belmont, CA: Wadsworth.

Gao, L., & Watkins, D. A. (2002). Conceptions of teaching held by school science teachers in P.R. China: Identification and cross-cultural comparisons. *International Journal of Science Education*, 24 (1), 61–79.

Garrison, D. R. (2011). *E-learning in the 21st century: A framework for research and practice* (2nd ed.). New York, NY: Routledge.

Garrison, D. R., & Akyol, Z. (2012). Role of instructional technology in the transformation of higher education. *Journal of Computing in Higher Education*, 21 (1), 19–30. doi: 10.1007/s12528-009-9014-7

Garrison, D. R., & Akyol, Z. (2013). Toward the development of a metacognition construct for communities of inquiry. *The Internet and Higher Education*, 17, 84–89.

Garrison, D. R., & Arbaugh, J. B. (2007). Researching the community of inquiry framework: review, issues, and future directions. *The Internet and Higher Education*, 10 (3), 157–172.

Garrison, D. R., & Cleveland-Innes, M. (2005). Facilitating cognitive presence in online learning: Interaction is not enough. *American Journal of Distance Education*, 3, 133–148.

Garrison, D. R., & Kanuka, H. (2004). Blended learning: Uncovering its transformative potentional in higher education. *Internet and Higher Education*, 7, 95–105.

Garrison, D. R., & Vaughan, N. D. (2008). *Blended learning in higher education. Framework, principles, and guidelines.* San Francisco, CA: Wiley.

Garrison, D. R., Anderson, T., & Archer, W. (2000). Critical inquiry in a text-based environment: Computer conferencing in higher education. *The Internet and Higher Education*, 2 (2–3), 87–105.

Gautreau, C. (2011). Motivational factors affecting the integration of a learning management system by faculty. *The Journal of Educators Online*, 8 (1). Retrieved from http://files.eric.ed.gov/fulltext/EJ917870.pdf.

Genberg, V. (1992). Patterns and organizing perspectives: A view of expertise. *Teaching & Teacher Education*, 8, 485–495.

Gentry, C. G. (1994). *Introduction to instructional development: Process and technique.* Belmont, CA: Wadsworth.

Gerjets, P., Scheiter, K., & Cierniak, G. (2009). The scientific value of cognitive load theory: A research agenda based on the structuralist view of theories. *Educational Psychology Review*, 21, 43–54.

Gerlach, V. S., & Ely, D. P. (1980). *Teaching and media: A systematic approach* (2nd ed.). Englewood Cliffs, NJ: Prentice Hall, Inc.

Gero, J. S.(1990). Design prototypes: A knowledge representation schema for design. *AI Magazine*, 11(4), 26–36.

Gero, J. S. (1996). Creativity, emergence and evolution in design. *Knowledge-Based Systems*, 9, 435–448. doi: 10.1016/S0950-7051 (96) 01054-4.

Gibbons, A. S. (2001). Model-centered instruction. *Journal of Structural Learning and Intelligent Systems*, 14 (4), 511–540.

Gibbons, A. S. (2008). Model-centered instruction, the design, and the designer. In D. Ifenthaler, P. Pirnay-Dummer, & J. M. Spector (Eds.), *Understanding models for learning and instruction. Essays in honor of Norbert M. Seel* (pp.161–173). New York, NY: Springer.

Gibbons, A. S. (2014). *An architectural approach to instructional deisgn.* New York, NY: Routledge.

Gibbons, A. S., & Rogers, C. P.(2009). The architecture of instructional theory. In C. M. Reigeluth & A. A. Carr-Chellman (Eds.), *Instructional-design theories and models. Building a common knowledge base* (Vol. III, pp.305–326). New York, NY: Routledge.

Gibbons, A. S., Bunderson, C. V., Olsen, J. B., & Robertson, J. (1995). Work models: Still beyond instructional objectives. *Machine-Mediated Learning*, 5 (3&4), 221–236.

Gibbs, G. (2008). *Conceptions of teaching excellence underlying teaching award schemes.* York: The Higher Education Academy.

Gibbs, G., & Coffey, M. (2000). Training to teach in higher education: A research agenda. *Teacher Development*, *4*(1), 31–44. doi: 10.1080/13664530000200103.

Gibson, J. J. (1977). The theory of affordances. In R. Shaw & J. Bransford (Eds.), *Perceiving, acting, and knowing: Toward an ecological psychology* (pp.67–82). Hillsdale, NJ: Erlbaum.

Gibson, P. (2013). The need for imagination and creativity in instructional design. *International Journal of Adult Vocational Education and Technology*, *4*(3), 34–43. doi: 10.4018/ijavet.2013070104.

Gick, M. L. (1986). Problem-solving strategies. *Educational Psychologist*, *21*(1&2), 99–120. doi: 10.1080/ 00461520.1986.9653026.

Gigerenzer, G. (2007). *Bauchentscheidungen. Die Intelligenz des Unbewussten und die Macht der Intuition*. München: Bertelsmann.

Girard, J., Paquette, G., Miara, A., & Lundgren, K. (1999). Intelligent assistance for web-based telelearning. In S. Lajoie & M. Vivet (Eds.), *AI and education, - open learning environements* (pp.561–569). Amsterdam: IOS Press.

Glaser, R. (1966). The design of instruction. In J. S. Goodlad (Ed.), *The changing American school* (pp.215–242). Chicago, IL: Rand.

Glaser, R. (1984). Education and thinking: The role of knowledge. *American Psychologist*, *39*, 93–104.

Glaser, R., & Chi, M. T. H. (1988). Overview. In M. T. H. Chi, R. Glaser, & M. J. Farr (Eds.), *The nature of expertise* (pp.xv–xvii). Hillsdale, NJ: Erlbaum.

Glynn, S. M.(2004). Connect concepts with questions and analogies. In T. R. Koballa & D. J. Tippins(Eds.), *Cases in middle and secondary science education* (2nd ed., pp.136–142). Upper Saddle River, NJ: Pearson Education.

Glynn, S. M. (2007). Methods and strategies: Teaching with analogies. *Science and Children*, *44*(8), 52–55.

Glynn, S. M., Duit, R., & Thiele, R. B. (1995). Teaching science with analogies: A strategy for constructing knowledge. In S. M. Glynn & R. Duit (Eds.), *Learning science in the schools: Research reforming practice* (pp.247–273). Mahwah, NJ: Erlbaum.

Goda, Y., & Yamada, M. (2013). Application of CoI to design CSCL for EFL online asynchronous discussion. In Z. Akyol & R. D. Garrison (Eds.), *Educational communities of inquiry. Theoretical framework, research, and practice* (pp.295–316). Hershey, PA: IGI Global.

Gordon, I., & Zemke, R. (2000). The attack on ISD: Have we got instructional design all wrong? *Training Magazine*, *37*(4), 42–53.

Grabowski, B. L. (2004). Generative learning contributions to the design of instruction and learning. In D. H. Jonassen & M. P. Driscoll (Eds.), *Handbook of research for educational communications and technology: A project of the Association for educational communications and technology* (2nd ed., pp.719–743). Mahwah, NJ: Erlbaum.

Graham, C. R. (2005). Blended learning systems. Definition, current trends, and future directions. In C. J. Bonk & C. R. Graham (Eds.), *Handbook of blended learning: Global perspectives, local designs* (pp.4–21). San Francisco, CA: Pfeiffer.

Gravemeijer, K., Cobb, P., Bowers, J., & Whitenack, J. (2000). Symbolizing, modeling, and instructional design. In P. Cobb, E. Yackel, & K. McClain (Eds.), *Symbolizing and communicating in mathematics classrooms. Perspectices on discourse, tools, and instructional design* (pp.225–273). Mahwah, NJ: Erlbaum.

Gredler, M. E. (1997). *Learning and instruction: Theory into practice*. Upper Saddle River, NJ: Prentice-Hall.

Greeno, J. G. (1994). Gibson's affordances. *Psychological Review*, *101*(2), 336–342.

Greer, B. (1997). Modelling reality in mathematics classrooms: The case of word problems. *Learning and Instruction*, *7*(4), 293–307.

Gresham, F. M., MacMillan, D. L., Beebe-Frankenberger, M. E., & Bocian, K. M. (2000). Treatment integrity in learning disabilities intervention research: Do we really know how treatments are implemented? *Learning Disabilities Research & Practice*, *15*(4), 198–205.

Gros, B., & Spector, J. M. (1994). Evaluating automated instructional design systems: A complex problem. *Educational Technology*, *34*（5）, 37–46.

Guilford, J. P.（1956）. The structure of intellect. *Psychological Bulletin*, *53*（4）, 267–293.

Guilford, J. P.（1967）. *The nature of human intelligence*. New York, NY：McGraw-Hill.

Gunawardena, C. N., & Zittle, F. J.（1997）. Social presence as a predictor of satisfaction within a computer-mediated conferencing environment. *American Journal of Distance Education*, *11*（3）, 9–26.

Gunn, V., & Fisk, A.（2013）. *Considering teaching excellence in higher education：2007–2013*. York：The Higher Education Academy.

Gur-Ze'ev, I.（Ed.）.（2005）. *Critical theory and critical pedagogy today. Toward a new critical language in education*. Haifa：Faculty of Education, University of Haifa.

Gustafson, K., & Branch, R.（1997）. Revisioning models of instructional development. *Educational Technology, Research & Development*, *45*（3）, 73–89.

Gustafson, K., & Branch, R.（2002）. *Survey of instructional development models*（4th ed.）. Syracuse, NY：ERIC Clearinghouse on Information and Technology.

Gustafson, K. L., Tillman, M. H., & Childs, J. W.（1992）. The future of instructional design. In L. J. Briggs, K. L. Gustafson, & M. H. Tillman（Eds.）, *Instructional design：Principles and applications*（pp.451–467）. Englewood Cliffs, NJ：Educational Technology.

Gutiérrez-Santiuste, E., Rodriguez-Sabiote, C., & Gallego-Arrufat, M. -J.（2015）. Cognitive presence through social and teaching presence in communities of inquiry：A correlational-predictive study. *Australasian Journal of Educational Technology*, *31*（3）, 349–362.

Hacker, W.（2005）. *Allgemeine Arbeitspsychologie：Psychische Regulation von Wissens-, Denk-und körperlicher Arbeit* [General work psychology：Psychic regulation of knowledge, thinking, and body work]（2nd ed.）. Bern：Huber.

Halff, H. M., Hsieh, P. Y., Wenzel, B. M., Chudanov, T. J., Dirnberger, M. T., Gibson, E. G., & Redfield, C. L.（2003）. Requium for a development system：Reflections on knowledge-based, generative instruction. In T. Murray, S. Blessing, & S. Ainsworth（Eds.）, *Authoring tools for advanced technology learning environments*（pp.33–59）. Dordrecht：Kluwer.

Hamaker, C.（1986）. The effects of adjunct questions on prose learning. *Review of Educational Research*, *58*（2）, 212–242.

Hamilton, R. J.（1985）. A framework for the evaluation of the effectiveness of adjunct questions and objectives. *Review of Educational Research*, *55*（1）, 47–85.

Hamilton, R. J.（1997）. Effects of three types of elaboration on learning concepts from text. *Contemporary Educational Psychology*, *22*, 299–318.

Hanke, U.（2007）. *Externale Modellbildung als Hilfe bei der Information sverarbeitung und beim Lernen*. Saarbrücken：VDM.

Hanke, U.（2008）. Realizing model-based instruction. The model of model-based instruction. In D. Ifenthaler, P. N. Pirnay-Dummer, & J. M. Spector（Eds.）, *Understanding models for learning and instruction. Essays in honor of Norbert M. Seel*（pp.175–186）. New York, NY：Springer.

Hanke, U.（2012）. Generative teaching：The improvement of generative learning. In N. M. Seel（Ed.）, *Encyclopedia of the sciences of learning*（Vol.3, pp.1358–1360）. New York, NY：Springer.

Hanke, U.（2012）. Lernförderliche Lehrstrategien für Veranstaltungen zur Informationskompetenz an Hochschulbibliotheken. In W. Sühl-Strohmenger（Ed.）, *Handbuch Informationskompetenz*（pp.375–384）. Berlin：DeGruyter.

Hanke, U., & Allgaier, A.（2011）. Differences in the use of teaching strategies in different disciplines. In J. P. Henderson & A. D. Lawrence（Eds.）*Teaching strategies*（pp.265–274）. New York, NY：Nova Science Publication.

Hanke, U., & Huber, E.（2010）. Acceptance of model-based instruction among students in Spanish and mathematocs. In J. M. Spector, D. Ifenthaler, P. Isaías, Kinshuk, & D. G. Sampson（Eds.）, *Learning and instruction in the digital age*（pp.225–235）. New York, NY：Springer.

Hanke, U., & Seel, N. M.（2012）. Why teachers act as they do in teaching. A descriptive theory of teaching. *Jahrbuch für Allgemeine Didaktik*, *2*, 158–179.

Hanke, U., & Winandy, S.(2014). Die Lehrstrategie MOMBI. In C. Baatz, A. Fausel, & R. Richter(Eds.), *Tübinger Beiträge zur Hochschuldidaktik* (Vol.10/2, pp.7–15). Tübingen: Universität. Retrieved from http://hdl.handle.net/ 10900/53782.

Hanke, U., Ifenthaler, D., & Seel, N. M. (2011). Effects of creative dispositions on the design of lessons. *The Open Education Journal*, 4, 113–119. doi: 10.2174/1874920801104010113

Hannafin, M. J. (1992). Emerging technologies, ISD, and learning environments: Critical perspectives. *Educational Technology Research and Development*, 40 (1), 49–63.

Hardre, P. L., Ge, X., & Thomas, M. K. (2006). An investigation of development toward instructional design expertise. *Performance Improvement Quarterly*, 19 (4), 63–90.

Harnischfeger, A., & Wiley, D. E. (1977). Kernkonzepte des Schullernens. *Zeitschrift für Entwicklungspsychologie und Pädagogische Psychologie*, 9 (3), 207–228.

Harris, J., & Hofer, M. (2009). Instructional planning activity types as vehicles for curriculum-based TPACK development. In C.D.Maddux (Ed.), *Research highlights in technology and teacher education 2009* (pp.99–108). Chesapeake, VA: Society for Information Technology in Teacher Education (SITE).

Hartmann, B., Doorley, S., & Klemmer, S. R. (2008). Hacking, mashing, gluing: Understanding opportunistic design. *Pervasive Computing*, 7 (3), 46–54.

Haycock, A., & Fowler, D. (1996). Mental models: Metacognitive structures. In B. Robin, J. Price, J. Willis, & D. Willis (Eds.), *Proceedings of society for information technology & teacher education international conference 1996* (pp.970–972). Chesapeake, VA: Association for the Advancement of Computing in Education (AACE). Retrieved from http://www.editlib.org/p/46956

Hayes, J. R., & Flower, L. S.(1980). Identifying the organization of writing processes. In L. W. Gregg & E. E. Steinberg (Eds.), *Cognitive processes in writing* (pp.3–30). Hillsdale, NJ: Lawrence Erlbaum.

Heimann, P. (1962). Didaktik als Theorie und Lehre. *Die Deutsche Schule*, 54, 407–472.

Heimann, P., Otto, G., & Schulz, W. (Eds.). (1967). *Unterricht–Analyse und Planung.* Hannover: Schroedel.

Heinich, R. (1984). The proper study of instructional technology. *Educational Communication and Technology: A Journal of Theory, Research, and Development*, 32 (2), 67–87.

Heinich, R., Molenda, M., Russell, J., & Smaldino, S. (1999). *Instructional media and technologies for learning* (6th ed.). Upper Saddle River, NJ: Prentice-Hall.

Helmke, A. (2009). *Unterrichtsqualität und Lehrerprofessionalität. Diagnose, Evaluation und Verbesserung des Unterrichts.* Seelze: Klett-Kallmeyer.

Hicks, M., Reid, I., & George, R. (2001). Enhancing on-line teaching: Designing responsive learning environments. *The International Journal for Academic Development*, 6 (2), 143–151.

Higbee, J. L., Chung, C. J., & Hsu, L. (2004). Enhancing the inclusiveness of first-year courses through universal instructional design. In I. M. Duranczyk, J. L. Higbee, & D. B. Lundell (Eds.), *Best practices for access and retention in higher education* (pp.13–25). Minneapolis, MN: University of Minnesota, The Center for Research on Developmental Education and Urban Literacy.

Higbee, J. L., Ginter, E. J., & Taylor, W. D. (1991). Enhancing academic performance: Seven perceptual styles of learning. *Research Teaching in Developmental Education*, 7 (2), 5–10.

Highsmith, J. A. (1978). Solving design problems more effectively. *MIS Quarterly*, 2 (4), 22–30. doi: 10.2307/248902

Hinsz, V. B. (2004). Metacognition and mental models in groups: An illustration with metamemory of group recognition memory. In E. Salas & S. M. Fiore (Eds.), *Team cognition: Understanding the factors that drive process and performance* (pp.33–58). Washington, DC: APA.

Hirumi, A., Bradford, G., & Rutherford, L. (2011). Selecting delivery systems and media to facilitate blended learning: A systematic process based on skill level, content stability, cost and instructional strategy. *MERLOT Journal of Online Learning and Teaching*, 7 (4), 489–501.

Hmelo, C. E., Holton, D. L., & Kolodner, J. L. (2000). Designing to learn about complex systems. *The Journal of the Learning Sciences*, 9 (3), 247–298.

Hodgson, T. (1995). Secondary mathematics modeling: Issues and challenges. *School Science and Mathe-*

matics, *95*（7）, 351–358.

Holden, H., & Westfall, P. J. L.（2010）. *An instructional media selection guide for distance learning: Implications for blended learning. Featuring an introduction to virtual worlds*（2nd ed.）. Boston, MA: United States Distance Learning Association.

Holocher-Ertl, T., Kieslinger, B., & Fabian, C. M.（2012）. Designing for the users or with the users? A participatory design approach for science teaching in schools. In *Proceedings of the 2012 eChallenges Annual Conference*（October 17–19, 2012）. Lisbon, Portugal. Retrieved from http://www.globalexcursion-project.eu/?page_id=350.

Honebein, P. C., & Sink, D. L.（2012）. The practice of eclectic instructional design. *Performance Improvement*, *51*（10）, 26–31.

Hoog, R. de., Jong, T. de., & Vries, F. de.（1994）. Constraint-driven software design: An escape from the waterfall model. *Performance Improvement Quarterly*, *7*（3）, 48–63.

Hoogveld, A. W. M., Paas, F., & Jochems, W. M. G.（2005）. Training higher education teachers for instructional design of competency-based education: Product-oriented versus process-oriented worked examples. *Teacher and Teacher Education*, *21*（3）, 287–297.

Hsieh, P. Y., Halff, H. M., & Redfield, C. L.（1999）. Four easy pieces: Development systems for knowledge-based generative instruction. *International Journal of Artificial Intelligence in Education*, *10*, 1–45.

Hsieh, S. J., & Hsieh, P. Y.（2001）. Intelligent tutoring system authoring tool for manufacturing engineering education. *International Journal of Engineering Education*, *17*（6）, 569–579.

Huang, Y. T.（2015）. Participatory design to enhance ICT learning and community attachment: A case study in rural Taiwan. *Future Internet*, *7*, 50–66. doi: 10.3390/fi7010050.

Hunter, G. L.（2002）. A dual-process theory of information load. *Advances of Consum Research*, *29*, 211–212.

Hussy, W.（1984）. *Denkpsychologie. Ein Lehrbuch. Band 1: Geschichte, Begriffs-und Problemlöseforschung, Intelligenz*. Stuttgart: Kohlhammer.

Hutchins, H.（2003）. Instructional immediacy and the seven principles: Strategies for facilitating online courses. *Online Journal of Distance Learning Administration*, *6*（3）.

Iarskaia-Smirnova, E., & Romanov, P.（2006）. Perspectives of inclusive education in Russia. *European Journal of Social Work*, *10*（1）, 89–105.

Ifenthaler, D.（2006）. *Diagnose lernabhängiger Veränderung mentaler Modelle. Entwicklung der SMD-Technologie als methodologisches Verfahren zur relationalen, strukturellen und semantischen Analyse individueller Modellkonstruktionen*. Freiburg: Albert-Ludwigs-Universität（Diss.）.

Ifenthaler, D.（2008）. Practical solutions for the diagnosis of progressing mental models. In D. Ifenthaler, P. Pirnay-Dummer, & J. M. Spector（Eds.）, *Understanding models for learning and instruction. Essays in honor of Norbert M. Seel*（pp.43–61）. New York, NY: Springer.

Ifenthaler, D.（2009）. Using a causal model for the design and development of a simulation game for teacher education. *Technology, Instruction, Cognition and Learning*, *6*（3）, 193–212.

Ifenthaler, D.（2012）. Determining the effectiveness of prompts for self-regulated learning in problem-solving scenarios. *Journal of Educational Technology and Society*, *15*（1）, 38–52.

Ifenthaler, D., Pirnay-Dummer, P., & Seel, N. M.（Eds.）.（2010）. *Computer-based diagnostics and systematic analysis of knowledge*. New York, NY: Springer.

Ioannidis, J. P. A.（2005）. Why most published research findings are false. *PLoS Medicine*, *2*（8）, 696–701.

Isman, A., Baytekin, C., Balkan Kiyi ci, F., Horzum, M. B., & Kiyici, M.（2002）. *Science education and constructivism*. BTIE Conference, Middle East University, Ankara, Turkey.

Issing, L. J.（Hrsg.）.（1967）. *Der Programmierte Unterricht in den USA heute*. Weinheim: Beltz.

Issing, L. J.（2002）. Instruktions-Design für Multimedia. In L. J. Issing & P. Klimsa（Hrsg.）, *Information und Lernen mit Multimedia. Lehrbuch für Studium und Praxis*（pp.151–176）. Weinheim: Psychologie Verlags Union.

Jacobs, J. W., & Dempsey, J. V.（1993）. Simulation and gaming: Fidelity, feedback and motivation. In

J. V. Dempsey & G. C. Sales（Eds.），*Interactive instruction and feedback*（pp.197–227）. Englewood Cliffs，NJ：Educational Technology Publications.

Järvelä，S.（1998）. Socioemotional aspects of students' learning in a cognitive-apprenticeship environment. *Instructional Science*，*26*，439–472.

Jank，W.，& Meyer，H.（2002）. *Didaktische Modelle*. Berlin：Cornelsen.

Jiménez，T. C.，Graf，V. L.，& Rose，E.（2007）. Gaining access to general education：The promise of universal design for learning. *Issues in Teacher Education*，*16*（2），41–54.

Johnson-Laird，P. N.（1983）. *Mental models：Towards a cognitive science of language，inference，and consciousness*. Cambridge，MA：Cambridge University Press.

Johnson-Laird，P. N.（2005）. Mental models and thought. In K. J. Holyoak & R. G. Morrison（Eds.），*The Cambridge handbook of thinking and reasoning*（pp.185–208）. Cambridge，MA：Cambdrige University Press.

Jonassen，D. H.（1991）. Objectivism versus constructivism：Do we need a new philosophical paradigm. *Educational Technology Research and Development*，*39*（3），5–14.

Jonassen，D. H.（1997）. Instructional design models for well-structured and ill-structured problem-solvging learning outcomes. *Educational Technology Research and Development*，*45*（1），65–94.

Jonassen，D. H.（1999）. Designing constructivist learning environments. In C. M. Reigeluth（Ed.），*Instructional design theories and models：Their current state of the art*（2nd ed.）. Mahwah，NJ：Lawrence Erlbaum Associates.

Jonassen，D. H.（2012）. Problem typology. In N. M. Seel（Ed.），*Encyclopedia of the sciences of learning*（Vol. 6，pp.2683–2686）. New York，NY：Springer.

Jonassen，D. H.，Tessmer，M.，& Hannum，W. H.（1999）. *Task analysis methods for instructional design*. Mahwah，NJ：Erlbaum.

Jones，P.，Naugle，K.，& Kolloff，M.（2008，March）. Teacher presence：Using introductory videos in online and hybrid courses. *Learning Solutions Magazine*.

Jones，T. S.，& Richey，R. C.（2000）. Rapid prototyping methodology in action：A developmental study. *Educational Technology Research and Development*，*48*（2），63–80.

Jusoff，K.，& Khodabandelou，R.（2009）. Preliminary study on the role of social presence in blended learning environment in higher education. *International Education Studies*，*2*（4），79–83.

Kafai，Y. B.，& Ching，C. C.（2004）. Children as instructional designers：Apprenticing，questioning，and evaluating in the learning science by design project. In N. M. Seel & S. Dijkstra,（Eds.），*Curriculum，plans and processes of instructional design：International perspectives*（pp.115–130）. Mahwah，NJ：Lawrence Erlbaum.

Kalantzis，M.，Cope，B.，& The Learning by Design Project Group.（2005）. *Learning by design*. Melbourne：Common Ground Publication.

Kalyuga，S.，Chandler，P.，& Sweller，J.（1999）. Managing split-attention and redundancy in multimedia instruction. *Applied Cognitive Psychology*，*12*，351–371.

Kang，O. K.（2010）. A study on a modeling process for fitting mathematical modeling. *Journal of the Korean Society of Educational Research in Mathematics*，*20*（1），73–84.

Karagiorgi，Y.，& Symeou，L.（2005）. Translating constructivism into instructional design：Potential and limitations. *Educational Technology & Society*，*8*（1），17–27.

Karathanos，D.，& Karathanos，P.（1996）. The Baldrige education pilot criteria 1995：An integrated approach to continuous improvement in education. *Journal of Education for Business*，*71*（5），272–276. doi：10.1080/08832323. 1996.10116797.

Kasowitz，A.（2000）. Tools for automating instructional design. *Educational Media and Technology Yearbook*，*25*，49–52.（also in ERIC Digest）.

Kaufman，R.（1988）. *Planning educational systems*. Lancaster，PA：Technomic Publishing Company.

Kaufman，R.，& Herman，J.（1997）. Strategig planning，schooling，and the curriculum for tomorrow. In S. Dijkstra，N. M. Seel，F. Schott，& R. D. Tennyson（Eds.），*Instructional design international perspectives. Volume2：Solving instructional design problems*（pp.45–58）. Mahwah，NJ：Erlbaum.

Kaufman，R.，Herman，J.，& Watters，K.（1996）. *Educational planning. Strategic，tactical，operation-

al. Lancaster, PA: Technomic Publishing Comp.

Keller, J. M.（1987）. The systematic process of motivational design. *Performance & Instruction*, 26（9）, 1–8.

Keller, J. M.（2008）. An integrative theory of motivation, volition, and performance. *Technology, Instruction, Cognition, and Learning*, 6, 79–104.

Keller, J. M.（2010）. *Motivational design for learning and performance: The ARCS model approach.* New York, NY: Springer.

Kelly, A. K.（2003）. Research as design. *Educational Researcher*, 32（1）, 3–4.

Kemp, J. E.（1985）. *The instructional design process.* New York, NY: Harper & Row.

Kenny, R. F., & Wirth, J.（2009）. Implementing participatory, constructivist learning experiences through best practices in live interactive performance. *The Journal of Effective Teaching*, 9（1）, 34–47.

Kenny, R. F., Zhang, Z., Schwier, R. A., & Campbell, K.（2005）. A review of what instructional designers do: Questions answered and questions not answered. *Canadian Journal of Learning Technology*, 31（1）, 9–26. Retrieved from http://www.cjlt.ca/content/vol31.1/kenny.html.

Kensing, F., & Blomberg, J.（1998）. Participatory design: Issues and concerns. *Computer Supported Cooperative Work*, 7, 167–185.

Kerr, S. T.（1981）. How teachers design their materials: Implications for instructional design. *Instructional Science*, 10, 363–378.

Kerr, S. T.（1983）. Inside the Black box: Making design decisions for instruction. *British Journal of Educational Technology*, 14（1）, 45–58.

Kester, L., Kirschner, P. A., van Merriënboer, J. J. G., & Baumer, A.（2001）. Just-in-time information presentation and the acquisition of complex cognitive skills. *Computers in Human Behavior*, 17（4）, 373–391.

King, P. M., & Kitchener, K.S.（1994）. *Developing reflective judgment: Understanding and promoting intellectual growth and critical thinking in adolescents and adults.* San Francisco, CA: Jossey-Bass.

Kiper, H., & Mischke, W.（2009）. *Unterrichtsplanung.* Weinheim: Beltz.

Kipper, D. A., Green, D.J., & Prorak, A.（2010）. The relationship among spontaneity, impulsivity, and creativity. *Journal of Creativity in Mental Health*, 5（1）, 39–53.

Kirschner, P., Carr, C., Van Merriënboer, J., & Sloep, P.（2002）. How expert designers design. *Performance Improvement Quarterly*, 15（4）, 86–104. doi: 10. 1111/j.1937-8327.2002.tb00267.x.

Kirschner, P. A., Sweller, J., & Clark, R. E.（2007）. Why minimal guidance during instruction does not work: An analysis of the failure of constructivist, problem-based, experiential, and inquiry-based teaching. *Educational Psychologist*, 41（2）, 75–86.

Kiyama, M., Ishiuchi, S., Ikeda, K., Tsujimoto, M., & Fukuhara, Y.（1997, July 27–31）. *Authoring methods for the web-based intelligent CAI system CALAT and its application to telecommunication service.* Paper presented at the AAAI-97: Conference of the American Association for Artificial Intelligence, Providence, RI.

Klafki, W.（1958）. Didaktische Analyse als Kern der Unterrichtsvorbereitung. *Die Deutsche Schule*, 50, 450–471.

Klafki, W.（1964）. Didaktische Analyse als Kern der Unterrichtsvorbereitung. In H. Roth & A. Blumenthal（Eds.）, *Didaktische Analyse*（pp.5–34）. Hannover: Schroedel.

Klafki, W.（1985）. Zur Unterrichtsplanung im Sinne kritisch-konstruktiver Didaktik. In W. Klafki（Hrsg.）, *Neue Studien zur Bildungstheorie und Didaktik*（pp.194–227）. Weinheim: Beltz.

Klafki, W.（1995）. Didactic analysis as the core of preparation of instruction. *Journal of Curriculum Studies*, 27（1）, 13–30.

Klahr, D., & Nigam, M.（2004）. The equivalence of learning paths in early science instruction: Effects of direct instruction and discovery learning. *Psychological Science*, 5, 661–667.

Klein, B.（2000）. *Didaktisches design hypermedialer Lernumgebungen.* Marburg: Tectum Verlag.

Klein, R., & Scholl, A.（2012）. *Planung und Entscheidung*（2. Aufl.）. München: Vahlen.

Knight, D. B., Brozina, C., Stauffer, E. M., & Frisina, C.（2015, June 1–17）. *Developing a learning analytics dashboard for undergraduate engineering using participatory design.* Paper（ID #12777）presented at the 122nd ASEE Annual Conference & Exposition, Seattle, WA.

König, E., & Riedel, H.（1970）. *Unterrichtsplanung als Konstruktion.* Weinheim: Beltz.

König, E., & Riedel, H. (1973). *Systemtheoretische Didaktik*. Weinheim: Beltz.

Könings, K. D., Brand-Gruwel, S., & Van Merriënboer, J. J. G. (2005). Towards more powerful learning environments through combining the perspectives of designers, teachers and students. *British Journal of Educational Psychology*, *75*, 645–660.

Könings, K. D., Brand-Gruwel, S., & Van Merriënboer, J. J. G. (2010). An approach to participatory instructional design in secondary education: An exploratory study. *Educational Research*, *52*, 45–59.

Kolb, D. A. (1984). *Experiential learning: Experience as the source of learning and development*. Englewood Cliffs, NJ: Prentice-Hall.

Kolodner, J. L. (2002). Facilitating the learning of design practices: Lessons learned from an inquiry into science education. *Journal of Industrial Teacher Education*, *39*(3). Retrieved from http://scholar.lib.vt.edu/ejournals/JITE/ v39n3/kolodner.html.

Kolodner, J. L., Camp, P. J., Crissmond, D., Fasse, B., Gray, J., & Holbrook, J. (2003). Problem-based learning meets case-based reasoning in the middle-school science classroom: Putting learning by design into practice. *The Journal of the Learning Sciences*, *12*(4), 495–547.

Kolodner, J. L., Gray, J., & Fasse, B. B. (2003). Promoting transfer through case-based reasoning: Rituals and practices in learning by design classrooms. *Cognitive Science Quarterly*, *3*(2), 119–170.

Kolodner, J. L., Camp, P. J., Crismond, D., Fasse, B., Gray, J., Holbrook, J., & Ryan, M. (2004). Promoting deep science learning through case-based reasoning: Rituals and practices in learning by design classrooms. In N. M. Seel & S. Dijkstra (Eds.), *Curriculum, plans and processes of instructional design: International perspectives* (pp.89–114). Mahwah, NJ: Lawrence Erlbaum.

Kourilsky, M., & Wittrock, M. C. (1992). Generative teaching: An enhancement strategy for the learning of economics in cooperative groups. *American Educational Research Journal*, *29*(4), 861–876.

Koper, R. (2006). Current research in learning design. *Educational Technology & Society*, *9*(1), 13–22.

Korth, S. (2000). Creativity and the design process. *Performance Improvement Quarterly*, *13*(1), 30–45. doi: 10.1111/j.1937-8327.2000.tb00155.x.

Kotter, J. P. (2001). *What leaders really do*. Brighton, MA: Harvard Business School Publishing Corporation.

Kozma, R. B. (1991). Learning with media. *Review of Educational Research*, *61*(2), 179–211.

Krell, M., & Krüger, D. (2015). Testing models: A key aspect to promote teaching-activities related to models and modelling in biology lessons? *Journal of Biological Education*, *50*(2), 160–173. doi: 10.1080/00219266.2015.1028570.

Krell, M., Upmeier zu Belzen, A., & Krüger, D. (2012). Students' understanding of the purpose of models in different biological contexts. *International Journal of Biology Education*, *2*, 1–34.

Krell, M., Upmeier zu Belzen, A., & Krüger, D. (2014). Students' levels of understanding models and modelling in biology: Global or aspect-dependent? *Research in Science Education*, *44*, 109–132. doi: 10.1007/s11165-013-9365-y.

Krems, J. F. (1995). Cognitive flexibility and complex problem solving. In P. A. Frensch & J. Funke (Eds.), *Complex problem solving. The European perspective* (pp.201–218). Hillsdale, NJ: Lawrence Erlbaum.

Kron, F. W. (2008). *Grundwissen Didaktik* (5. Aufl.). München: Reinhardt.

Kruse, K., & Keil, J. (2000). *Technology-based training: The art and science of design, development, and delivery* (Centers for Teaching and Technology –Book Library. Paper 187). San Francisco, CA: Jossey-Bass Publishers. Retrieved from http://digitalcommons.georgiasouthern.edu/ct2-library/187.

Kumar, S., & Ritzhaupt, A. D. (2014). Adapting the community of inquiry survey for an online graduate program: Implications for online programs. *E–Learning and Digital Media*, *11*(1), 59–71.

Kumar, S., Dawson, K., Black, E., Cavanaugh, C., & Sessums, S. (2011). Applying the community of inquiry framework to an online professional practice doctoral program. *The International Review of Research in Open and Distributed Learning*, *12*(6), 126–142. Retrieved from http://www.irrodl.org/ index.php/irrodl/ article/view/978/1961.

Lajoie, S. P., & Lesgold, A. (1989). Apprenticeship training in the workplace: Computer-coached practice environment as a new form of apprenticeship. *Machine-Mediated Learning*, *3*, 7–28.

Lambert, J. L., & Fisher, J.L. (2013). Community of inquiry framework: Establishing community in an online course. *Journal of Interactive Online Learning*, 12 (1), 1–16. Retrieved from www.ncolr.org/jiol.

Landau, E. (1974). *Psychologie der Kreativität. Psychologie und Person* [Psychology of creativity. Psychology and Person]. München: Reinhardt.

Landriscina, F. (2013). *Simulation and learning. A model-centered approach*. New York, NY: Springer.

Latzina, M., & Schott, F. (1995). Psychological processes of planning in instructional design teams: Some implications for automating instructional design. In R. D. Tennyson & A. E. Barron (Eds.), *Automating instructional design: Computer-based development and delivery tools* (pp.131–147). Heidelberg: Springer.

Laurillard, D. (2008). Technology enhanced learning as a tool for pedagogical innovation. *Journal of Philosophy of Education*, 42, 521–533.

Laurillard, D. (2013). *Teaching as a design science: Building pedagogical patterns for learning and technology*. New York, NY: Routledge.

Lavine, R. A. (2005). Guided discovery learning with videotaped case presentation in neurobioloy. *Medical Science Educator*, 15 (1), 1–4.

Layton, C., & Brown, C. (2011). Striking a balance: Supporting teaching excellence award applications. *International Journal for Academic Development*, 16 (2), 163–174.

Lee, H. W., Lim, K. Y., & Grabowski, B. L. (2008). Generative learning: Principles and implications for meaning making. In J. M. Spector, M. D. Merrill, J. Van Merrienboer, & M. P. Driscoll (Eds.), *Handbook of research on educational communications and technology* (3rd ed., pp.111–124). New York, NY: Erlbaum.

Lee, W. W., & Owens, D. L. (2004). *Multimedia-baed instructional design* (2nd ed.). San Francisco, CA: Pfeiffer.

Lehrer, R. (2009). Designing to develop disciplinary dispositions: Modeling natural systems. *American Psychologist*, 64 (8), 759–771.

Lehrer, R., & Schauble, L. (2006). Cultivating model-based reasoning in science education. In K. Sawyer (Ed.), *The Cambridge handbook of the learning sciences* (pp.371–387). Cambridge, UK: Cambridge University Press.

Lehrer, R., & Schauble, L.(2010). What kind of explanation is a model? In M. K. Stein & L. Kucan(Eds.), *Instructional explanations in the disciplines* (pp.9–22). New York, NY: Springer.

Leinhardt, G., & Greeno, J. G. (1986). The cognitive skill of teaching. *Journal of Educational Psychology*, 78 (2), 75–95.

LeMaistre, C. (1998). What is an expert instructional designer? Evidence of expert performance during formative evaluation. *Educational Technology Research & Development*, 46 (3), 21–36.

Lesh, R. (2006). Modeling students modeling abilities: The teaching and learning of complex systems in education. *The Journal of the Learning Sciences*, 15 (1), 45–52.

Lesh, R., & Doerr, H. M. (2000). Symbolizing, communicating, and mathematizing: Key components of models and modeling. In P. Cobb, E. Yackel, & K. McClain (Eds.), *Symbolizing and communicating in mathematics classrooms. Perspectives on discourse, tools, and instructional design* (pp.361–383). Mahwah, NJ: Erlbaum.

Lesh, R., & Doerr, H. (2003). Foundation of a models and modeling perspective on mathematics teaching and learning. In R. A. Lesh & H. Doerr (Eds.), *Beyond constructivism: A models and modeling perspective on mathematics teaching, learning, and problem solving* (pp.9–34). Mahwah, NJ: Erlbaum.

Lesh, R., & Doerr, H. M. (Eds.). (2003). *Beyond constructivism: A models and modeling perspective on mathematics problem solving, learning and teaching*. Mahwah, NJ: Lawrence Erlbaum.

Lesh, R., Middleton, J., Caylor, E., & Gupta, S. (2008). A science need: Designing tasks to engage students in modeling complex data. *Educational Studies in Mathematics*, 68 (2), 113–130.

Leshin, C. B., Pollock, J., & Reigeluth, C. M. (1992). *Instructional design strategies and tactics*. Englewood Cliffs, NJ: Educational Technology Publications.

Lewin, K. (1946). Action research and minority problems. *Journal of Social Issues*, 2, 34–46.

Lim, D. H. (2002). Perceived differences between classroom and distance education: Seeking instructional strategies for learning application. *International Journal of Educational Technology*, 3 (1). Retrieded from http://

www.ed.uiuc.edu/ijet/v3n1/d-lim/index.html.

Lim, D. H., & Kim, H. J. (2003). Motivation and learner characteristics affecting online learning and learning application. *Journal of Educational Technology Systems*, *31*(4), 423–439.

Lim, D. H., & Morris, M. L. (2009). Learner and instructional factors influencing learning outcomes within a blended learning environment. *Educational Technology & Society*, *12*(4), 282–293.

Linden, M., & Wittrock, M. C. (1981). The teaching of reading comprehension according to the model of generative learning. *Reading Research Quarterly*, *17*, 44–57.

Linneweh, K. (1978). *Kreatives Denken: Effektive Werbung* [Creative thinking: Effective advertising]. Karlsruhe: Gitzel.

Liu, M., Gibby, S., Quiros, O., & Demps, E. (2002). Challenges of being an instructional designer for new media development: A view from the practitioners. *Journal of Educational Multimedia and Hypermedia*, *11*(3), 195–219.

Livingston, C., & Borko, H. (1990). High school mathematics review lessons: Expert-novice distinctions. *Journal of Research in Mathematics Education*, *21*(5), 372–387.

Lorch, R. F., Lorch, E. P., Calderhead, W. J., Dunlap, E. E., Hodell, E. C., & Freer, B. D. (2010). Learning the control of variables strategy in higher and lower achieving classrooms: Contributions of explicit instruction and experimentation. *Journal of Educational Psychology*, *102*(1), 90–101.

Luojus, S., & Vilkki, O. (2013). Living lab acticities as the starting point for delevelping ICT studies in higher education. *The International HETL Review*, Special Issue, 14–27.

Mace, R. (1988). *Universalhousing for the lifespan of all people*. Washington, DC: US Department of Housing and Urban Development.

Mace, R., Hardie, G., & Plaice, J. (1991). Accessible environments: Toward universal design. In W. E. Preiser, J. C. Vischer, & E. T. White (Eds.), *Design interventions: Toward a more humane architecture* (pp.155–176). New York, NY: Van Nostrand Reinhold.

Macke, G., Hanke, U., & Viehmann, P. (2012). *Hochschuldidaktik. Lehren, vortragen, prüfen, beraten* (2nd ed.). Weinheim: Beltz.

Mager, R. F., & Pipe, P. (1984). *Analyzing performance problems* (2nd ed.). Belmont, CA: Lage Publication.

Magliaro, S. G., & Shambaugh, R. N. (2005). Teachers' personal models of instructional design. In J. Brophy & S. Pinnegar (Eds.), *Learning from research on teaching: Perspective, methodology, and representation* (Advances in research on teaching, Vol. 11, pp.101–134). Bingley, UK: Emerald Group Publication.

Magliaro, S., & Shambaugh, N. (2006). Student models of instructional design. *Educational Technology Research & Development*, *54*(1), 83–106.

Maina, M., Craft, B., & Mor, Y. (Eds.). (2015). *The art & science of learning design*. Rotterdam: Sense Publishers.

Makri, K., Papanikolaou, K., Tsakiri, A., & Karkanis, S. (2014). Blending the community of inquiry framework with learning by design: Towards a synthesis for blended learning in teacher training. *The Electronic Journal of e-Learning*, *12*(2), 183–194. Retrieved from www.ejel.org.

Mamoura, M. (2013). History teachers' conceptions of professional identity in developing historical consciousness to students. *American International Journal of Social Science*, *2*(7), 49–57.

Mandrin, P. A., & Preckel, D. (2009). Effects of similarity-based guided discovery learning on conceptual performance. *School Sciene and Mathematics*, *109*(3), 133–145.

Marzano, R. J. (2010/2011). What teachers gain from deliberate practice. *Educational Leadership*, *59*(1), 82–85.

Marzano, R. J. (2011). Art & science of teaching/The perils and promises of discovery learning. *Educational Leadership*, *69*(1), 86–87.

Matthews, D., Bogle, L., Boles, E., Day, S., & Swan, K. (2013). Developing communities of inquiry in online courses: A design-based approach. In Z. Akyol & R. D. Garrison (Eds.), *Educational communities of inquiry. Theoretical framework, research, and practice* (pp.490–508). Hershey, PA: IGI Global.

Mayer, R. E. (1989). Models for understanding. *Review of Educational Research*, *59*(1), 43–64.

Mayer, R. E. (1999). Fifty years of creativity research. In R. J. Sternberg (Ed.), *Handbook of creativity* (pp.449–460). Cambridge, MA: Cambridge University Press.

Mayer, R. E. (2001). *Multimedia learning*. New York, NY: Cambridge University Press.

Mayer, R. E. (2004). Should there be a three-strike rule against pure discovery learning? The case for guided methods of instruction. *American Psychologist*, *59*(1), 14–19.

Mazzarino, A. (2015). *Left out? Obstacles to education for people with diabilities in Russia*. New York, NY: Human Rights Watch.

McAleese, M., Bladh, A., Bode, C., Muehlfeit, J., Berger, V., & Petrin, T. (2014). *New modes of learning and teaching in higher education* (Report to the European Commission). Luxembourg: Publications Office of the European Union.

McKeown, J. (2013). Teachers integrating design principles: Promoting creativity in the instructional design process. In R. McBride & M. Searson (Eds.), *Proceedings of society for information technology & teacher education international conference 2013* (pp.2252–2255). Chesapeake, VA: AACE.

McLellan, H. (1993). Evaluation in a situated learning environment. *Educational Technology*, *33*(3), 39–45.

McTaggart, R. (1996). An accidental researcher. In J. A. Mousley, M. Robson, & D. Colquhoun (Eds.), *Horizons, images and experiences: The research story collection* (pp.24–37). Geelong: Deakin University.

Meier, D. (2000). *The accelerated learning handbook*. New York, NY: McGraw-Hill.

Merrill, M. D. (1983). Component display theory. In C. Reigeluth (Ed.), *Instructional design theories and models*. Hillsdale, NJ: Erlbaum Associates.

Merrill, M. D. (1992). Constructivism and instructional design. In T. M. Duffy & D. H. Jonassen (Eds.), *Constructivism and the technology of instruction: A conversation* (pp.99–114). Hillsdale, NJ: Erlbaum.

Merrill, M. D. (1994). *Instructional design theory*. Englewood Cliffs, NJ: Educational Technology Publication.

Merrill, M. D. (2002). First principles of instruction. *Educational Technology Research & Development*, *50*(3), 43–59.

Merrill, M. D., Li, Z., & Jones, M. K. (1991). Second generation instructional design (ID2). *Educational Technology*, *30*(1), 7–11.

Merrill, M. D., Li, Z., & Jones, M. K. (1992). Instructional transaction shells: Responsibilities, methods, and parameters. *Educational Technology*, *32*(2), 5–27.

Merrill, M. D., & ID2 Research Group. (1993). Instructional transaction theory: Knowledge relationships among processes, entities, and activities. *Educational Technology*, *33*(4), 5–16.

Merrill, M. D., & ID2 Research Group. (1996). Instructional transaction theory: Instructional design based on knowledge objects. *Educational Technology*, *36*(3), 30–37.

Merrill, M. D., & ID2 Research Group. (1998). ID Expert™: A second generation instructional development system. *Instructional Science*, *26*, 243–262.

Meyer, H. (2014). *Leitfaden Unterrichtsvorbereitung* (7th ed.). Berlin: Cornselsen.

Meyer, M. A., & Meyer, H.(2009). Totgesagte leben länger! Oder. In B. Wischer & K. J. Tillmann(Hrsg.), *Hat es in der Allgemeinen Didaktik einen Erkenntnisfortschritt gegeben? Erziehungswissenschaft auf dem Prüfstand. Schulbezogene Forschung und Theoriebildung von 1970 bis heute* (pp.97–128). Weinheim: Juventa.

Meyer, W. J. (1984). *Concepts of mathematical modeling*. Mineola, NY: Dover Publications.

Milheim, W. (1997). Instructional design issues for electronic performance support systems. *British Journal of Educational Technology*, *28*(2), 103–110.

Miller, G. A. (1956). The magical number seven, plus or minus two: Some limits on our capacity for processing information. *Psychologival Review*, *63*, 81–97.

Mitchell, C. T. (1993). *Redefining design: From form to experience*. New York, NY: Van Nostrand Reinhold.

Moallem, M. (1998). An expert teacher's thinking and teaching and instructional design models and principles: An ethnographic study. *Educational Technology Research and Development*, *46*, 37–64. doi: 10.1007/BF02299788.

Molenda, M. (2003). In search of the elusive ADDIE model. *Performance Improvement*, *42*(5), 34–37.

Molenda, M., & Pershing, J. A. (2004). The strategic impact model: An integrative approach to performance improvement and instructional systsms design. *TechTrends*, *48*(2), 26–32.

Molenda, M., Reigeluth, C. M., & Nelson, L. M. (2003). Instructional design. In L. Nadel (Ed.), *Encyclopedia of cognitive science* (Vol 2., pp.574–589). London: Nature Publishing Group. doi: 10.1002/0470018860.s00683.

Moller, L., Foshay, W. R., & Huett, J. (2008). The evolution of distance education: Implications for instructional design on the potential of the Web. *TechTrends*, *52*(4), 66–70.

Montessori, M. (1912). *The Montessori method* (A. E.George, Trans.). New York, NY: Stokes.

Moore, K. J., & Knowlton, D. S. (2006), An application of ISD in K-12 schools. *TechTrends 50*(3), 59–64. doi: 10.1007/s11528-006-7605-y.

Mor, Y., & Craft, B. (2012). Learning design: Mapping the landscape. *Research in Learning Technology*, *20*.

Mor, Y., Warburton, S., & Winters, N. (2012). Participatory pattern workshops: A methodology for open learning design inquiry. *Research in Learning Technology*, *20*. Retrieved from http://www.researchinlearningtechnology. net/index.php/rlt/ article/view/19197/html.

Moreno, J.L. (1953).*Who shall survive? Foundation of sociometry, group psychotherapy, and sociodrama*. Beacon, NY: Beacon House.

Morgan, R. M. (1988). Improving effciency of education in developing countries. *Educational Media International*, *25*(4), 201–208.

Morgan, R. M. (1989). Instructional systems development in third world countries. *Educational Technology Research & Development*, *37*(1), 47–56.

Morrison, G. R., & Anglin, G. J. (2012). Instructional design for technology-based systems. In A. D. Olofsson & J. O. Lindberg (Eds.), *Informed design of educational technologies in higer education: Enhanced learning and teaching* (pp.38–56). Hershey, PA: IGI Global.

Morrison, G. R., Ross, S. M., & Kemp, J. E. (2001). *Designing effective instruction* (3rd ed.). New York, NY: John Wiley.

Morrison, G. R., Ross, S. M., Kalman, H., & Kemp, J. E. (2010). *Designing effective instruction* (6th ed.). Hoboken, NJ: Wiley.

Morrison, G. R., Ross, S. M., Kemp, J. E., & Kalman, H. (2011). *Designing effective instruction* (6th ed.). New York, NY: Wiley.

Motova, M., & Pykko, R. (2012). Russian higher education and European standards of quality assurance. *European Journal of Education, Special Issue: Russian Higher Education and the Post–Soviet Transition*, *47*(1), 25–36.

Mountford, J. (1990). Tools and techniques of creative design. In B. Laurel & J. Mountford (Eds.), *The art of human-computer interface design* (pp.17–30). Indianapolis, IN: Addison Wesley Professional.

Munro, A., Johnson, M. C., Pizzini, Q. A., Surmon, D. S., Towne, D. M., & Wogulis, J. L.(1997). Authoring simulation-centered tutors with RIDES. *International Journal of Artificial Intelligence in Education*, *8*(3–4), 284–316.

Muraida, D. J., Spector, J. M., O'Neil, H. F., & Marlino, M. R. (1993). Evaluation issues in automating instruction design. In J. M. Spector, M. C. Poison, & D. J. Muraida (Eds.), *Automating instructional design: Concepts and issues* (pp.293–321). Englewood Clifss, NJ: Educational Technology Publications.

Murray, N., Sujan, H., Hirt, E. R., & Sujan, M. (1990). The influence of mood on categorization: A cognitive flexibility interpretation. *Journal of Personality and Social Psychology*, *59*(3), 411–425.

Murray, T. (1999). Authoring intelligent tutoring systems: An analysis of the state of the art. *International Journal of Artificial Intelligence in Education*, *10*, 98–129.

Murray, T., Blessing, S., & Ainsworth, S. (Eds.). (2003). *Authoring tools for advanced technology learning environments*. Dordrecht: Kluwer.

Naidu, S. (2008). Supporting learning with creative instructional designs. In J. E. Brindley, C. Walti, & O. Zawacki-Richter (Eds.), *Learner support in open, distance and online learning environments* (ASF Series, Vol.

9, pp.109–116). Oldenburg: BIS-Verlag.

National Academy of Sciences. (1996). *National science education standards*. Washington, DC: National Academy Press.

Nelson, H., & Stolterman, E. (2003). *The design way*. Englewood Cliffs, NJ: Educational Technology Publications.

Neville, M. (2010). Meaning making using new media: Learning by Design case studies. *E-Learning and Digital Media*, 7(3). Retrieved from http://dx.doi.org/10.2304/elea.2010.7.3.237.

Newby, T., Stepich, D., Lehman, J., & Russell, J. (2000). *Instructional technology for teaching and learning: Designing instruction, integrating computers and using media* (2nd ed.). Upper Saddle River, NJ: Prentice-Hall.

Niegemann, H. M., Domagk, S., Hessel, S., Hein, A., Hupfer, M., & Zobel, A. (2008). *Kompendium multimediales Lernen*. Berlin: Springer.

Nielsen, J. (1993). *Usability engineering*. Cambridge, MA: Academic Press.

Niess, M. L., & Gillow-Wiles, H. (2013). Advancing K-8 teachers' STEM education for teaching interdisciplinary science and mathematics with technologies. *Journal of Computers in Mathematics and Science Teaching*, 32(2), 219–245.

Nieveen, N. M. (1997). *Computer support for curriculum developers: A study on the potential of computer support in the domain of formative curriculum evaluation* (Doctoral dissertation). University of Twente, Enschede, The Netherlands.

Nieveen, N. M. (1999). Prototyping to reach product quality. In J. J. H. van den Akker, R. Branch, K. Gustafson, N. M. Nieveen, & T. J. Plomp (Eds.), *Design approaches and tools in education and training* (pp.125–136). Dordrecht, The Netherlands: Kluwer.

Njoo, M., & Jong, T. de (1993). Exploratory learning with a computer simulation for control theory: Learning processes and instructional support. *Journal of Research in Science Teaching*, 30, 821–844.

Norman, D. A. (1983). Some observations on mental models. In D. Gentner & A. L. Stevens (Eds.), *Mental models* (pp.7–14). Hillsdale, NJ: Erlbaum.

Norman, D. A. (1988). *Design of everyday things*. New York, NY: Currency Doubleday.

Northrup, P. T. (1995). Concurrent formative evaluation: Guidelines and implications for multimedia designers. *Educational Technology*, 35(6), 24–31.

Norton, P., Rooji, S. W., Jerome, M. K., Clark, K., Behrmann, M., & Bannan-Ritland, B. (2009). Linking theory and practice through design: An instructional technology program. In M. Orey, V. J. McClendon, & R. M. Branch (Eds.), *Educational media and technology yearbook* (Vol.34, pp.47–59). New York, NY: Springer.

Ohlsson, S. (1986). Some principles of intelligent tutoring. *Instructional Science*, 14, 293–326.

Osborne, R., & Wittrock, M. (1985). The generative learning model and its implications for science education. *Studies in Science Education*, 12(1), 59–87.

Osguthorpe, T. R., & Graham, R. C. (2003). Blended learning environments. *Quarterly Review of Distance Education*, 4(3), 227–233.

Ostwald, J. (1996). *Knowledge construction in software development: The evolving artifact approach* (Ph. D. dissertation). University of Colorado, Deptartment of Computer Science, Boulder, CO. Retrieved from http://l3d.cs.colorado.edu/~ostwald/thesis/.

Ozdilek, Z., & Robeck, E. (2009). Operational priorities of instructional designers analyzed within the steps of the Addie instructional design model. *Procedia – Social and Behavioral Sciences*, 1(1), 2046–2050.

Paas, F., Tuovinen, J., van Merriënboer, J. J. G., & Darabi, A. (2005). A motivational perspective on the relation between mental effort and performance: Optimizing learner involvement in instruction. *Educational Technology, Research and Development*, 53, 25–34.

Paloff, R. M., & Pratt, K. (2007). *Building online learning communities: Effective strategies for the virtual classroom* (2nd ed.). San Francisco, CA: Jossey-Bass.

Pan, C.-C. (2012). A symbiosis between instructional systems design and project management. *Canadian Journal of Learning and Technology*, 38(1), 1–15. Retrieved from http://www.eric.ed.gov/PDFS/EJ968187.pdf

Papaevripidou, M., Nicolaou, C. T., & Constantinou, C. P. (2014). *On defining and assessing learners' modelling competence in science teaching and learning.* Paper presented at the Annual Meeting of American Educational Research Association (AERA), Philadelphia, PA.

Papert, S. (1980). *Mindstorms: Children, computers, and powerful ideas.* New York, NY: Basic Books.

Papert, S. (1996). An exploration in the space of mathematics educations. *International Journal of Computers for Mathematical Learning, 1*(1), 95–123.

Papert, S., & Harel, I. (1991). *Constructionism.* New York, NY: Ablex.

Paquette, G. (2002). Designing virtual learning centers. In H. H. Adelsberger, J. M. Pawlowski, & B. Collis (Eds.), *Handbook on information technologies for education and training* (pp.259–272). Berlin: Springer.

Paquette, G.(2014). Technology-based instructional design – Evolution and major trends. In J. M. Spector, M. D. Merrill, J. Elen, & M. J. Bishop (Eds.), *Handbook of research on educational communications and technology* (4th ed., pp.661–674). New York, NY: Springer.

Paquette, G., & Rocsa, I. (2003). Modeling the delivery physiology of distributed learning systems. *Technology, Instruction, Cognition, and Learning, 1*(1–2), 183–209.

Parker, J. (2008). Comparing research and teaching in university promotion criteria. *Higher Education Quarterly, 62*(3), 237–251.

Parker, W. C., & Gehrke, N. J. (1986). Learning activities and teachers' decision making: Some grounded hypotheses. *American Educational Research Journal, 23*(2), 227–242.

Pecka, S. L., Kotcherlakota, S., & Berger, A. N. (2014). Community of inquiry model: Advancing distance learning in nurse anesthesia education. *AANA Journal, 82*(3), 212–218. Retrieved from www.aana.com/aanajournalonline.

Peled, Z., & Wittrock, M. C. (1990). Generated meanings in the comprehension of words problems in mathematics. *Instructional Science, 19*, 171–205.

Pellegrino, J. W. (2004). Complex learning environments: Connecting learning theory, instructional design, and technology. In N. M. Seel & S. Dijkstra (Eds.), *Curriculum, plans, and processes in instructional design. International perspectives* (pp.25–48). Mahwah, NJ: Erlbaum.

Pellegrino, J. W., & Brophy, S. (2008). From cognitive theory to instructional practice: Technology and the evolution of anchored instruction. In D. Ifenthaler, P. Pirnay-Dummer, & J. M. Spector (Eds.), *Understanding models for learning and instruction. Essays in honor of Norbert M. Seel* (pp.277–303). New York, NY: Springer.

Pellegrino, J., Chudowsky, N., & Glaser, R. (Eds.). (2001). *Knowing what students know. The science and design of educational assessment.* Washington, DC: National Academy Press.

Penner, D. E. (2001a). Cognition, computers, and synthetic science: Building knowledge and meaning through modeling. *Review of Research in Education, 25*, 1–35.

Penner, D. E. (2001b). Explaining systems: Investigating middle school students' understanding of emergent phenomena. *Journal of Research in Science Teaching, 37*(8), 784–806.

Penner, D. E., Giles, N. D., Lehrer, R., & Schauble, L. (1997). Building functional models: Designing an elbow. *Journal of Resarch in Science Teaching, 34*(2), 125–143.

Perez, R. S., & Emery, C. D. (1995). Designer thinking: How novices and experts think about instructional design. *Performance Improvement Quarterly, 8*(3), 80–95.

Perkins, D. N. (1992). *Smart schools.* New York, NY: The Free Press.

Pershing, J. A. (Ed.). (2006). *Handbook of human performance technology* (3rd ed.). San Francisco, CA: Pfeiffer.

Peterson, P. L., & Clark, C. M. (1978). Teachers' report of their cognitive processes during teaching. *American Educational Research Journal, 15*, 555–565.

Peverly, S. T., & Wood, R. (2001). The effects of adjunct questions and feedback on improving the reading comprehension skills of learning-diabled adolescents. *Contemporary Educational Psychology, 26*(1), 25–43.

Pieters, J.(1995). The empirical basis of designing instruction. *Performance Improvement Quarterly, 8*(3), 118–129.

Pirnay-Dummer, P. (2008). Rendezvous with a quantum of learning. Effect metaphors, extended design experiments and omnivariate learning instances. In D. Ifenthaler, P. Pirnay-Dummer, & J. M. Spector (Eds.), *Understanding models for learning and instruction. Essays in honor of Norbert M. Seel* (pp.105–143). New York, NY: Springer.

Pirnay-Dummer, P., Ifenthaler, D., & Spector, J. M. (2010). Highly integrated model assessment technology and tools. *Educational Technology Research and Development*, *58*(1), 3–18.

Pirolli, P., & Russell, D. M. (1990). The instructional design environment: Technology to support design problem solving. *Instructional Science*, *19*(2), 121–144.

Pisha, B. (2001). Smart from the start. The promise of universal design for learning. *Remedial and Special Education*, *22*(4), 197–203.

Piskurich, G. M. (2006). *Rapid instructional design. Learning ID fast and right* (2nd ed.). San Francsico, CA: Jossey-Bass.

Piskurich, G. M. (2015). *Rapid instructional design: Learning ID fast and right*. Hoboken, NJ: John Wiley & Sons.

Plass, J., Moreono, R., & Brünken, R. (Eds.). (2010). *Cognitive load theory*. New York, NY: Cambridge University Press.

Pliner, S. M., & Johnson, J. R. (2004). Historical, theoretical, and foundational principles of universal instructional design in higher education. *Equity & Excellence in Education*, *37*, 105–113.

Podolskiy, A. I. (1997). Instructional design for schooling: Developmental issues. In S. Dijkstra, N. M. Seel, F. Schott, & R. D. Tennyson (Eds.), *Instructional design international perspectives. Volume 2: Solving instructional design problems* (pp.289–314). Mahwah, NJ: Erlbaum.

POGIL. (2016). *POGIL is an acronym for Process Oriented Guided Inquiry Learning*. Supported of the National Science Foundation, the Department of Education, the Hach Scientific Foundation, and the Toyota USA Foundation. Retrieved from www.pogil.org.

Posner, G. J., Strike, K. A., Hewson, P. W., & Gertzog, W. A. (1982). Accommodation of a scientific conception: Toward a theory a conceptual change. *Science Education*, *66*, 211–227.

Postareff, L., Lindblom-Ylänne, S., & Nevgi, A. (2007). The effect of pedagogical training on teaching in higher education. *Teaching and Teacher Education*, *23*, 557–571.

Psillos, D., & Koumaras, P. (1992). Transforming knowledge into learnable content. In S. Dijkstra, H. P. M. Krammer, & J. J. G. van Merrienboer (Eds.), *Instructional models in computer-based learning environments* (pp.83–96). Berlin: Springer.

Puntambekar, S., & Kolodner, J. L. (1998). Distributed scaffolding: Helping students learn in a learning by design environment. In A. S. Bruckman, M. Guzdial, J. L. Kolodner, & A. Ram (Eds.), *Proceedings of the International Conference of the Learning Sciences –ICLS 1998* (pp.35–41). Charlottesville, VA: AACE.

Putman, R. T. (1987). Structuring and adjusting content for students: A study of live and simulated tutoring of addition. *American Educational Research Journal*, *24*(1), 13–48.

Quintana, C., Reiser, B. J., Davis, E. A., Krajcik, J., Fretz, E., Duncan, R. G., Kyza, E., Edelson, D., & Soloway, E. (2004). A scaffolding design framework for software to support science inquiry. *The Journal of the Learning Sciences*, *2*(3), 337–386.

Raia, F. (2005). Students' understanding of complex dynamic systems. *Journal of Geoscience Education*, *53*(3), 297–308.

Raudenbush, S. W., Rowan, B., & Cheong, Y. F. (1993). Higher order instructional goals in secondary schools: Class, teacher, and school influences. *American Educational Research Journal*, *30*(3), 523–553.

Reese, J. (2006). *Der Ingenieur und seine Designer*. Wien: Physica-Verlag.

Reeves, T. C. (1997). *A model of the effective dimensions of interactive learning on the World Wide Web*. Instructional Technology, University of Georgia, Athens, GA. Retrieved December 19, 2016, from http://it.coe.uga.edu/~treeves/Web Paper.pdf.

Reeves, T. C. (2006). Design research from the technology perspective. In J. V. Akker, K. Gravemeijer, S. McKenney, & N. Nieveen (Eds.), *Educational design research* (pp.86–109). London, UK: Routledge.

Reeves, W. (1999). *Learner-centered design: A cognitive view of managing complexity in product, information, and environmental design*. Thousand Oaks, CA: Sage.

Reid, A. J., & Morrison, G. R. (2014). General learning strategy use and self-regulatory prompting in digital text. *Journal of Information Technology Education: Research*, *13*, 49–72.

Reid, D., Zhang, J., & Chen, Q. (2003). Supporting scientific discovery learning in a simulation environment. *Journal of Computer Assisted Learning*, *19*(1), 9–20.

Reigeluth, C. M. (1983). Instructional design: What is it and why is it? In C. M. Reigeluth (Ed.), *Instructional design theories and models: An overview of their current status* (pp.3–36). Hillsdale, NJ: Lawrence Erlbaum.

Reigeluth, C. M. (1979). In search of a better way to organize instruction: The elaboration theory. *Journal of Instructional Development*, *2*(3), 8–15.

Reigeluth, C. (1992). Elaborating the elaboration theory. *Educational Technology Research & Development*, *40*(3), 80–86.

Reigeluth, C. M. (1999). What is instructional design theory and how is it changing? In C. M. Reigeluth (Ed.), *Instruction-design theories and models. A new paradigm of instructional theory* (Vol. II, pp.5–30). Mahwah, NJ: Erlbaum.

Reigeluth, C. M., Bunderson, C. V., & Merrill, M. D. (1994). Is there a design science of instruction? In M. D. Merrill (Ed.), *Instructional design theory* (pp.5–16). Englewood Cliffs, NJ: Educational Technology Publications.

Reigeluth, C. M., Merrill, M. D., Wilson, B. F., & Spiller, R. T. (1994). In M. D. Merrill (Ed.), *Instructional design theory* (pp.79–102). Englewood Cliffs, NJ: Educational Technology Publications.

Reiser, R. A. (2001). A history of instructional design and technology: Part II: A history of instructional design. *Educational Technology, Research and Development*, *49*(2), 57–67.

Reiser, R. A., & Dempsey, J. (2007). *Trends and issues in instructional design and technology* (2nd ed.). Upper Saddle River, NJ: Pearson.

Reiser, R. A., & Gagné, R. G. (1983). *Selecting media for instruction*. Englewood Cliffs, NJ: Educational Technology Publication.

Reitman, W. R. (1965). *Cognition and thought. An information processing approach*. Oxford: Wiley.

Retta, G. (2012). The use of social media for academic practice: A review of literature. *Kentucky Journal of Higher Education Policy and Practice*, *1*(2), Article 7. Retrieved from http://uknowledge.uky.edu/kjhepp/vol1/iss2/7.

Reynolds, A., & Anderson, R. H. (1992). *Selecting and developing media for instruction* (3rd ed.). New York, NY: Van Nostrand Reinhold.

Richardson, J., & Swan, K. (2003). Examining social presence in online courses in relation to students' perceived learning and satisfaction. *Journal of Asynchronous Learning Networks*, *7*(1), 68–88.

Richardson, J. C., Arbaugh, B., Cleveland-Innes, M., Ice, P., Swan, K., & Garrison, D. R. (2012). Using the community of inquiry framework to inform effective instructional design. In L. Moller & J. B. Huett (Eds.), *The next generation of distance education. Unconstrained learning* (pp.97–125). New York, NY: Springer.

Richter, S. (2009). *Gestaltung von Lernaufgaben unter entscheidungstheoretischer Perspektive. Entwicklung des Designmodells SEGLER*. Freiburg: FreiDok (Diss.). URN: urn: nbn: de: bsz: 25-opus-70815.

Rieber, L. P., Tzeng, S. C., & Tribble, K. (2004). Discovery learning, representation, and explanation within a computer-based simulation: Finding the right mix. *Learning and Instruction*, *14*, 307–323.

Riedel, K. (1973). *Lehrhilfen zum entdeckenden Lernen. Ein experimenteller Beitrag zur Denkerziehung*. Hannover: Schroedel.

Rientis, B., Giesbers, B., Tempelaar, D. T., & Lygo-Baker, S. (2013). Redesigning teaching presence in order to enhance cognitive presence: A longitudinal analysis. In Z. Akyol & D. R. Garrison (Eds.), *Educational communities of inquiry. Theoretical framework, research, and practice* (pp.109–129). Hershey, PA: IGI Global.

Ritchie, D., & Earnest, J. (1999). The future of instructional design: Results of a Delphi Study. *Educational Technology*, *39*(6), 35–42.

Ritzhaupt, A. D., & Kumar, S. (2015). Knowledge and skills needed by instructional designers in higher education. *Performance Improvement Quarterly*, 28 (3), 51–69.

Ronning, R. R., McCurdy, D., & Ballinger, R. (1984). Individual differences: A third component in problem-solving instruction. *Journal of Research in Science Teaching*, 21 (1), 71–82.

Rourke, L., Anderson, T., Garrison, D. R., & Archer, W. (2001). Methodological issues in the content analysis of computer conference transcripts. *International Journal of Artificial Intelligence in Education*, 12, 8–22.

Rose, D., & Meyer, A. (2002). *Teaching every student in the digital age*. Alexandria, VA: ASCD. Retrieved from http://www.cast.org/teaching everystudent/ideas/tes/.

Ross, S. M., & Morrison, G. R. (1997). Measurement and evaluation approaches in instructional design: Historical roots and current pespectives. In R. D. Tennyson, F. Schott, N. M. Seel, & S. Dijkstra (Eds.), *Instructional design: International perspectives. Vol. 1: Theory, research, and models* (pp.327–351). Mahwah, NJ: Lawrence Erlbaum.

Rossett, A. (1995). Needs assessment. In G. J. Anglin (Ed.), *Instructional technology: Past, present, and future* (pp.183–196). Englewood, CO: Libraries Unlimited, Inc.

Roth, H. (1963). *Pädagogische Psychologie des Lehrens und Lernens* (7th ed.). Hannover: Schroedel.

Rothwell, W. J., & Kazanas, H. C. (2008). *Mastering the instructional design process. A systematic approach* (4th ed.). San Francisco, CA: Wiley.

Rowland, G. (1992). What do instructional designers actually do? An initial investigation of expert practice. *Performance Improvement Quarterly*, 5 (2), 65–86.

Rowland, G. (1993). Designing and instructional design. *Educational Technology Research and Development*, 41 (1), 79–91. doi: 10.1007/BF02297094

Rumelhart, D. E., & Norman, D. A. (1978). Accretion, tuning, and restructuring: Three models of learning. In J. U. Cotton & R. L. Klatzky (Eds.), *Semantic facts in cognition* (pp.37–54). Hillsdale, NJ: Erlbaum.

Russell, D. (1988). IDE: The interpreter. In J. Psotka, L. Massey, & S. Mutter (Eds.), *Intelligent tutoring systems: Lessons learned* (pp.323–349). Hillsdale, NJ: Erlbaum.

Russell, R. F., & Stone, A. G. (2002). A review of servant leadership attributes: Developing a practical model. *Leadership & Organization Development Journal*, 23 (3), 145–157.

Rutten, N., van Joolingen, W. R., & van der Veen, J. T. (2012). The learning effects of computer simulations in science education. *Computers & Education*, 58, 136–153.

Ryan, M., Jonick, C., & Langub, L. W. (2015). Expert reflections on effective online instruction: Importance of course content. *Online Journal of Distance Learning Administration*, 18 (4).

Ryder, M. (2003). *Instructional design models*. Retrieved from http://carbon.cudenver.edu/~mryder/itc_data/idmodels.html.

Saada-Robert, M. (1999). Effective means for learning to manage cognitive load in second grade school writing: A case study. *Learning and Instruction*, 9 (2), 189–208.

Saettler, P. (1968). *History of instructional technology*. New York, NY: McGraw-Hill.

Sarfo, F. K., & Elen, J. (2007). Developing technical expertise in secondary technical schools: The effects of 4 C/ID learning environments. *Learning Environment Research*, 10 (3), 207–221.

Sasse, C., Schwering, R., & Dochterman, S. (2008). Rethinking faculty role in a knowledge age. *Academy of Educational Leadership Journal*, 12 (2), 35–48.

Sasse, M. (1991). How to t(r)ap users' mental models. In M. J. Tauber & D. Ackermann (Eds.), *Mental models and human-computer interaction 2* (pp.59–79). Amsterdam: North-Holland.

Sayeski, K. L., Hamilton-Jones, B., & Oh, S. (2015). The efficacy of IRIS STAR leagycy modules under different instructional conditions. *Teacher Education and Special Education*, 38 (4), 291–305.

Scandura, J. M. (1973). *Structural learning I: Theory and research*. London/New York, NY: Gordon & Breach Science Publication.

Scandura, J. M. (1988). Role of relativistic knowledge in intelligent tutoring. *Computers in Human Behavior*, 4, 53–64.

Scandura, J. M. (1977). *Problem solving. A structural/process approach with instructional implications*. New York, NY: Academic Press.

Scandura, J. M. (2001). Structural learning theory: Current status and new perspectives. *Instructional Science*, 29 (4–5), 311–336.

Scandura, J. M. (2005). AuthorIT: Breakthrough in authoring adaptive and configurable tutoring systems? *Technology, Instruction, Cognition and Learning*, 2 (3), 185–230.

Scandura, J. M. (2011). The role of automation in instruction: Recent advances in AuthorIT and TutorIT solve fundamental problems in feveloping intelligent tutoring systems. *Technology, Instruction, Cognition and Learning*, 9 (1–2), 3–8.

Scardamalia, M., Bereiter, C., & Lamon, M. (1994). The CSILE project: Trying to bring the classroom into world 3. In K. McGilly (Ed.), *Classroom lessons: Integrating cognitive theory and classroom practice* (pp.210–228). Cambridge, MA: MIT Press.

Schaik, P. V., Pearson, R., & Barker, P. (2002). Designing electronic performance support systems to facilitate learning. *Innovations in Education and Teaching International*, 39 (4), 289–306.

Schank, R. (1982). *Dynamic memory: A theory of learning in computers and people.* Cambridge: Cambridge University Press.

Schank, R. C., Fano, A., Bell, B., & Jona, M. (1993/94) The design of goal-based scenarios. *The Journal of the Learning Sciences*, 3 (4), 305–345.

Schnotz, W., Molz, M., & Rinn, U. (2003). Didaktik, Instruktionsdesign und Konstruktivismus: Warum so viele Wege nicht nach Rom führen. In U. Rinn & D. M. Meister (Ed.), *Didaktik und Neue Medien. Konzepte und Anwendungen in der Hochschule* (pp.123–146). Waxmann, Münster.

Schnotz, W., & Rasch, T. (2005). Enabling, facilitating, and inhibiting effects of animations in multimedia learning: Why reduction of cognitive load can have negative results on learning. *Educational Technology Research & Development*, 53 (3), 47–58.

Schön, D. A. (1987). *Educating the reflective practitioner.* San Francisco, CA: Jossey-Bass.

Schott, F. (1975). *Lehrstoffanalyse.* Düsseldorf: Schwann.

Schott, F. (1991). Instruktionsdesign, Instruktionstheorie und Wissensdesign: Aufgabenstellung, gegenwärtiger Stand und zukünftige Herausforderungen. *Unterrichtswissenschaft*, 19 (3), 195–217.

Schott, F. (1992). The useful representation of instructional objectives: A task analysis of task analysis. In S. Dijkstra, H. P. M. Krammer, & J. J. G. van Merrienboer (Eds.), *Instructional models in computer-based learning environments* (pp.43–59). Berlin: Springer.

Schuler, D., & Namioka, A. (Eds.). (1993). *Participatory design: Principles and practices.* Hillsdale, NJ: Erlbaum.

Schulz, W. (1980). *Unterrichtsplanung.* München: Urban & Schwarzenberg.

Schwartz, J. E., & Beichner, R. J. (1998). *Essentials of educational technology.* Boston, MA: Allyn & Bacon.

Seale, J. K., & Cann, A. J. (2000). Reflection on-line or off-line: The role of learning technologies in encouraging students to reflect. *Computers and Education*, 34, 309–320.

Seel, N. M. (1981). *Lernaufgaben und Lernprozesse.* Stuttgart: Kohlhammer.

Seel, N. M. (1983). Fragenstellen und kognitive Strukturierung. *Psychologie in Erziehung und Unterricht*, 30, 241–252.

Seel, N. M. (1991). Lernumgebungen und institutionell-organisatorische Bedingungen des Instruktionsdesigns. *Unterrichtswissenschaft*, 19 (4), 350–364.

Seel, N. M.(1992). The significance of prescriptive decision theory for instructional design expert systems. In S. Dijkstra, H. P. M. Krammer, & J. J. G.van Merrienboer (Eds.), *Instructional models in computer-based learning environments* (pp.61–81). Berlin: Springer.

Seel, N. M. (1995). Mental models, knowledge transfer, and teaching strategies. *Journal of Structural Learning and Intelligent Systems*, 12 (3), 197–213.

Seel, N. M. (1999). Instruktionsdesign–Modelle und Anwendungsgebiete. *Unterrichtswissenschaft*, 27 (1), 2–11.

Seel, N. M. (2003a). *Psychologie des Lernens* (2th ed.). München: Reinhardt.

Seel, N. M. (2003b). Model-centered learning and instruction. *Technology, Instruction, Cognition and*

Learning,*1*（1），59–85.

Seel, N. M.（2005）. Designing model-centered learning environments: Hocus-pocus – or the focus must strictly be on locus. In J. M. Spector & D. Wiley（Eds.）,*Innovations in instructional technology: Essays in honor of M. David Merrill*（pp.65–90）. Mahwah, NJ: Lawrence Erlbaum.

Seel, N. M.（2008）. Empirical perspectives on memory and motivation. In J. M. Spector, M. P. Driscoll, M. D. Merrill, & J. van Merriënboer（Eds.）,*Handbook of research on educational communications and technology*（3rd ed., pp.39–54）. Mahwah, NJ. Lawrence Erlbaum.

Seel, N. M.（2009）. Bonjour Tristesse: Why don't we research as we have been taught? Methodological considerations on simulation-based modeling.*Technology, Instruction, Cognition and Learning*, *6*（3）, 151–176.

Seel, N. M.（2014）. Model-based learning and performance. In J. M. Spector, M. D. Merrill, J. Eden, & M. J. Bishop（Eds.）,*Handbook of research in educational communication and technology*（4th ed., pp.465–484）. New York, NY: Springer.

Seel, N. M., & Dijkstra, S.（Eds.）.（2004）.*Curriculum, plans, and processes in instructional design: International perspectives*. Routledge.

Seel, N. M., & Dinter, F. R.（1995）. Instruction and mental model progression: Learner-dependent effects of teaching strategies on knowledge acquisition and analogical transfer.*Educational Research and Evaluation*, *1*（1）, 4–35.

Seel, N. M., & Hanke, U.（2011）. Unterrichtsgestaltung als instructional design: The American way. In E.Kiel & K.Zierer（Eds.）,*Basiswissen Unterrichtsgestaltung*（pp.173–189）Hohengehren: Schneider.

Seel, N. M., & Hoops, W.（1993）. Analogies or transfer, or analogical transfer?*Ricerche di Psicologia*, *17*（2）, 105–130.

Seel, N. M., & Ifenthaler, D.（2009）.*Online Lernen und Lehren*. München: Reinhardt.

Seel, N. M., & Schenk, K.（2003）. Multimedia environments as cognitive tools for enhancing model-based learning and problem solving. An evaluation report.*Evaluation and Program Planning*, *26*（2）, 215–224.

Seel, N. M., Eichenwald, L. D., & Penterman, N. F. N.（1995）. Automating decision support in instructional systems development: The case of delivery systems. In R. D. Tennyson & A. E. Barron（Eds.）,*Automating instructional design: Computer-based development and delivery tools*（pp.177–216）. Berlin: Springer（NATO ASI Series F）.

Seel, N. M., Al-Diban, S., & Blumschein, P.（2000）. Mental models and instructional planning. In M. Spector & T. M. Anderson（Eds.）,*Integrated and holistic perspectives on learning, instruction and technology: Understanding complexity*（pp.129–158）. Dordrecht, NL: Kluwer Academic Publishers.

Seels, B. B., & Glasgow, Z.（1998）.*Making instructional design decisions*（2nd ed.）. Upper Saddle River, NJ: Merrill.

Seels, B. B., & Glasgow, Z.（1990）. Psychological basis for instructional design. In *Exercises in instructional design*. Columbus, OH: Merrill.

Seels, B. B., & Richey, R. C.（1994）.*Instructional technology: The definition and domains of the field*. Washington, DC: Association of Education Communications and Technology.

Seiffge-Krenke, I.（1987）. Textmerkmale von Tagebüchern und die Veränderung der Schreibstrategie.*Unterrichtswissenschaft*, *15*（4）, 366–381.

Shambaugh, R. N., & Magliaro, S. G.（2001）. A reflexive model for teaching instructional design.*Educational Technology Research and Development*, *49*（2）, 69–91. doi: 10.1007/BF02504929

Shaw, K.（2012）. Leadership through instructional design in higher education.*Online Journal of Distance Learning Administration*, *15*（3）.

Shea, P., & Bidjerano, T.（2010）. Learning presence: Towards a theory of self-efficacy, self-regulation, and the development of a community of inquiry in online and blended learning environments.*Computers & Education*, *55*（4）, 1721–1731.

Shea, P., & Bidjerano, T.（2012）. Learning presence as a moderator in the community of inquiry model.*Computers & Education*, *59*（2）, 316–326.

Shea, P., Hayes, S., Smith, S. U., Vickers, J., Bidjerano, T., Pickerr, A., Gozza-Cohen, M.,

Wilde, J., & Jian, S. (2012). Learning presence: Additional research on a new conceptual element within the Community of Inquiry (CoI) framework. *The Internet and Higher Education*, *15*(2), 89–95.

Sherman, T. M., Armistead, L. P., Fowler, F., Barksdale, M. A., & Reif, G. (1987). The quest for excellence in university teaching. *The Journal of Higher Education*, *58*(1), 66–84.

Short, J.A., Williams, E., & Christie, B. (1976). *The social psychology of telecommunications*. London, UK: Wiley.

Shulman, L. S. (1983). *Teaching the helping skills: A field instructor's guide*. Ithaca, IL: Peacock.

Shulman, L. S. (1986). Those who understand: Knowledge growth in teaching. *Educational Researcher*, *15*(2), 4–14. doi: 10.3102/0013189X015002004.

Shulman, L. S. (1986). Paradigms and research programs in the study of teaching: A contemporary perspective. In M. C. Wittrock (Ed.), *Handbook of research on teaching* (3rd ed., pp.3–36). New York, NY: Macmillan.

Shulman, L. S. (1987). Knowledge and teaching: Foundations of the new reform. *Harvard Educational Review*, *57*(1), 1–21.

Shute, V. J., & Zapata-Rivera, D. (2008). Using an evidence-based approach to assess mental models. In D. Ifenthaler, P. Pirnay-Dummer, & J. M. Spector (Eds.), *Understanding models for learning and instruction. Essays in honor of Norbert M. Seel* (pp.23–41). New York, NY: Springer.

Siegler, R. S. (2006). Inter-and intra-individual differences in problem solving across the lifespan. In E. Bialystok & F. I. M. Craik (Eds.), *Lifespan cognition: Mechanisms of change* (pp.285–296). Oxford, UK: Oxford University Press.

Silber, K. H. (2007). A principle-based model of instructional design: A new way of thinking about and teaching ID. *Educational Technology*, *47*(5), 5–19.

Simon, M. A. (1986). The teacher's role in increasing student understanding of mathematics. *Educational Leadership*, *43*(7), 40–43.

Siozos, P., Palaigeorgiou, G., Triantafyllakos, G., & Despotakis, T. (2009). Computer based testing using "digital ink": Participatory design of a Tablet PC based assessment application for secondary education. *Computers & Education*, *52*, 811–819.

Skelton, A. (2007). Understanding teacher excellence in higher education. *British Journal of Educational Technology*, *38*(1), 171–183.

Skinner, B. F. (1958). The science of learning and the art of teaching. *The Harvard Educational Review*, *24*(2), 86–97.

Smith, C., & Unger, C. (1997). What's in dots-per-box? Conceptual bootstrapping with stripped-down visual analogies. *The Journal of the Learning Sciences*, *6*(2), 143–181.

Smith, D. (1996). *A meta-analysis of student outcomes attributable to the teaching of science as inquiry as compared to traditional methodology* (Doctoral dissertation). Temple University, Department of Education, Philadelphia, PA.

Smith, K. U., & Smith, M. F. (1966). *Cybernetic principles of learning and educational design*. New York, NY: Holt, Rinehart & Winston.

Smith, P. L., & Ragan, T. J. (2000). The impact of R. M. Gagné's word on instructional theory. In R. C. Richey (Ed.), *The legacy of Robert M. Gagné* (pp.147–181). Syracuse, NY: ERIC Clearinghouse on Information and Technology.

Smith, P. L., & Ragan, T. J. (2005). *Instructional design* (3rd ed.). New York, NY: Wiley.

Snyder, M. M. (2009). Instructional-Design theory to guide the creation of online learning communities for adults. *TechTrends*, *53*(1), 48–56.

So, H. J., & Brush, T. A. (2008). Student perceptions of collaborative learning, social presence and satisfaction in a blended learning environment: Relationships and critical factors. *Computers & Education*, *51*(1), 318–336.

Soule, L. C. (2008). *The fusion model of instructional design: A proposed model for faculty development programs in technology integration* (Doctoral dissertation). Lousiana State University, Department of Educational Theory, Policy, and Practice, Baton Rouge, LA.

Spector, J. M. (Ed.). (2015). *The encyclopedia of educational technology.* Thousand Oaks, CA: Publications.

Spector, J. M., & Ohrazda, C. (2003). Automating instructional design: Approaches and limitations. *Educational Technology Research and Development, 26,* 687–700.

Spector, J. M., & Song, D. (1995). Automated instructional design advising. In R. D. Tennyson & A. E. Barron (Eds.), *Automating instructional design: Computer-based development and delivery tools* (pp.377–402). New York, NY: Springer.

Spector, J. M., & Polson, M. C. (1993). *Automating instructional design: Concepts and issues.* Englewood Cliffs, NJ: Educational Technology.

Spector, J. M., Polson, M., & Muraida D. J. (1993). *Automating instructional design: Concepts and issues.* Englewood Cliffs, NJ: ETD.

Spector, J. M., Muraida, D. J., & Marlino, M. R. (1992). Cognitively based models of courseware development. *Educational Technology Research and Development, 40*(2), 45–54.

Spencer, J. A., & Jordan, R. G. (1999). Learner centred approaches in medical education. *BMJ, 318,* 1280–1283. doi: 10.1136/bmj.318.7193.1280.

Spiro, R. J., Feltovich, P. J., Jacobson, M. J., & Coulson, R. L. (1991). Cognitive flexibility, constructivism, and hypertext: Random access instruction for advanced knowledge acquisition in ill-structured domains. *Educational Technology, 31*(5), 24–33.

Staver, J. R., & Bay, M. (1987). Analysis of the project synthesis goal cluster orientation and inquiry emphasis of elementary science textbooks. *Journal of Research in Science Teaching, 24,* 629–643.

Steiner, G. (2011). *Das Planetenmodell der kollaborativen Kreativität. Systemisch- kreatives Problemlösen für komplexe Herausforderungen.* Wiesbaden: Gabler.

Stenbom, S., Hrastinski, S., & Cleveland-Innes, M. (2012). Student-student online coaching as a relationship of inquiry: An exploratory study from the coach perspective. *Journal of Asynchronous Learning Networks, 16*(5), 37–48.

Sternberg, R. J., & Lubard, T. I. (2002). The concept of creativity: Prospects and paradigms. In R. J. Sternberg (Ed.), *Handbook of creativity* (pp.3–15). Cambridge, MA: Cambridge University Press.

Stewart, J., Hafner, R., Johnson, S., & Finkel, E. (1992). Science as model building: Computers and high-school genetics. *Educational Psychologist, 27*(3), 317–336.

Stokes, D.E. (1997). *Pasteur's Quadrant–Basic science and technological innovation.* Washington, DC: Brookings Institution Press.

Stolovitch, H., & Keeps, E. (1992). What is performance technology? In H. D. Stolovitch & E. Keeps (Eds.), *Handbook of human performance technology. A comprehensive guide for analyzing and solving performance problems in organizations* (pp.3–13). San Francisco, CA: Jossey-Bass/Pfeiffer.

Stolurow, L. M. (1973). Lernumwelten oder Gelegenheiten zum Nachdenken. In W. Edelstein & D. Hopf (Eds.), *Bedingungen des Bildungsprozesses. Psychologische und pädagogische Forschungen zum Lehren und Lernen in der Schule* (pp.351–398). Stuttgart: Klett.

Sugar, W. A. (2001). What is a good about user-centered design? Documenting the effect of usability sessions on novice software designers. *Journal of Research on Computing in Education, 3*(3), 235–250.

Sugar, W., Brown, A., & Daniels, L. (2011). Instructional design and technology professionals in higher education: Multimedia production knowledge and skills identified from a Delphi study. *The Journal of Applied Instructional Design, 1*(2), 30–46.

Suppes, P., Jerman, M., & Brian, D. (1968). *Computer-assisted instruction: The 1965–66 Stanford Arithmetic Program.* New York, NY: Academic Press.

Suppes, P., & Morningstar, M. (1969). Computer-assisted instruction. *Science, 166,* 343–350.

Surry, D. W., & Land, S. M. (2000). Strategies for motivating higher education faculty to use technology. *Innovations in Education and Training International, 37*(2), 145–153.

Sweller, J. (1988). Cognitive load during problem solving: Effects on learning. *Cognitive Science, 12,* 257–285.

Sweller, J. (1994). Cognitive load theory, learning difficulty, and instructional design. *Learning and In-

struction, *4*, 295–312.

Sweller, J. (2006). The worked example effect and human cognition. *Learning and Instruction*, *16*(2), 165–169.

Sweller, J., Chandler, P., Tierney, P., & Cooper, M. (1990). Cognitive load as a factor in the structuring of technical material. *Journal of Experimental Psycholoy*: *General*, *119*, 176–192.

Sweller, J., van Merriënboer, J. J. G., & Paas, F. (1998). Cognitive architecture and instructional design. *Educational Psychology Review*, *10*, 251–296.

Swertz, C. (2004). *Didaktisches Design*: *ein Leitfaden für den Aufbau hypermedialer Lernsysteme mit der Web-Didaktik*. Gütersloh: Bertelsmann.

Tacconi, G., & Hunde, A. B. (2013). Epitomizing teacher educators' conception of teaching from student teachers' reflection. *Education*, *3*(6), 348–361.

Tait, K. (1992). The description of subject matter and instructional methods for computer-based learning. In S. Dijkstra, H. P. M. Krammer, & J. J. G. van Merrienboer (Eds.), *Instructional models in computer-based learning environments* (pp.127–141). Berlin: Springer.

Tennyson, R. D. (2010). Historical reflection on learning theories and instructional design. *Contemporary Educational Technology*, *1*(1), 1–16.

Tennyson, R. D., & Barron, A. (Eds.). (1995). *Automating instructional design*: *Computer-based development and delivery tools*. Berlin: Springer.

Tennyson, R. D., &. Elmore, R. L. (1997). Learning theory foundations for instructional design. In R. D. Tennyson, F. Schott, N. Seel, & S. Dijkstra (Eds.), *Instructional design*: *International perspectives*, *Vol. I*: *Theory and research* (pp.55–78). Mahwah, NJ: Erlbaum.

Tennyson, R. D., Schott, F., Seel, N. M., & Dijkstra, S. (Eds.). (1997). *Instructional design*: *International perspectives*. *Volume 1*: *Theory*, *research*, *and models*. Mahwah, NJ: Erlbaum.

Tessmer, M. (1990). Environment analysis: A neglected stage of instructional design. *Educational Technology Research and Development*, *30*(7), 55–64.

Tessmer, M. (1994). Formative evaluation alternatives. *Performance Improvement Quarterly*, *7*(1), 3–18.

Tessmer, M., & Wedman, J. F. (1990). A layers-of-necessity instructional development model. *Educational Technology Research & Development*, *38*(2), 77–85.

Thomas, H. W., Mergendoller, J. R., & Michaleson, A. (1999). *Project-based learning*: *A handbook for middle and high school teachers*. Novato, CA: The Buck Institute for Education.

Thompson, L., & Cohen, T. R. (2012). Metacognition in teams and organizations. In P. Brinol & K. G. DeMarree (Eds.), *Social metacognition* (pp.282–302). New York, NY: Psychology Press.

Thornton, T. (2014). Professional recognition: Promoting recognition through the Higher Education Academy in a UK higher education institution. *Tertiary Education and Management*, *20*(3), 225–238. doi: 10.1080/13583883.2014.931453.

Tolu, A. T. (2012). Creating effective communities of inquiry in online courses. *Procedia–Social and Behavioral Sciences*, *70*, 1049–1055. doi: 10.1016/j.sbspro.2013.01.157.

Topolinski, S., & Reber, R. (2010). Gaining insight into the "aha" experience. *Current Directions in Psychological Science*, *19*(6), 402–405. doi: 10.1177/ 0963721410388803.

Torrens, G. E., & Newton, H. (2013). Getting the most from working with higher education: A review of methods used within a participatory design activity involving KS3 special school pupils and undergraduate and post-graduate industrial design students. *Design and Technology Education*: *An International Journal*, *18*(1), 58–71.

Tosti, D. T., & Ball, J. R. (1969). A behavioral approach to instructional design and media selection. *AV Communication Review*, *17*(1), 5–25.

Tripp, S. D., & Bichelmeyer, B. (1990). Rapid prototyping: An alternative instructional design strategy. *Educational Technology Research and Development*, *38*(1), 31–44.

Tu, C. H. (2002). The impacts of text-based CMC on online social presence. *The Journal of Interactive Online Learning*, *1*(2), 1–24.

Tyler, R. W. (1949). *Basic principles of curriculum and instruction*. Chicago, IL: The University of Chicago Press.

Tyson, L. (2006). *Critical theory today. A user-friendly guide* (2nd ed.). New York, NY: Routledge.

Uden, L., & Beaumont, C. (2006). *Technology and problem-based learning*. Hershey, PA: Information Science Publishing.

Uduma, L., & Morrison, G. R. (2007). How do instructional designers use automated instructional design tool? *Computers in Human Behavior*, *23*(1), 536–553.

UNESCO. (1994, June 7–10). *The Salamanca statement and framework for action on special needs education. Adopted by the World Conference on special needs education: Access and quality. Salamanca, Spain*. Paris: UNESCO.

van Gog, T., Ericsson, K. A., Rikers, R. M. J. P., & Pass, F. (2005). Instructional design for advanced learners: Establishing connections between the theoretical frameworks of cognitive load and deliberate practice. *Educational Technology Research and Development*, *53*(3), 73–81.

Van Joolingen, W. R. (1999). Cognitive tools for discovery learning. *International Journal of Artificial Intelligence in Education*, *10*, 385–397.

Van Marcke, K. (1992). A generic task model for instruction. In S. Dijkstra, H. P. M. Krammer, & J. Van Merrienboer (Eds.), *Instructional models for computer-based learning environments* (NATO ASI Series, Vol. F104, pp.234–243). Berlin: Springer.

Van Merriënboer, J. J. G. (1997). *Training complex cognitive skills: A four-component instructional design model for technical training*. Englewood Cliffs, NJ: Educational Technology Publications.

Van Merriënboer, J. J. G., Clark, R. E., & de Croock, M. B. M. (2002). Blueprints for complex learning: The 4C/ID-model. *Educational Technology Research & Development*, *50*(2), 39–64.

Van Merriënboer, J. J. G., Seel, N. M., & Kirschner, P. A. (2002). Mental models as a new foundation for instructional design. *Educational Technology*, *42*(2), 60–66.

Van Patten, J., Chao, C.-I., & Reigeluth, C. M. (1986). A review of strategies for sequencing and synthesizing instruction. *Review of Educational Research*, *56*(4), 437–471.

Van Roekel, D. (2008). *Universal Design for Learning (UDL): Making learning accessible and engaging for all students*. Washington, DC: NEA Education Policy and Practice Department.

Volet, S. E. (1991). Modelling and coaching of relevant, metacognitive strategies for enhancing university students' learning. *Learning and Instruction*, *1*(4), 319–336.

Vosburg, S. K. (1998). The effects of positive and negative mood on divergent-thinking performance. *Creativity Research Journal*, *11*(2), 165–172.

von Cube, F. (1965). *Kybernetische Grundlagen des Lernens und Lehrens*. Stuttgart: Klett.

Waeytens, K., Lens, W., & Vandenberghe, R. (2002). Learning to learn': Teachers' conceptions of their supporting role. *Learning and instruction*, *12*(3), 305–322.

Wakefield, J., & Warren, S. (2012). Rapid prototyping for speedy program design: Designing a program for volunteering undergraduates working in a virtual world. In P. Resta (Ed.), *Proceedings of society for information technology & teacher education international conference 2012* (pp.3122–3125). Chesapeake, VA: Association for the Advancement of Computing in Education (AACE).

Wang, F., & Hannafin, M. J. (2005). Design-based research and technology-enhanced learning environments. *Educational Technology Research and Development*, *53*(4), 5–23.

Wang, V. C., & Berger, J. (2010). Critical analysis of leadership needed in higher education. *International Forum of Teaching and Studies*, *6*(2), 3–12.

Wasson, B. J. (1990). *Determining the focus of instruction: Content planning for intelligent tutoring systems* (Research report 90-5). Saskatoon, SK. Canada: Laboratory for advanced research in intelligent educational systems.

Watkins, M., & Mukherjee, A. (2009). Using adaptive simulations to develop cognitive situational models of human decision-making. *Technology, Instruction, Cognition and Learning*, *6*(3–4), 177–192.

Wedman, J., & Tessmer, M. (1993). Instructional designers' decisions and priorities: A survey of design practice. *Performance Improvement Quarterly*, *6*(2), 43–57.

Wenzel, B. M., Dirnberger, M. T., Hsieh, P. Y., Chudanov, T. J., & Halff, H. M. (1998). Evaluating subject matters experts' learning and use of an IST authoring tool. In B. P. Goettl, H. M. Halff, C. L. Redfield, & V. J. Shute (Eds.), *Intelligent tutoring systems. Proceedings of the 4th International Conference*, IST '98 (pp.156–165). Berlin: Springer.

West, W. V. (2004). Value-on-investment and the future of E-learning in the training market. *Educational Technology*, 44 (5), 41–45.

Whewell, W. (1989). *Theory of scientific method.* Indianapolis, IN: Hackett Publication. (Original work published 1837).

Whiteside, A. L. (2015). Introducing the social presence model to explore online and blended learning experiences. *Online Learning Journal*, 19 (2), 1–20.

Wiesenberg, F., & Stacey, E. (2005). Reflections on teaching and learning online: Quality program design, delivery and support issues from a cross-global perspective. *Distance Education*, 26 (3), 385–404.

Wiggins, G., & McTighe, J. (2005). *Understanding by design* (2nd ed.). Alexandria, VA: Association for Supervision and Curriculum Development.

Wilke, R. E., & Straits, W. J. (2001). The effects of discovery learning in a lower-division biology course. *Advances in Physiology Education*, 25 (2), 62–69.

Williams, B. C. (2005). *Moodle: For teachers, trainers, and administrators* (version 1.4.3). Retrieved from http://www.moodle.org.

Willis, J. (1995). A recursive, reflective model based on constructivist-interpretist theory. *Educational Technology*, 33 (10), 15–20.

Willis, J., & Wright, K. E. (2000). A general set of procedures for constructivist instructional design: The new R2D2 model. *Educational Technology*, 40, 5–20.

Willmann, O. (1898). *Didaktik as Bildungslehre nach ihren Beziehungen zur Socialforschung und zur Geschichte der Bildung* (Bd. 2). Braunschweig: Vieweg.

Willmann, O.(1906). Lehren und Lernen. In W. Rein(Ed.), *Encyklopädisches Handbuch der Pädagogik* (1st ed., pp.411–415). Langensalza: Beyer & Söhne.

Wilson, B. (1995). Metaphors for instruction: Why we talk about learning environments. *Educational Technology*, 35 (5), 25–30.

Wilson, B. (Ed.). (1996). *Constructivist learning environments: Case studies in instrumental design.* Englewood Cliffs, NJ: Educational Technology Publications.

Wilson, B., & Cole, P. (1991). A review of cognitive teaching models. *Educational Technology Research and Development*, 39 (4), 47–64.

Wimsatt, W. C. (1987). False models as means to truer theories. In M. Nitecki (Ed.), *Neutral models in biology* (pp.23–55). London: Oxford University Press.

Winer, L. E., & Vásquez-Abad, J. (1995). The present and future of ID practice. *Performance Improvement Quarterly*, 8 (3), 55–67.

Winn, W. D. (1987). Instructional design and intlligent systems: Shifts in the designer's decision-making role. *Instructional Science*, 16, 59–77.

Witkin, B. R., & Altschuld, J. W. (1995). *Planning and conducting needs assessments: A practical guide.* Thousand Oaks, CA: Sage.

Witt, C. L., & Wager, W. W. (1994). A comparison of instructional systems design and electronic performance support systems. *Educational Technology*, 34 (6), 20–24.

Wittrock, M. C. (1974). Learning as a generative process. *Educational Psychologist*, 11, 87–95.

Wittrock, M. C. (1992). Generative learning processes of the brain. *Educational Psychologist*, 27 (4), 531–541.

Wood, D. F. (2003). Problem based learning. *British Medical Journal*, 326 (7384), 328–330.

Wright, P. K. (2001). *21st century manufacturing.* Upper Saddle River, NJ: Prentice-Hall.

Yacci, M. (1999). The knowledge warehouses resuing knowledge components. *Performance Improvement Quarterly*, 12 (3), 132–140.

Yakovleva, N. O., & Yakovlev, E. V. (2014). Interactive teaching methods in contemporary higher education. *Pacific Science Review*, 16 (2), 75–80.

Yelland, N., Kalantzis, M., & Cope, B. (2006). Learning by design: Creating effective contexts for curriculum and pedagogies in contemporary times. In C. Crawford, R. Carlsen, K. McFerrin, J. Price, R. Weber, & D. Willis (Eds.), *Proceedings of society for information technology & teacher education international conference 2006* (pp.1884–1891). Chesapeake, VA: Association for the Advancement of Computing in Education (AACE).

Yilmaz, H., & Sahin, S. (2011). Pre-service teachers' epistemological beliefs and conceptions of teaching. *Australian Journal of Teacher Education*, 36(1). doi: 10.14221/ajte.2011v36n1.6.

York, C. S., & Richardson, J. C. (2012). Interpersonal interaction in online learning: Experienced online instructors' perceptions of influencing factors. *Journal of Asynchronous Learning Networks*, 16(4), 83–98.

Zander, S. (2010). *Motivationale Lernervoraussetzungen in der Cognitive Load Theory*. Berlin: Logos Verlag.

Zawacki-Richter, O. (2007). Instructional Design als Beitrag zur Professionalisierung im Prozess der medienbasierten Kursentwicklung in der universitären Weiterbildung. In A. Hanft & A. Simmel (Eds.), *Vermarktung von Hochschulweiterbildung. Theorie und Praxis* (pp.75–88). Münster: Waxmann.

Zayim, N., Yildirim, S., & Saka, O. (2006). Technology adoption of medical faculty in teaching: Differentiating factors in adopter categories. *Educational Technology & Society*, 9(2), 213–222.

Zhang, J., Chen, Q., & Reid, D. J. (2000). Simulation-based scientific discovery learning: A research on the effect of experimental support and learners' reasoning ability. In D. Benzie & D. Passey (Eds.), *Proceedings of conference on educational use of Information and Communication Technology* (IFIP World Computer Congress) (pp.344–351). Beijing: Publishing House of Electronic Industry.

Zhang, J., Chen, Q., Sun, Y., & Reid, D. R. (2004). Triple scheme of learning support design for scientific discovery learning based on computer simulation: Experimental research. *Journal of Computer Assisted Learning*, 20(4), 269–282.

Zierer, K. (2009). Eklektik in der Pädagogik. Grundzüge einer gängigen Methode. *Zeitschrift für Pädagogik*, 55(6), 928–944.

Zierer, K. (2010). *Alles prüfen! Das Beste behalten! Zur Eklektik in Lehrbüchern der Didaktik und des Instructional Design*. Baltmannsweiler: Schneider.

Zierer, K., & Seel, N. M. (2012). General didactics and instructional design: Eyes like twins. A transatlantic dialogue about similarities and differences, about the past and the future of two sciences of learning and teaching. *SpringerPlus*, 1(15).

译后记

在读本书之前，或许你对教学设计已有一些初步认知：如教学设计发展史可简单划分为 20 世纪 50—60 年代由加涅等人领衔的"第一代"教学设计与 20 世纪 90 年代以梅里尔等人为代表的"第二代"教学设计；又如自 20 世纪 90 年代认知建构主义"赢得了"与客观主义的范式之争后，客观主义自此在教学设计中"销声匿迹"；再如教学设计与研究是专家应该考虑的事情，一线实践的教师懂得如何运用模型就行……然而，当你带着这些"先验知识"阅读本书时，书中所呈现的信息或许会让你经历一场有意义学习，在观点的"同化"与"顺应"中更新认知结构，对教学设计"刮目相看"。

本书的第一章提供的是一张关于教学设计发展历程的"快照"，可帮助读者在简要回顾其取得成就的 60 余年中辨识基本概念。在以行为主义和控制论为基础的第一代教学设计向以认知建构主义为指导的新一代教学设计的转变过程中，信息技术的快速进步曾催生了志在实现（部分）自动化教学设计的第二代教学设计。它立足于第一代的元理论，是对技术融入教育的一次有效尝试。然而，对技术理性的过度关注使教学逐渐偏离了使用技术的初衷，对学习者及其学习过程的关注不足导致"认知革命"很快对其展开了批判，并对教学设计的元理论基础——客观主义提出了挑战。基于此，认知建构主义顺应时代发展需求，重申面向学习的"初心"，掀开了第三代教学设计的新篇章。不过，不同代的教学设计并非是"革故鼎新"的线性式更迭，正如第三代的斯威勒的认知负荷理论、范梅里恩伯尔的 4C/ID 模型等在融合认知学习理论的同时仍坚持客观主义的观点，代际之间的教学设计有着传承，体现的是不同范式所努力谋求的一种"和解"，即以促进学习者学习为一致目标，支持不同原理服务于教学设计过程的不同阶段。

读完教学设计的发展历程，本书的第二章将带领读者详细了解教学设计的过程与步骤。灵活规划是教学设计应秉持的重要原则，以必要性来筛选规划对象、工具及实施过程有助于取得理想的长期规划与现实的任务要求之间的有效平衡。但规划的决策对教学设计新手来说并不容易，因为新手在面临多个决策相互关联的复杂问题时很可能会因专业知识不足而采取直觉决策。此时，一点小错误都可能会在正式实施过程中得到"放大"，从而导致教学失败。不过，这并不代表要否认直觉在教学设计过程中的作用，因为被视为一门艺术的教学设计有着自己的"审美"要求，即兼具实用性与创新性。所以，理性与直觉对实现教学设计的这种艺术性不可或缺。对教学设计新手而言，基于图式的和基于模型的设计可帮助他们处理好这两种决策逻辑之间的平衡。所以，不妄自菲薄，不急躁冒进，大方地使用成熟的教学设计模型，积极借鉴专家的设计经验，努力提升自我的专业知识是教学设计新手的专家发展之路。

那么，有哪些教学设计模型可助新手"一臂之力"？本书的第三章为读者细致呈现了一些影响力深远的经典教学设计模型。加涅—布里格斯模型作为首创的规范化教学设计模型，描述了如何根据学习者的认知过程而精心规划教学事件。这种线性的、系统的、规范的、全局视野下的教学设计思路启发了诸如迪克—凯瑞模型、罗思韦尔—卡扎纳斯模型等第一代教学设计模型的发展。不过，也有不少教学设计模型在充分汲取加涅—布里格斯模型优势的基础上"另辟蹊径"，以教学设计整个过程的特定部分为锚点，可分为课堂导向、产品导向，以及系统导向的模型。肯普设计模型、尼维恩CASCADE教学设计模型、西尔斯—格拉斯哥教学设计模型、史密斯—拉甘教学设计模型、戴蒙德模型，以及凯勒的ARCS模型等都是这些不同导向的模型的典型成品，它们构成了教学设计模型的变式，反映了研究者对教学设计应如何促进学习者学习的不同角度的思考。不过，由于这些教学设计模型始终围绕着分析、设计、开发、实施和评估这几个线性步骤，因此它们都可被整合到ADDIE中。这使教学设计获得了通用性的技术框架，但换个角度来说，这一做法也使置身框架中的教学设计无法融合学习理论与教学心理学的新发展，对提升学习者学习效益助力有限。4C/ID模型是对ADDIE框架的一种跨越式发展，它将认知负荷理论整合到教学设计中，支持学习者获得并发展复杂领域的综合认知能力，这使教学设计与促进学习之间的关系变得更为紧密。此外，本章还谈及了以自动化教学设计（AID）为目标的第二代教学设计模型，它们的设计初衷是为了给专业知识不足的新手人员提供设计支持，为其节省接受培训与学习理论的时间。然而，技术上限决定了这些工具的效用范围，最终因无法满足过高的预期而被时代快速"淘汰"。不过，它们的面世毕竟代表了研究者曾为教学设计模型变得更为"与人友好"所付出的努力，纵使短暂也在教学设计发展历程中留下了一笔，并启发了人们关于技术如何支持教学设计的相关思考。

随着第一代与第二代教学设计的成就史告一段落，本书的第四章开启了对第三代教学设计的探讨。建构主义方法的兴起使教学设计开始重视起学习环境的设计与发展。

秉承设计实验的思想,学习环境的设计需要结合开发与研究,同时考虑相关的输入变量、输出变量,以及两者之间的协调。认知学徒制、基于设计的学习™,以及面向模型的学习和教学(MOLI)都是可供参考的建构主义式的教学设计法,它们支持学习者在与学习环境的互动中找到自己的问题解决方案,从而促进自主发现学习与反思性思维的发展。与这种基于问题的学习相契合的是基于探究的教学。归纳教学、STAR Legacy Circle、基于类比的学习、探究社区等理念都对此提出了独特的思考,主张让学习者在与同伴及与教师的协作和互动中参与建模活动,从而深刻理解主题、提升学习动机与参与度、发展元认知技能。不过,无论是何种探究模式,教学都应为学生提供相应的脚手架,帮助他们从适应发展到自主探究。为了使教学设计能更好地契合学习者的学习需求,用户为本的教学设计引入了参与式设计的思想,主张让学习者亲自参与到教学设计的过程中来。快速原型技术可在其中作为探索与交流学习者需求的重要工具,并随着每一次的需求反馈而逐渐完善最初提出的模型,从而促进发展各种教学活动。不过,使用这种技术需要教学设计人员具备一定的前提性知识和能力,以便对原型进行创建、迭代测试与修改,因而并不推荐新手设计人员使用。

阐述完以基于研究为主要特征的第三代教学设计,本书的第五章着重分析了教学设计在高等教育与学校教育领域的应用。高等教育领域中广泛流行的混合式学习对学习环境的设计提出了三方面的要求:其一,如何支持学习者协作并建立社区;其二,如何利用社会、认知和教学临场来支持学习者进行深度学习;其三,如何随"境"应变地使用教学策略。第四章所介绍的探究社区可对这种混合式学习环境的设计提供有效支持。不过,教学设计人员应始终警惕混合式环境的"技术含量",当学生完全沉浸于基于技术的教学中时,学习的质量与数量都会受到抑制影响,从而影响教学的成功。为了实现成功教学,高等教育机构往往会设立卓越教学的相关原则,激励教师积极参与教学学术的发展。基于地域差异,教学设计在一些欧洲国家,如德国的学校教育领域中会被归为教学法的范畴之内。从原则上说,这两个概念的核心和范围没有区别,但教学法相较而言更关注教师在面对面的学习环境中进行的教学。克拉夫基的批判—建构教学法,以及海曼的柏林教学法都是对德国教育影响深远的教学法模型,它们与第一代教学设计模型存在一定的共通之处。立足于教学法与教学设计的交汇联系,齐勒的折衷教学法将设计与开发融入到了规划之中,并强调作为教学设计者的教师应关注学习者的能力差异,并使教学策略与方法与其适配,这便又与通用学习设计的思想建立了联系。如其字面意义所示,这是一种强调要适应学习者不同学习能力与风格的包容性设计理念。以其为指导思想的课程设计包含了目标、方法、材料和评估的四要素,从中依旧可见第一代教学设计与传统教学法模型的"影子"。

基于四位作者的专业背景和精心合作，本书深入浅出地阐述了教学设计的概念、教学设计模式，并注重探讨了基于研究的教学设计和教学设计的应用范围。本书篇幅适宜，文字通俗流畅，是一本出色的教学设计研究生教材和理论入门书。相信作为读者的你，在本书的阅读过程中与阅读结束后亦会有不少收获。当然，除了阅读本书，我们也推荐读者探寻更多关于教学设计的相关信息。本书的作者诺伯特·M.西尔（Norbert M. Seel）博士是致力于将学习科学与教学设计的研究成果推广给更广领域、服务于更多人群的认知科学家，由其主编的《教学设计的国际观》三卷本，堪称教学设计专业及研究的经典之作。此外，我们亦推荐阅读由查尔斯·M.赖格卢特（Charles M. Reigeluth）主编的《教学设计的理论与模式》四卷册。读者可配合本书阅读以获得关于教学设计的学科基础、基本理论、最新研究趋向更完整的相关认识。

本书由浙江大学教育学院课程与教学论专业博士研究生陆琦对翻译初稿进行校译和统稿；博士研究生管颐翻译了第一章和第二章初稿，博士研究生舒越翻译了第三章初稿，博士研究生陈伦菊翻译了第四章初稿，博士研究生尹艳梅翻译了第五章初稿；浙江大学教育学院教授盛群力担任翻译策划和审校。

我们衷心感谢中国科学技术出版社将本书列入出版计划！希望本书能够受到广大教师、教研员、培训从业人员、师范院校学生等读者的关注，对促进教学设计与一线课堂的融合、提升教学质量、培养学生自主学习有所裨益。

欢迎读者对本书翻译中出现的疏漏或错误予以指正！

陆琦 盛群力

2022年10月写于杭州